人民币加入 SDR 之路

The Journey Towards SDR's Inclusion of Renminbi

中国人民银行国际司　编著

中国金融出版社

责任编辑：何　为　王慧荣
责任校对：李俊英
责任印制：程　颖

图书在版编目（CIP）数据

人民币加入 SDR 之路（Renminbi Jiaru SDR Zhilu）／中国人民银行国际司编著. —北京：中国金融出版社，2017.9
ISBN 978 - 7 - 5049 - 9170 - 6

Ⅰ.①人…　Ⅱ.①中…　Ⅲ.①人民币—金融国际化—研究
Ⅳ.①F822

中国版本图书馆 CIP 数据核字（2017）第 213417 号

出版　**中国金融出版社**
发行

社址　北京市丰台区益泽路 2 号
市场开发部　　（010）63266347，63805472，63439533（传真）
网 上 书 店　http://www.chinafph.com
　　　　　　　（010）63286832，63365686（传真）
读者服务部　（010）66070833，62568380
邮编　100071
经销　新华书店
印刷　保利达印务有限公司
尺寸　169 毫米 ×239 毫米
印张　16.75
字数　300 千
版次　2017 年 9 月第 1 版
印次　2017 年 9 月第 1 次印刷
定价　50.00 元
ISBN 978 - 7 - 5049 - 9170 - 6
如出现印装错误本社负责调换　联系电话（010）63263947

关于改革国际货币体系的思考

——代序[*]

周小川

此次金融危机的爆发与蔓延使我们再次面对一个古老而悬而未决的问题，那就是什么样的国际储备货币才能保持全球金融稳定、促进世界经济发展。历史上的银本位、金本位、金汇兑本位、布雷顿森林体系都是解决该问题的不同制度安排，这也是国际货币基金组织（IMF）成立的宗旨之一。但此次金融危机表明，这一问题不仅远未解决，由于现行国际货币体系的内在缺陷反而愈演愈烈。

理论上讲，国际储备货币的币值首先应有一个稳定的基准和明确的发行规则以保证供给的有序；其次，其供给总量还可及时、灵活地根据需求的变化进行增减调节；第三，这种调节必须是超脱于任何一国的经济状况和利益。当前以主权信用货币作为主要国际储备货币是历史上的特例。此次危机再次警示我们，必须创造性地改革和完善现行国际货币体系，推动国际储备货币向着币值稳定、供应有序、总量可调的方向完善，才能从根本上维护全球经济金融稳定。

一、此次金融危机的爆发并在全球范围内迅速蔓延，反映出当前国际货币体系的内在缺陷和系统性风险

对于储备货币发行国而言，国内货币政策目标与各国对储备货币的要求经常产生矛盾。货币当局既不能忽视本国货币的国际职能而单纯考虑国内目标，又无法同时兼顾国内外的不同目标。既可能因抑制本国通胀的需要而无法充分满足全球经济不断增长的需求，也可能因过分刺激国内需求

---

[*] 本文为 2009 年 4 月初召开的 G20 伦敦峰会作准备，于 2009 年 3 月 23 日首次发布于中国人民银行网站，后收录于《国际金融危机：观察分析与应对》一书。

1

而导致全球流动性泛滥。理论上特里芬难题仍然存在，即储备货币发行国无法在为世界提供流动性的同时确保币值的稳定。

当一国货币成为全世界初级产品定价货币、贸易结算货币和储备货币后，该国对经济失衡的汇率调整是无效的，因为多数国家货币都以该国货币为参照。经济全球化既受益于一种被普遍接受的储备货币，又为发行这种货币的制度缺陷所害。从布雷顿森林体系解体后金融危机屡屡发生且愈演愈烈来看，全世界为现行货币体系付出的代价可能会超出从中的收益。不仅储备货币的使用国要付出沉重的代价，发行国也在付出日益增大的代价。危机未必是储备货币发行当局的故意，但却是制度性缺陷的必然。

二、创造一种与主权国家脱钩、并能保持币值长期稳定的国际储备货币，从而避免主权信用货币作为储备货币的内在缺陷，是国际货币体系改革的理想目标

超主权储备货币的主张虽然由来已久，但至今没有实质性进展。20世纪40年代凯恩斯就曾提出采用30种有代表性的商品作为定值基础建立国际货币单位"Bancor"的设想，遗憾的是未能实施，而其后以怀特方案为基础的布雷顿森林体系的崩溃显示凯恩斯的方案可能更有远见。早在布雷顿森林体系的缺陷暴露之初，国际货币基金组织就于1969年创设了特别提款权（以下简称SDR），以缓解主权货币作为储备货币的内在风险。遗憾的是由于分配机制和使用范围上的限制，SDR的作用至今没有能够得到充分发挥。但SDR的存在为国际货币体系改革提供了一线希望。

超主权储备货币不仅克服了主权信用货币的内在风险，也为调节全球流动性提供了可能。由一个全球性机构管理的国际储备货币将使全球流动性的创造和调控成为可能，当一国主权货币不再作为全球贸易的尺度和参照基准时，该国汇率政策对失衡的调节效果会大大增强。这些能极大地降低未来危机发生的风险、增强危机处理的能力。

三、改革应从大处着眼，小处着手，循序渐进，寻求共赢

重建具有稳定的定值基准并为各国所接受的新储备货币可能是个长期内才能实现的目标。建立凯恩斯设想的国际货币单位更是人类的大胆设想，并需要各国政治家拿出超凡的远见和勇气。而在短期内，国际社会特别是国际货币基金组织至少应当承认并正视现行体制所造成的风险，对其不断监测、评估并及时预警。

同时还应特别考虑充分发挥 SDR 的作用。SDR 具有超主权储备货币的特征和潜力。同时它的扩大发行有利于国际货币基金组织克服在经费、话语权和代表权改革方面所面临的困难。因此，应当着力推动 SDR 的分配。这需要各成员政治上的积极配合，特别是应尽快通过 1997 年第四次章程修订及相应的 SDR 分配决议，以使 1981 年后加入的成员也能享受到 SDR 的好处。在此基础上考虑进一步扩大 SDR 的发行。

SDR 的使用范围需要拓宽，从而能真正满足各国对储备货币的要求。

● 建立起 SDR 与其他货币之间的清算关系。改变当前 SDR 只能用于政府或国际组织之间国际结算的现状，使其能成为国际贸易和金融交易公认的支付手段。

● 积极推动在国际贸易、大宗商品定价、投资和企业记账中使用 SDR 计价。不仅有利于加强 SDR 的作用，也能有效减少因使用主权储备货币计价而造成的资产价格波动和相关风险。

● 积极推动创立 SDR 计值的资产，增强其吸引力。国际货币基金组织正在研究 SDR 计值的有价证券，如果推行将是一个好的开端。

● 进一步完善 SDR 的定值和发行方式。SDR 定值的篮子货币范围应扩大到世界主要经济大国，也可将 GDP 作为权重考虑因素之一。此外，为进一步提升市场对其币值的信心，SDR 的发行也可从人为计算币值向有以实际资产支持的方式转变，可以考虑吸收各国现有的储备货币以作为其发行准备。

四、由国际货币基金组织集中管理成员的部分储备，不仅有利于增强国际社会应对危机、维护国际货币金融体系稳定的能力，更是加强 SDR 作用的有力手段

由一个值得信任的国际机构将全球储备资金的一部分集中起来管理，并提供合理的回报率吸引各国参与，将比各国的分散使用、各自为战更能有效地发挥储备资金的作用，对投机和市场恐慌起到更强的威慑与稳定效果。对于参与各国而言，也有利于减少所需的储备，节省资金用于发展和增长。国际货币基金组织成员众多，同时也是全球唯一以维护货币和金融稳定为职责，并能对成员国宏观经济政策实施监督的国际机构，具备相应的专业特长，由其管理成员国储备具有天然的优势。

国际货币基金组织集中管理成员储备，也将是推动 SDR 作为储备货币发挥更大作用的有力手段。国际货币基金组织可考虑按市场化模式形成开放式基金，将成员以现有储备货币积累的储备集中管理，设定以 SDR 计值的基金单位，允许各投资者使用现有储备货币自由认购，需要时再赎回所需的储备货币，既推动了 SDR 计值资产的发展，也部分实现了对现有储备货币全球流动性的调控，甚至可以作为增加 SDR 发行、逐步替换现有储备货币的基础。

2009 年 3 月 23 日

序　言

　　2009 年 3 月 23 日，周小川行长在二十国集团（G20）伦敦峰会前夕发表了《关于改革国际货币体系的思考》，建议充分发挥特别提款权（SDR）的作用并创造一种超主权储备货币。2015 年 11 月 30 日，国际货币基金组织执董会决定将人民币纳入 SDR 货币篮子。2016 年 10 月 1 日，SDR 新货币篮子正式生效，人民币作为可自由使用货币，成为 SDR 货币篮子中除了美元、欧元、日元、英镑之外的第五种货币。这是欧元诞生后首次在 SDR 货币篮子中纳入新货币，反映了人民币在国际货币体系中不断上升的地位，是人民币融入全球金融货币体系的重要一步，同时也是中国长期推进国际货币体系改革的一大重要事件。

　　在人民币"入篮"一周年之际，对这一重要历史进程进行系统的梳理，有利于我们总结经验，更好地开展下一步工作。从这一点来说，《人民币加入 SDR 之路》一书的出版可以说是恰逢其时。

　　人民币加入 SDR，从 2009 年周小川行长提出国际货币体系改革主张开始，经历了内部酝酿、全面评估论证和 SDR 审查期间的多轮磋商谈判，直至最后成功"入篮"，历时多年。这条"入篮"之路并非一帆风顺，其中也不乏波折。但是中国凭借着筚路蓝缕、以启山林的精神，成功克服了一系列挑战和困难。在 SDR 审查过程中，中国与国际货币基金组织开展了密集深入的会谈，妥善解决了 SDR 审查标准问题，明确支持国际货币基金组织以现有标准开展审查，为人民币加入 SDR 找准了方向；推动国际货币基金组织完善了 SDR 审查的指标体系，得以更全面地评估和考察人民币的国际化程度；与国际货币基金组织、国际清算银行（BIS）等国际组织一道有效弥补了数据缺口，为衡量人民币可自由使用程度提供了数据支持。与此同时，中国还进一步推进人民币国际化和金融改革开放，特别是在开放债券市场和外汇市场、完善人民币代表性利率和汇率等方面取得了积极进展；并于 2015 年 10 月正式采纳了数据公布特殊标准（SDDS），提高了数据报送标准、增强了数据透明度。正是经过中国的不懈努力，各项政策性和技术性障碍最终得以逐步解决，人民币在满足出口和"可自由使用"两项硬性 SDR 审查标准后，也陆续满足了各项操作性要求，保证了其在加入 SDR 货币篮子后的有效操作，最终使得人民币得以成功加入 SDR。

人民币加入 SDR 显示了国际社会对我国经济发展和改革开放成就的日益肯定。近四十年中国金融改革开放的实践是金融业对外开放不断扩大、汇率趋向均衡、资本管制逐步减少的过程，这"三驾马车"协同推进、相互配合，是中国经济快速健康增长的宝贵经验。对外开放同时也促进了国内改革，特别是亚洲金融危机后，中国对金融体系，特别是银行体系进行了大刀阔斧的改革，银行体系的韧性和抵御风险的能力得到稳步提升，为人民币国际化创造了良好条件。2008 年国际金融危机后，中国经济率先恢复并成为世界经济增长的重要引擎，国际上对使用人民币的需求明显增加，中国顺应市场需求，推动人民币在跨境贸易和投资中的使用，同时不断扩大资本市场双向开放。经过多年改革和开放，人民币在跨境贸易和投资中使用的深度和广度不断拓展，人民币国际化程度快速提升，为人民币加入 SDR 奠定了必要的基础。与此同时，国际货币体系暴露出的显著内在缺陷和系统性风险也意味着，为了从根本上维护全球经济金融稳定，其自身也需要进行改革。人民币加入 SDR 是上述两方面因素共同作用的结果，是一个水到渠成、瓜熟蒂落的过程。

对世界来说，人民币加入 SDR 具有历史意义，它是国际货币体系改革的重要里程碑。事实上，早在两次世界大战时期，国际社会就开始寻求进一步完善国际货币体系的方法，SDR 的创设本身就是国际货币体系演化的重要成果。受各种因素影响，尽管国际社会一直在推动扩大 SDR 的作用，SDR 的使用仍较为有限。特别是 20 世纪中期以后，各国逐渐建立起浮动汇率制度，美元币值逐渐趋稳，国际上关于扩大 SDR 作用以及改革国际货币体系的讨论也不再活跃。2008 年爆发的国际金融危机暴露了国际货币体系的内在缺陷，也引发了国际社会对于国际货币体系改革的系统反思。

2009 年 3 月，周小川行长在 G20 伦敦峰会前夕刊发了《关于改革国际货币体系的思考》，将国际金融危机的爆发与国际货币体系的内在缺陷和系统性风险联系起来，建议改革和完善现行国际货币体系，推动国际储备货币向着币值稳定、供应有序、总量可调的方向完善，指出应考虑充分发挥 SDR 的作用，引发了国际社会对国际货币体系改革的热烈讨论。人民银行此后关于改革国际货币体系、扩大 SDR 作用的一系列思考与这篇文章的主要思想都是一脉相承的。人民币加入 SDR 后，国际社会对于扩大 SDR 作用的讨论又再度兴起。2016 年，中国抓住担任 G20 主席国的有利时机，引导 G20 各方对增强 SDR 的作用进行了系统的讨论，并从大处着眼、小处着手，确定了实际、可行的策略。中国还从 SDR 作为报告货币和发行 SDR 债券两个方面，在扩大 SDR 的使用上做出了表率，得到了国际社会的积极反响，为推动完善国际货币体系做出了重要的贡献。

对中国来说，人民币加入 SDR 更是具有重要意义和深远影响，它意味着人民币的储备货币地位获得正式认定并成为国际货币基金组织的官方交易货币，人民币资产自动配置需求也会增加。人民币加入 SDR 也有利于人民币国际化程度进一步提升，不仅官方部门使用人民币的动力将增强，中国企业和个人在跨境贸易和投资中使用人民币的便利程度也将提升，跨境交易的成本和汇率风险也会下降。但我们也应该看到，人民币加入 SDR 也给我们带来了新的挑战，它意味着国际社会将以更高标准和国际货币责任的眼光来看待中国，需要我们在经济运行机制、宏观政策框架、金融市场开放、跨境交易便利程度、资本项目可兑换等方面进一步完善。因此，人民币加入 SDR 并非征程的结束，而是中国金融改革与对外开放的新起点。

以开放促改革是中国经济发展的成功经验，人民币加入 SDR 为国内进一步改革开放注入了新的动力。展望未来，中国需要以人民币正式加入 SDR 为契机，进一步深化金融改革，扩大金融开放，继续深化利率市场化和人民币汇率形成机制改革，有序推进人民币资本项目可兑换，完善宏观调控和公共治理框架，使中国金融业发展向更高水平、更深层次迈进，巩固和加强人民币的国际储备货币地位。

　　《人民币加入 SDR 之路》一书不仅对人民币加入 SDR 的历程进行了全面回顾，还对 SDR 的创设、定值及交易、审查标准等问题做了详尽的解释，并对人民币加入 SDR 的影响和挑战、扩大 SDR 作用的讨论与实践等问题进行了系统的梳理，有助于读者对相关问题形成清晰完整的认识。

　　尤其值得一提的是，本书编写组的大部分成员都亲身全程参与了人民币加入 SDR 的过程，在两年多的时间里，他们默默奉献、埋头苦干，为人民币加入 SDR 贡献了自己的力量。在撰写本书的过程中，他们也付出了大量的心血和努力。全书资料翔实，行文严谨，兼具知识性和思想性，关于人民币加入 SDR 这一里程碑事件的详尽记录也具有重要的历史参考价值，值得每个关注这一问题的读者阅读。

　　最后，我对参与人民币加入 SDR 各项工作的同志们表示衷心的感谢，是你们辛勤专业的细致工作，保证了整个过程的顺利进行，你们的名字将与人民币加入 SDR 这一里程碑一同存在。

2017 年 9 月

目　录
Contents

第一章

国际货币体系的演变与 SDR 的创设

1969 年，国际货币基金组织（以下简称基金组织）正式创设特别提款权（SDR）。它的创立是 20 世纪国际货币体系演化的重要成果。两次世界大战中主要工业国家的经济均遭受了严重打击，国际货币体系一片混乱，此前盛行的金本位制走向衰落。为恢复国际货币体系秩序，促进战后经济与贸易复苏，美英等主要国家进行了长达数年的磋商和博弈，最终建立起以美元为基础的布雷顿森林体系，同时创设了基金组织和国际复兴开发银行两大布雷顿森林体系机构。然而以美元这种主权货币作为储备货币的国际货币体系存在其内在缺陷，美国无法在提供足够国际流动性的同时维持美元币值稳定。为应对这一问题，SDR 作为一种补充性国际储备资产应运而生。

一、两次世界大战时期国际货币体系陷入混乱和无序，亟需新的国际秩序

第一次世界大战前，英、美、法、德等主要工业国家均实行金本位制。第一次世界大战期间，巨额的军费开支导致参战国公共财政急剧恶化，为筹措军费不少国家不得不暂时放弃了金本位制。战争结束后，以英法为代表的主要工业国力图恢复战前的金本位制。但事实上英国直到 1925 年才正式回归金本位制，并按照战前的黄金平价确定了英镑的汇率水平。美国虽在战争期间维持了金本位制，但其战后宣布仍将维持战前确定的黄金平价。然而根据战前黄金平价所确定的汇率水平已偏离战后各国经济发展的基本面，以此为基础勉强恢复的金本位制已岌岌可危。

1929 年，美国爆发经济危机，危机在短时间内席卷全球。"大萧条"导致商品价格暴跌，贸易大幅萎缩，发达国家面临巨大的通缩压力。主要

1

国家几乎都开始采取以邻为壑的方法保护本国利益，有些直接进行货币贬值，有些实施灵活汇率或多重汇率制，还有些对进口和其他国际交易进行管制。危机后不久所有国家的货币均已实际贬值，金本位已名存实亡。1931 年英国无力维持过高的英镑汇率，被迫放弃金本位制，英镑随之大幅贬值。1933 年，美国总统罗斯福宣布退出金本位制，美元应声贬值 15%。此时的国际货币体系一片混乱，以邻为壑成为生存法则。

各国为恢复国际金融体系秩序也进行了不少尝试。1936 年，一直坚持金本位的法国也无法承受持续高估的法郎，宣布法郎贬值。英美法三国以此为契机，进行了一系列磋商，并于 1936 年 9 月签署了《三方货币稳定协定》。《三方货币稳定协定》允许法郎小幅贬值，并承诺三国将相互合作降低汇率波动。但《三方货币稳定协定》并未建立起正式的国际货币协作机制，而且涉及的国家数量有限，即使后来英镑集团和金本位集团其他国家陆续加入，其所覆盖的国家也仅占全球贸易额的 50%，不能算作真正意义上的国际协议。因此国际社会迫切需要一个永久的国际货币协作机制，以恢复国际货币体系秩序，促进各国战后重建与开展国际贸易。

美国人哈里·怀特（Harry Dexter White）和英国人约翰·凯恩斯（John Maynard Keynes）都在思考如何设计这样一个机制，两人几乎同时提出了各自的国际货币体系设计方案，为日后布雷顿森林体系的建立奠定了基础。

二、布雷顿森林体系的两种方案

（一）怀特方案

1942 年初，时任美国财政部长特别助理的怀特提交了"怀特计划"的初稿。怀特计划的核心是各国货币与美元挂钩，美元与黄金挂钩，各国货币可以长期以固定汇率相互兑换。为了实现这一目的，怀特要求建立两个国际机构，"联合及联系国稳定基金"①（以下简称稳定基金）和"联合及联系国复兴开发银行"②。怀特的稳定基金由各国缴纳资金建立，缴纳的金

---

① United and Associated Nations Stabilization Fund.
② Bank for Reconstruction and Development of the United and Associated Nations.

额决定了各国的投票权。根据怀特的设计，美国缴纳的资金最多，享有一票否决权。稳定基金的主要宗旨是，"大幅并永久地削减国际贸易以及相关联的资本流动的壁垒"，其根本目的是维护固定汇率制，防止各国进行竞争性贬值。各国不得在未经稳定基金允许的情况下调整汇率，如果稳定基金大多数成员经投票认定一国的经济政策会导致国际收支失衡，则该国不能采取此类政策，违反规定进行汇率贬值需向基金缴纳更多资产。当然，如果一国由于长期国际收支逆差导致汇率承受贬值压力，也可向基金寻求援助，以黄金或本国货币做抵押购入所需外汇，应对国际收支问题。

怀特的初稿中提出了一种叫作"尤尼塔斯"（Unitas）的记账单位，尤尼塔斯的价值被固定为 10 美元，各国货币通过尤尼塔斯与美元间接挂钩。虽然尤尼塔斯看似是由稳定基金发行的、各国持有的超主权货币，但实质上其价值与美元固定，并不是真正意义上的超主权货币。

（二）凯恩斯方案

英国经济学家凯恩斯几乎与怀特同时提出了对战后国际体系的设计构想。凯恩斯要求建立一个新的国际机构，即"国际清算联盟"。国际清算联盟将发行超主权货币"班柯"（Bancor），各国央行在国际清算联盟开设清算账户，通过借记和贷记班柯的方式完成彼此之间的贸易清算。成员无需缴纳黄金或外汇换取班柯，国际清算联盟将按照第二次世界大战开始前三年成员进出口贸易的平均值分配班柯。班柯的价值与所有成员的货币和黄金挂钩。除初始分配外，各国可通过国际贸易获得班柯，也可使用黄金兑换班柯，但不可以反过来将班柯兑换成黄金。国际清算联盟将根据各国在全球贸易中所占的比例，确定各国班柯储备和班柯负债的上限，防止各国国际收支失衡。如果一国国际收支持续逆差，超过班柯债务上限，则该国货币会被强制贬值，甚至会强迫该国出售黄金，偿还班柯债务。如果一国国际收支顺差过大，超过该国所被允许持有的班柯上限，该国则会面临货币升值、对超额班柯支付利息等措施。

相比尤尼塔斯，班柯可算作真正意义上的超主权货币。尤尼塔斯事实上仍是以黄金和美元为中心，而班柯则实现了"去黄金化"。虽然班柯的价值仍与黄金挂钩，但由于其与黄金的兑换是单向的，其供给已与黄金供给脱钩，不受黄金产量决定，完全由国际清算联盟根据全球贸易需求确定。此外，各国无需缴纳黄金或外汇即可获得与各自贸易份额相对应的一笔班柯，等于为那些战后缺少黄金储备却亟需通过国际贸易恢复经济发展的国家提供了额外的国际储备，班柯已可取代黄金成为国际储备资产。

三、布雷顿森林体系的建立奠定了美元成为全球货币的基础

1943 年 4 月，在经过数轮修订后，怀特方案和凯恩斯方案相继公布于世。1943 年 9 月 15 日至 10 月 9 日，以怀特为团长的美国代表团与以凯恩斯为首的英国代表团举行了九次磋商，就英美之间存在的分歧进行了深入讨论。尽管谈判的基础是凯恩斯的国际清算联盟和怀特的稳定基金两个方案，但此时美国的经济实力和综合国力已远超英国，而且美国通过《租借法案》向英国提供各类军事物资和巨额贷款，英国依赖美国的资金和物资援助维持战争和战后重建，因此这场谈判在开始前就是一场不对等的较量。谈判开始后美国人迅速占据上风，讨论时所引用的内容几乎全部来自怀特的稳定基金方案。在这种情况下，凯恩斯认为美国提出的稳定基金也同样可以实现其国际清算联盟所想要实现的目标，再加上谈判已向美方倾斜，最终英国代表团接受了以设立稳定基金为基础进行后续谈判。

虽然国际清算联盟的设想已失败，但凯恩斯一直未放弃他的超主权货币班柯，在磋商过程中力图赋予怀特的尤尼塔斯一些班柯的特点，努力使其真正成为一种交换媒介。然而当初提出尤尼塔斯的怀特在磋商过程中却要求删除尤尼塔斯，理由是美国国会不可能接受一个虚假的货币单位，美元不可能以一种美国无法控制的国际货币单位计价。最终凯恩斯接受了怀特的方案，尤尼塔斯被彻底删除。除尤尼塔斯问题外，英国在汇率管制、认缴黄金比例以及提款所需支付的黄金比例等多个问题上作出让步，随后英美双方就部分分歧达成了共识。1944 年 4 月，英美两国发布了以怀特计划为蓝本的《关于建立国际货币基金组织的专家联合声明》。随后英美双方就剩余的分歧继续磋商，并最终于 1944 年布雷顿森林体系会议召开前达成共识。

1944 年 7 月，一场由 44 个国家代表团参与的联合国国际货币与金融

大会在美国新罕布什尔州的布雷顿森林镇召开，这场会议日后被称作布雷顿森林体系会议。会上各方以怀特方案为基础，通过了《国际货币基金组织协定》和《国际复兴开发银行协定》。1945 年 12 月 27 日，包括中国在内的 29 个国家的代表签署了《国际货币基金组织协定》，此前一年与会各方代表已签署了《国际复兴开发银行协定》，基金组织与国际复兴开发银行正式成立。前者的主要职能是维护国际货币体系稳定、避免竞争性贬值，并在必要时向国际收支出现困难的国家提供帮助，后者主要是为各国的战后重建提供长期资金支持。这两个机构统称为布雷顿森林体系机构，为形成以美元为中心的布雷顿森林体系奠定了基础。

布雷顿森林体系的主要内容包括：一是以基金组织作为维持布雷顿森林体系的核心，赋予其监督、磋商和提供资金援助等职能，具体负责监督成员货币的汇率，核准货币平价变更；协调各国重大金融问题，以促进国际金融合作；管理成员缴纳的资金，为国际收支逆差成员提供融资。二是实行可调整的固定汇率制，美元与黄金挂钩，制定了一盎司黄金等于 35 美元的官价，各国可按官价用美元向美国兑换黄金。各国货币与美元挂钩，对美元汇率只能在法定汇率上下 1% 的幅度内波动，若市场汇率波动超过 1%，各国政府需在外汇市场上买卖美元进行干预，以维持汇率的稳定，若汇率变动超过 10%，就必须得到基金组织的批准。三是建立了国际收支平衡的调节机制，核心是基金组织可向国际收支逆差成员提供短期资金援助，帮助其应对国际收支问题，同时设置"稀缺货币"条款，敦促盈余国主动调整国际收支，但该条款几乎未得到真正实施。四是取消经常项目下的货币兑换限制，规定基金组织成员不得限制国际收支经常项目的支付或清算，不得采取歧视性的货币措施，对其他成员在经常项目下结存的本国货币应保证兑换。

四、以美元为基础的国际货币体系存在内在缺陷

布雷顿森林体系的建立确定了新的国际货币秩序，促进了战后资本主义世界经济的恢复和发展，尤其是 20 世纪 50 年代和 60 年代初期，该体系运行良好。美元作为支付、清算和储备货币输送到了世界各地，弥补了当

时普遍存在的国际清偿力和支付手段的不足，极大地促进了世界经济的恢复发展。此外，各国间的汇率较为稳定，有利于进出口成本和利润的核算，也为国际投资提供了巨大便利，国际贸易和投资的增速不仅大大超过第二次世界大战前，也超过同期世界工业的增长速度。

然而布雷顿森林体系自其创立之初就存在根本性缺陷。

一是美元与黄金挂钩这种金汇兑制本身的缺陷。美元与黄金挂钩后，享有特殊地位，这就极大地加强了美国对世界经济的影响。一方面美国可以通过发行纸币而不动用黄金进行对外支付和资本输出，取得铸币税；另一方面美国也因此背上了维持金汇兑平价的包袱。当人们对美元充分信任，美元相对短缺时，这种金汇兑平价可以维持。当人们对美元产生信任危机、要求出售美元兑换黄金时，美元与黄金的固定平价就相对难以维持。

二是主权货币作为储备货币的缺陷。美国试图通过布雷顿森林体系使美元取代黄金成为唯一的国际流通货币。这就意味着美国需向世界提供足够的美元，满足日益增长的国际贸易需求，也就是说美国需要长期保持国际收支逆差。与此同时，美国的黄金储备是有限的，而且在长期逆差情况下，黄金储备会进一步减少。但布雷顿森林体系又将美元与黄金挂钩。因此美国面临的矛盾就是如何用有限的黄金储备支持不断扩张的美元信用。美国经济学家特里芬（Robert Triffin）曾在 1959 年对这一问题作出了清晰阐述，他认为美国不可能既向全世界提供充足的美元，又维持足够的黄金储备以随时兑现其美元可按固定价格兑换黄金的承诺。这不是美元自身的问题，而是任何一个国家的主权货币都无法完成的任务。这也就是著名的"特里芬难题"。

三是国际收支调节机制的缺陷。布雷顿森林体系规定了汇率波动需保持在 ±1% 之内，汇率缺乏弹性，限制了汇率对国际收支的调节作用。各国不能利用汇率杠杆来调节国际收支，只能采取有损于国内经济的经济政策或采取管制措施，以牺牲内部平衡来换取外部平衡。

五、国际货币体系的内在缺陷不断暴露，推动创设 SDR

随着世界经济的发展，布雷顿森林体系的缺陷逐渐暴露出来，并且越来越严重。从一开始的美元荒，再到美元泛滥，演化为美元危机，最终导致这一体系走向崩溃。

布雷顿森林体系成立初期，欧洲经济和基础设施遭到战争严重破坏，尚未恢复。20 世纪 70 年代，美国对各国都保持了巨额的贸易顺差，美国黄金储备不断增长，美元源源不断回流美国，美元短缺越发严重。相应地，欧洲国家的国际收支逆差不断扩大。雪上加霜的是，根据规定，基金组织只能向成员提供资金应对短期国际收支危机，无法提供可用于重建的长期资金。国际复兴开发银行虽可向各国提供长期贷款，但其可用的资金也仅为美国缴纳的 5.7 亿美元的认缴股本，相比欧洲重建的巨大资金缺口可谓杯水车薪。1947 年，基金组织和国际复兴开发银行公开表示其无法应对国际货币体系所出现的问题。

面对这一困难，时任美国国务卿马歇尔（George Marshall）于 1947 年提出了著名的"马歇尔计划"，旨在为西欧国家提供资金，帮助其恢复重建。美国总统杜鲁门（Harry Truman）1948 年 4 月签署了马歇尔计划，向 16 个欧洲国家提供 50 亿美元资金。在马歇尔计划存续的四年时间内，美国总计拨款 170 亿美元，通过经济和技术援助等形式帮助欧洲国家恢复重建。1951 年末，美国用"共同安全计划"（Mutual Security Plan）取代了马歇尔计划，该计划在此后数年间每年向欧洲国家提供 70 亿美元援助。

事实上，除马歇尔计划外，1947－1958 年，美国政府还在"杜鲁门主义"的名义下对亲美的希腊、土耳其和多个第三世界国家政权提供了大量军事和资金援助，并取消对日本和西德的经济管制措施。此后各国经济逐步复苏，出口大幅增长，自 1950 年起美国的国际收支顺差就不断缩小，并于 20 世纪 50 年代末转为逆差，开始输出美元流动性。

虽然美元流动性开始增加，但仍难以满足日益增长的国际贸易的需求。1962 年，基金组织成员官方储备总量出现下降，而此前三年官方储备总量每年的增速均高于 3%。与此同时，全球贸易年均增速超过 8%，国际流动性短缺的压力开始显现。

在此背景下，1963 年十国集团①率先开始关注这一问题，经讨论，其认为目前各成员的储备水平足以应对国际货币体系的可能波动，但同意对国际货币体系的前景以及未来可能的流动性需求进行深入研究。在此后 10 月举行的基金组织年会上，时任基金组织总裁施威泽（Pierre – Paul Schweitzer）宣布，基金组织将加强对国际流动性问题的研究。虽然与会各方未就国际货币体系是否缺少流动性达成共识，但几乎一致欢迎施威泽的提议。会上，时任美国财长迪伦（Douglas Dillon）和英国财长迈德宁（Reginald Maudling）明确指出，依赖储备货币发行国的国际收支赤字创造更多流动性的国际货币体系存在问题。此后基金组织与十国集团均开始针对如何应对国际流动性短缺问题展开密集讨论。

一些具体的设计方案也随之开始涌现。1962 年，英国财长迈德宁提出了"共同货币账户"（mutual currency account）的设想，其主要内容是一国可在市场上购入处于过剩状态的其他国家的货币，存入由基金组织所管理的共同货币账户中，当该国遇到流动性问题时，可将账户中的货币提取使用。1963 年 10 月，布雷顿森林会议时期怀特的副手、基金组织研究部前主任、美国经济学家伯恩斯坦（Edward Bernstein）建议，十国集团与瑞士应联合设立"复合储备单元"（composite reserve unit，CRU），其价值等同于黄金，由各国货币按一定比例组成。这些讨论均为日后 SDR 的创设打下了基础。

1964 年 1 月，基金组织总裁施威泽在一次演讲中再次强调了国际流动性问题的重要性，提出应区分看待国际流动性充足的现状与长期范围内可能存在流动性短缺的问题。随后召开的基金组织执董会上，各方就这一问题主要形成了两种观点：澳大利亚和阿根廷等国执董认为未来很可能出现流动性短缺问题；德国等国执董则强调当前最急迫的问题不是加强流动性，而是纠正美国国际收支赤字。短期内美国赤字会导致美元实际币值走软，削弱美元作为储备资产的地位，但长期来看美国赤字的彻底消失会导

---

① 十国集团是主要工业化国家的政府间组织。1962 年，基金组织设立了"借款总安排"机制，目的在于在基金组织份额以外获得外部融资安排。美国、日本、英国、法国、加拿大、意大利、比利时、荷兰 8 个成员以及德国、瑞典的中央银行加入了这一安排，"十国集团"就此形成。

致国际流动性枯竭。1964 年 4 月发表的基金组织年报花了大量篇幅讨论国际流动性问题，并将基金组织的观点总结如下，"我们必须假设未来美国的国际收支赤字不会像过去一样提供大量的储备资产。因此可以预测，未来需更加依赖其他手段提供国际流动性。基金组织可在这方面作出实质性贡献"①。与此同时，十国集团针对国际流动性问题的讨论也进入了实质性阶段。1964 年 8 月，十国集团财长和央行行长会议批准了成立了一个"创造储备资产研究小组"（Study Group on the Creation of Reserve Assets），专门研究是否需要创设新的储备资产。

尽管取得了诸多进展，但十国集团内部以及十国集团与基金组织其他成员之间始终未能就如何解决国际流动性问题达成共识。在 1964 年 10 月基金组织年会上，各方就这一问题进行了激烈争论。法国和比利时认为增加国际流动性会带来通胀风险；德国、意大利等坚持认为相比增加国际流动性，部分成员更应纠正其国际收支问题；基金组织总裁施威泽强调，如果美国和英国纠正其国际收支问题，则可能出现国际流动性短缺，更需研究如何通过新的方法创造储备资产。

这种争论一直持续到 1965 年。1965 年 2 月，法国总统戴高乐及其财长德斯坦（Valéry Giscard d'Estaing）公开要求回归金本位制，德斯坦甚至明确表示，法国反对任何补充国际流动性的提议。相比法国的消极态度，同属十国集团成员的美国较为积极。1965 年 3 月，美国财政部副部长鲁萨（Robert Roosa）再次提出，主要工业国家可以联合建立"复合储备单元"（CRU）。同年 7 月，美国财长富勒（Henry Fowler）在向弗吉尼亚州律师协会发表的演讲中宣布，"美国愿意参与国际讨论，研究如何采取联合措施以实质性地改善现有国际货币体系"，并建议建立一个"准备委员会"② 专门研究这一问题。美国积极推动讨论国际储备资产问题的背后是 20 世纪60 年代中期美国开始陷入越南战争泥潭，国际收支出现恶化，黄金储备大

---

① The International Monetary Fund, 1945 – 1965: Twenty Years of International Monetary Cooperation, Volume 1, p. 590.

② The International Monetary Fund, 1945 – 1965: Twenty Years of International Monetary Cooperation, Volume 1, p. 587.

量外流，美元开始承受贬值压力，此时创造新的储备资产将分担美元所承受的压力，而且也会增加美国的国际储备。受美国态度的影响，1965 年 9 月十国集团财长和央行行长会议作出积极表态，同意制订一个创造储备资产的应急计划，一旦出现创造储备资产的需要，该方案即可执行。与此同时，相关技术讨论也在同步进行。1965 年 8 月，十国集团下设的研究小组提交了其研究报告，分析了创设储备资产的各种技术细节，但小组成员在新储备资产与黄金之间的关系、参与国家的数量、基金组织的角色以及创造流动性的规则等问题上未达成共识。报告未提出任何倾向性意见。

除了是否需要创造新的流动性外，各国间的分歧还在于如何分配这些新的流动性。早在 1964 年基金组织年会上，就有许多来自发展中国家的理事提出，基金组织应是管理这种新流动性的机构，因为流动性问题涉及基金组织所有成员。但十国集团中的一些欧洲国家却持不同看法，意大利认为发展中国家对流动性的需求可通过份额增资满足，荷兰认为新的储备资产应在一个限定成员的小组内分配。这些欧洲国家强调，创造新的国际储备资产不应涉及实际资源的转移，因此新资产只应分配给那些已有储备资产的国家，作为一种额外资产持有，而不应分配给那些会真正使用这种新资产的发展中国家。这种观点当然遭到发展中国家的激烈反对，它们强调增加国际流动性的目的就是为了确保国际贸易可以顺利开展，因此这些额外流动性应分配给有真正使用需求的国家，而不是仅分配给那些只希望持有额外流动性的国家。澳大利亚财长霍尔特（Harold Holt）"代表十国集团以外的九十多个国家发声"，指出"这种对我们每个国家都会产生巨大影响的事件，如果只由小部分国家作出决定，这对绝大多数基金组织成员来说是不可接受的"①。在发展中国家的据理力争下，十国集团最终作出了部分让步，在 1965 年 9 月的部长会公报中表示，一旦十国集团就一些关键问题达成共识，第二阶段的讨论将面向十国集团以外的其他基金组织成员，并要求其副手们研究如何与基金组织的执董们展开合作，促进达成共识。

①　The International Monetary Fund，1945–1965：Twenty Years of International Monetary Cooperation，Volume 1，p. 594.

此后各方的讨论重点主要集中在新储备资产的具体设计方案。1966 年 1 月，美国、德国、英国和加拿大分别向十国集团财长和央行行长副手会提交了其各自的设计方案，所有四个方案都提出要将储备资产的创造限定在特定国家范围内。其中三个方案提出了"双轨方法"（dual approach），即同时建立两个机制，一方面针对少数限定国家，创造新的储备资产，另一方面针对所有国家或那些不在储备资产分配范围内的国家，提供一些基金组织的额外提款权，在美国的方案中，这种提款权叫作"特别储备提款权"（special reserve drawing rights）。同年 3 月，基金组织总裁施威泽向执董会提交了两份储备资产创造计划，计划一将通过基金组织的现有机制，向基金组织所有成员发放黄金档①类型的提款权，计划二将建立一个新的基金组织子机构——国际储备基金（International Reserve Fund，IRF），负责发行储备单元，该子机构面向基金组织所有成员。此后数月内，基金组织总裁施威泽多次做十国集团工作，在德国发表演讲时专门强调不应通过"双轨方法"导致各国分裂成两个集团，而应通过普适方法创造新的储备资产。在此期间，十国集团内部对普适方法的支持也越来越多。1966 年 7 月，十国集团部长会通过公报确认，新创造的无条件流动性将面向基金组织所有成员。

在此基础上，1966 年 11 月至 1967 年 3 月，十国集团副手与基金组织执董连续举行了三次联合会议，具体讨论了创造储备资产的目的和形式、分配新资产的标准、新资产如何交易等问题。虽然各方仍未就具体方案达成共识，但讨论焦点已缩小至基金组织此前提交的两个方案。基金组织工作人员在此前方案的基础上提出了细化的大纲，分别是"一个基金组织内基于提款权的储备工具的提纲"（An Outline of a Reserve Facility Based on Drawing Rights in the Fund）以及"一个关于由基金组织子机构管理的、基于储备单元的储备工具的提纲"（An Outline of a Reserve Facility Based on

---

① 根据基金组织规定，成员在加入基金组织时需以储备资产（1978 年以前为黄金，1978 年以后为可自由使用货币或 SDR）认缴 25% 的份额。与之相对，成员也会获得对基金组织的一笔流动债权（liquid claim），规模相当于该成员的储备资产认缴金额。由于基金组织的信贷资金是分档次提供，因此这部分资金被称为"储备档"资金，在 1978 年以前也称为"黄金档"。

Reserve Units and Administered by a Fund Affiliate）。在 1967 年 6 月召开的第四次联合会议上，各方基本达成共识，认为无须设置新的子机构发行并管理新的储备资产，创设新的储备资产应依赖基金组织内部现有机制。在这一共识的基础之上，1967 年 9 月基金组织执董会通过并向理事会提交了"一个基金组织内基于特别提款权的工具的大纲"（Outline of a Facility Based on Special Drawing Rights in the Fund），特别提款权（Special Drawing Rights，SDR）这一概念浮出水面。基金组织理事会于当月通过了该大纲，并要求执董们继续研究建立新的工具的操作流程以及如何修改基金组织章程。1968 年 5 月，基金组织理事会通过了对《国际货币基金组织协定》进行修订的提案，补充了有关 SDR 分配、使用和取消等相关条款。修订后的《国际货币基金组织协定》自 1969 年 7 月 28 日生效，SDR 正式创立。

根据《国际货币基金组织协定》规定，SDR 是一种补充性储备资产，与黄金、外汇等其他储备资产一起构成国际储备。顾名思义，SDR 是一种提款权，即在一定条件下持有者可用它提取基金组织指定成员的可自由使用货币。SDR 的价值及利率由基金组织确定。最初 SDR 的价值与黄金挂钩，1 SDR 等于 0.888671 克黄金，这也是当时布雷顿森林体系下 1 美元的黄金含量。

虽然十国集团同意创设 SDR，但对 SDR 的大量分配和使用始终心存疑虑。法国、比利时等高度依赖黄金的国家担心大量分配 SDR 会造成全球性通胀；美国则担心 SDR 的广泛使用将损害美元的地位。在这些国家的影响下，基金组织在 SDR 创设之初就对其分配、使用等做出了各种限制性规定，比如 SDR 的持有人仅限各成员、SDR 仅能用于官方部门交易、成员签订 SDR 交易协议需经基金组织批准等。

六、布雷顿森林体系的崩溃及 SDR 的演变

在基金组织和国际社会就创设 SDR 进行激烈讨论的同时，国际货币体系中的美元流动性也发生了变化。20 世纪 50 年代起，美国国际收支逆差不断扩大，美元流动性逐渐增多，人们对美元币值的信心也开始动摇，自 60 年代初起，国际金融市场出现了数次抛售美元、抢购黄金的事件。为应

对这一局面，美国联合英国、法国、瑞士等八个国家于 1961 年 11 月成立了伦敦黄金总库，八国央行共拿出 2.7 亿美元的黄金，用于干预伦敦黄金市场的价格，通过买卖黄金将金价维持在官价水平。然而黄金总库的黄金储量是有限的，其干预效果也是暂时的。1968 年 3 月，疯狂的黄金潮再次爆发，导致黄金总库在 3 月 15 日被迫关闭。此后美国开始实行"黄金双价制"，即允许市场金价自由浮动，但各国央行仍可以 35 美元一盎司的官价向美国兑换黄金。尽管黄金总库的成员均拒绝与私人进行黄金交易，且美国也停止向那些参与市场交易的国家出售黄金，但"黄金双价制"下套利机会仍然存在，美国的黄金储备仍在不断被消耗。

1970 年末，美国的黄金储备跌至 110 亿美元，而此时其他国家的非黄金储备达到 530 亿美元，也就意味着美国的黄金缺口高达 420 亿美元。1971 年初，国际金融市场又一次掀起抛售美元、抢购黄金的风潮。1971 年 5 月，西德第一个宣布退出布雷顿森林协定，实行浮动汇率制。随后瑞士要求兑换 5000 万美元的黄金，法国也要求再兑换 1.91 亿美元的黄金，这导致美国的黄金储备下降到 1938 年以来的最低水平。面对如此巨大的挤兑压力，时任美国总统尼克松于 1971 年 8 月 15 日宣布实行"新经济政策"，停止接受用美元兑换黄金，布雷顿森林体系走到了尽头。由于事前尼克松未与任何国家甚至基金组织协商就单方面宣布了停止兑换，这一消息震惊了全球，后被称为"尼克松冲击"（Nixon Shock）。

布雷顿森林体系瓦解后，尽管十国集团又通过签订《史密森学会协议》（Smithsonian Agreement）等形式试图固定汇率，但这些努力都是徒劳的。主要发达工业国家先后实行浮动汇率制，1973 年美元开始自由浮动。美元自由浮动后对黄金迅速贬值，但原本与黄金挂钩的 SDR 仍维持对黄金的名义价格，因此有人将 SDR 称为"纸黄金"。

1974 年，基金组织决定以一篮子货币来定义 SDR，即以美元表示的 SDR 的价值是将各篮子货币对美元的汇率乘以其权重进行加总。最初的货币篮子由 16 个在世界贸易中所占份额超过 1% 的成员的货币组成。

1976 年 1 月，由基金组织 20 个选区①执董组成的"二十人委员会"（Committee of Twenty，C‐20）在牙买加首都金斯敦举行会议，并达成了《牙买加协定》（*Jamica Agreement*）。《牙买加协定》的主要内容包括浮动汇率的合法化、黄金非货币化、以 SDR 作为主要储备资产、扩大对发展中国家的资金融通等。核心内容主要包括以下五点：一是正式认可浮动汇率制的合法地位。《牙买加协定》允许各国自由选择汇率安排，因此固定汇率制和浮动汇率制可以同时并存。但基金组织要对成员的汇率政策进行监督，缩小波动幅度，使汇率符合各国长期的经济基本面，不允许操纵汇率以阻止对国际收支的有效调节，或形成与他国的不公平竞争。二是黄金非货币化，取消黄金官价。各国央行间不再按照官价买卖黄金，允许黄金价格按供求关系自由变化，黄金与货币彻底脱钩，也不能作为各成员以及成员与基金组织之间清算债务债权的手段，各成员原需以黄金向基金组织缴纳的份额改用可自由使用货币缴纳。三是提高 SDR 国际储备资产的地位。《牙买加协定》规定基金组织账户资产一律以 SDR 表示，各成员之间可以自由交易 SDR 而不必征得基金组织的同意，交易目的也不再限于调节国际收支，同时基金组织应适时对 SDR 相关制度进行修订完善。这些措施旨在进一步扩大 SDR 的使用，使其逐步取代黄金和美元成为国际货币体系的主要储备资产。四是份额增资，将基金组织总份额从 292 亿 SDR 增加到 390 亿 SDR。五是增加对发展中国家的资金援助，基金组织将其持有黄金的三分之一出售，所获收入除分配给成员以外，大部分用于建立信托基金（Trust Fund），向符合条件的低收入国家发放贷款。

1978 年 4 月，基金组织理事会通过了以《牙买加协定》内容为基础的《国际货币基金组织协定》第二修正案，在法律上对《牙买加协定》的主要内容予以确认，从此国际货币体系进入了"牙买加体系"时代，该体系

---

① 《国际货币基金组织协定》中规定的选区总数最初为 20 个，目前选区已增加至 24 个。1978 年，沙特阿拉伯因对基金组织资金有特殊贡献而获得了单独任命执董的资格，基金组织执董席位增至 21 个。1980 年，中国恢复在基金组织的席位，由于当时中国一国持有的投票数超过了合格票数的 4%，因此可以形成单国选区，基金组织执董席位增至 22 个。1992 年，瑞士和俄罗斯以及从苏联独立出来的若干共和国加入基金组织，从而使执董人数增至 24 名。至此，执董会由成员选举或任命的 24 名执董组成。

一直延续至今。

七、扩大 SDR 作用的重要尝试：SDR 替代账户和发行 SDR 计价债券

　　美元与黄金脱钩成为国际社会再次探索扩大超主权货币作用的契机。其中一个重要的探索方向就是设立 SDR 替代账户，简单来说就是用 SDR 替换成员所持有的美元储备，从而避免国际收支顺差较大的成员持有过多美元储备，同时也可鼓励成员更多使用 SDR。在这一概念下，SDR 不仅仅是美元的补充，而成为了美元的替代物。20 世纪 70 年代，基金组织曾三次讨论 SDR 替代账户的提议，但均无果而终。

　　替代账户的想法最早也是由"二十人委员会"提出的。1972 – 1974 年，该委员会对改革国际货币体系进行了深入讨论，并提出了诸多想法，其中一条就是鼓励甚至要求成员将手中持有的部分外汇储备置换成 SDR。但当时该委员会未就替代账户是自愿参与还是强制参与等问题达成共识，最终报告仅提出设立替代账户的可能性，未提出具体计划。此后替代账户的想法被一度搁置。

　　1977 年末，美元再度面临巨大的贬值压力，加之此时基金组织正在讨论新一轮 SDR 分配，SDR 替代账户又被重新提上议程。比利时执董提出，可通过要求成员将美元或其他储备货币资产兑换成 SDR 的方式分配新的 SDR，这样一方面可以抵消大量分配 SDR 会带来的通胀效应，另一方面也可扩大 SDR 的使用。时任基金组织总裁韦特文（Jonannes Witteveen）对此很感兴趣，要求工作人员详细研究这一提议，并将研究结果提交至 1978 年 4 月基金组织临时委员会[①]讨论。但会上各方对此反应并不积极：大多数发展中国家并没有多余的美元资产，无法直接受益，但希望借替代账户一事推动基金组织分配 SDR；美国认为扩大 SDR 的使用也许可以抑制对美元的投机压力；欧洲国家急于寻求资产多元化的途径，对这一提议热情较高，但各国支持程度有所不同；日本和沙特阿拉伯认为替代账户不足以稳定美

---

　　①　基金组织理事会下设的专门委员会，成立于 1974 年，由部分理事会成员组成，承担咨询职能。1999 年后改名为"国际金融与货币委员会"，沿用至今。

元汇率，应采取更根本的措施。1978 年 6 月，韦特文卸任基金组织总裁，替代账户再次被搁置。除了韦特文离任的因素外，替代账户本身有更深层次的问题，其中最重要的就是汇率风险。各国将美元存入替代账户后，替代账户的资产是美元，但其（替代账户）对各国的负债却是 SDR，该账户的资产与负债出现了错配。各成员对替代账户本身热情不高，再加各方很难就谁应承担汇率风险达成共识，1978 年 9 月基金组织执董会作出结论，认为替代账户目前"并不可行"。

然而美元所承受的贬值压力越来越大，以至于替代账户很快又以另外一种形式出现在人们的视野中。1978 年 11 月，时任基金组织总裁德拉罗西埃（Jacques de Larosière）和首席经济学家波拉克（Jacques Polak）提出了"储备多元化"账户的概念。各国央行可自愿将美元存入在基金组织开设、由基金组织管理的储备多元化账户，并获得相应的以 SDR 计价的债券。为了应对汇率风险，该账户将投资于美国长期国债，同时按照 SDR 官方利率向成员支付利息。由于美国长期国债收益率高于 SDR 官方利率（当时 SDR 利率被维持在低于市场利率的水平），该账户获得的息差收益可用于弥补汇率损失。这一提议获得了各国执董较为广泛的支持，临时委员会也在 1979 年 10 月正式要求基金组织执董会"继续重点研究设计"该账户。

但这一想法在政治上遇到了很大阻碍。首先，美国政府不愿将对其他各国央行的短期债务转化为对基金组织的长期债务，因为很明显美国为长期债务所需支付的利息要高于短期债务，这种置换成本较高。其次，其他成员不愿将持有的短期美国国债置换为收益率很低的 SDR 计价资产，虽然 SDR 资产的价值将更加稳定，但在这些国家看来这种转换所带来的直接损失要大于收益。最后，尽管储备多元化账户理论上可减少汇率风险，但无法保证未来美国长期国债利率一定会高于 SDR 利率。事实上，根据基金组织工作人员测算，在美元继续贬值以及美国利率走低的情况下，当前的设计不足以覆盖汇率风险。

对此，德拉罗西埃又提出可出售基金组织所持有的黄金来覆盖汇率风险。但基金组织各成员对出售黄金一事分歧较大，许多发展中国家认为基金组织应将黄金出售用于支持低收入国家发展。1980 年 4 月的临时委员会会议上，此前曾表示支持储备多元化账户的美国和德国等纷纷倒戈，公开反对设立这一账户，最终公报仅表示将会继续研究这一问题。究其原因，表面来看，美国出尔反尔与其财政部人事变动有关，此前支持替代账户想法的副部长已从财政部离职。再者，美国自 1979 年末开始加息，美元过剩问题得到缓解，推动国际社会设立替代账户的动力开始减退。深层次来看，各方始终无法对出售黄金以覆盖汇率风险达成共识，替代账户本身的设计缺陷无法解决，该方案难以成功。至此，SDR 替代账户一事再次被搁置，此后也未能得到广泛讨论。

除 SDR 替代账户外，国际社会在扩大 SDR 使用方面另外一个重要尝试就是发行 SDR 计价债券。布雷顿森林体系崩溃后，很多货币开始逐步转向浮动汇率制。在这一转型过程中，为降低汇率波动的影响，使用 SDR 为债券和票据计价对于市场主体具有一定吸引力。从 1975 年到 1981 年，瑞典投资银行、瑞士铝业公司、北欧投资银行、西班牙国家铁路公司、意大利铁路公司等机构共发行了 13 笔以 SDR 计价的债券，总额约 5.63 亿 SDR。特别是 1980 年基金组织将 SDR 篮子货币从 16 种简化为 5 种之后，发行 SDR 计价的债券一度出现较快发展，例如仅 1981 年就发行了 5 笔 SDR 计价的债券。

虽然当时 SDR 计价债券市场得到了一定发展，但也存在很多问题。一是这些债券虽然以 SDR 计价，但支付结算则使用美元或其他货币。二是尽管这些 SDR 债券大多在卢森堡股票交易所上市，但二级市场不活跃，多为持有到期，市场深度不够。此外，自 1979 年欧洲货币单位（ECU）诞生以来，ECU 计价的债券市场日益发展。由于缺乏基金组织和官方部门对 SDR 债券市场的支持，随着美元走强，SDR 计价债券逐渐销声匿迹。

20 世纪 80 年代中期起，各国逐渐建立起浮动汇率制，美元币值逐渐趋稳，国际上关于扩大 SDR 作用以及改革国际货币体系的讨论也不再活跃。直到 2008 年国际金融危机的爆发再度引发人们关于改革国际货币体系的讨论，SDR 再次进入人们的视野。

第二章

SDR 的分配、定值及交易

第一章从国际货币体系改革的角度回顾了 SDR 创设和发展的历程，指出了国际上在 2008 年国际金融危机后对有关进一步改革国际货币体系、扩大 SDR 作用等问题再次展开了讨论。相关的工作还未结束，在此背景下，了解一点 SDR 的分配方法和分配历史、SDR 的定值原则和演变历史以及 SDR 的交易机制，有利于加深对 SDR 的认识，更好地理解今后的相关讨论。

一、SDR 的分配

（一）分配的目的、程序及方法

创设 SDR 的本意是为国际储备提供一种补充。与此相应，SDR 分配的目的，是满足"全球范围内存在的补充现有储备资产的长期需求"（《国际货币基金组织协定》第十八条第 1 款）。这是成员在 1968 年对基金组织协定进行首次修订、创设 SDR 的同时明确的。该协定对分配 SDR 还有进一步的规定，例如，SDR 的分配或撤销，不得导致世界性的通货膨胀或通货紧缩。但总的来说，决定特别提款分配与否的，主要是各成员对全球储备资产长期需求的看法。

SDR 的分配面向参加了基金组织 SDR 账户并履行了相关义务的成员，也即所谓的 SDR 账户成员。1980 年 4 月以后，基金组织所有成员都参加了 SDR 账户，因而都有资格按各自份额比例参与 SDR 分配。

《国际货币基金组织协定》对 SDR 分配的程序作了规定。SDR 分配与否，原则上以五年为一个基本期定期进行讨论。基本期的长度可在必要时经理事会批准后调整，因此早期基本期的长度并不固定，如第一基本期和第三基本期分别为三年和四年。除此之外，第二基本期和后来的基本期长度均为五年。在每个基本期结束的六个月之前，基金组织总裁要对全球内储备资产的长期需求进行分析，向理事会就下一基本期是否应分配或取消 SDR 提出建议。如果理事会超过 85% 投票权的多数成员认为，全球确有补充现有储备资产的长期需要，那么基金组织就可以分配新的 SDR。

分配方式有普遍分配和特别分配两种。普遍分配指根据各成员在基金组织中的份额按比例面向所有成员的分配，特别分配则用于解决个别或部分成员因为后加入基金组织而没有参加以前的 SDR 分配等问题。

（二） 历次分配情况及角力

各方围绕 SDR 作用的争论贯穿了迄今为止 SDR 的三次普遍分配和一次特别分配。SDR 的创设就伴随着不同方案的博弈，之后随着国际货币体系的变迁，乃至进入 21 世纪后世界经济格局的调整，各方对 SDR 的态度相应发生改变。特别是主要发达国家与发展中国家和新兴经济体围绕 SDR 作用的争论不断，在 SDR 的历次分配情况中得到了突出体现。

1. 第一次普遍分配

SDR 的首次分配广受欢迎。正如第一章详细阐述的那样，SDR 的创立，是各方探索解决布雷顿森林体系本身缺陷的结果。面对“特里芬难题”和数次爆发的美元危机，美国需要 SDR 这样一个工具，一方面可以维持美元作为国际储备货币的特殊地位，另一方面又可以减轻国际经济贸易扩张对美元的压力。对其他国家而言，20 世纪 60 年代以后黄金和美元的增长已赶不上全球贸易的扩张速度，发行 SDR 也有利于维护布雷顿森林体系的稳定。在这样的背景下，SDR 创设后的首次普遍分配受到了各方普遍欢迎。在第一基本期（1970 年至 1972 年）中，基金组织分三次向当时的 112 个成员共分配了 93 亿 SDR。

然而，紧接着的第二基本期（1973 年至 1977 年）未能进行新的分配。首次分配刚刚完成之后，布雷顿森林体系瓦解，主要发达国家进入浮动汇率时代，美元以外的多个币种逐步承担了储备货币的职能，同时国际资本市场逐渐发展，为各国补足储备提供了新的渠道，美元面临的压力有所下降。整个 20 世纪 70 年代，全球储备资产出现了较快增长，全球通胀有所加快，从这些因素看，增发 SDR 的理由下降了。但实际上，发展中经济体从资本市场融资的难度较大，对增发 SDR 仍有一定的需求。不过，此时美国对 SDR 的态度已经发生了明显转变。一方面，布雷顿森林体系崩溃后，美国免除了维持美元与黄金平价的义务，美元面临的压力大大减轻；另一方面，美国也不愿意看到 SDR 取代美元的主要国际储备资产地位。因此，美国不仅反对扩大 SDR 的作用，而且不支持适当增加 SDR 数量的建议。于是，在第二基本期内，发达国家和发展中国家未能形成一致意见，基金组织没有进行 SDR 分配。

2. 第二次普遍分配

20 世纪 70 年代末，基金组织加强了 SDR 作为储备资产的作用，随后进行了第二次普遍分配。在第三基本期（1978 年至 1981 年）内，全球贸易持续增长，对储备资产的需求上升。不过，当时各方争论的核心并不在于储备资产的规模本身。在推动国际货币体系改革的背景下，发展中国家从发展的需求出发，指出按份额分配 SDR 不完全符合成员对 SDR 资金实际需求的分布，因为需要大量资金促进发展的发展中国家份额相对小、分配到的 SDR 少。因此，发展中国家要求把 SDR 分配和发展援助联系起来，提出发达国家自愿向发展中国家捐赠 SDR，或者修改分配公式，目的是增加发展中国家获得的 SDR，这些 SDR 可以直接提供给发展中国家，或者通过世界银行等国际开发机构间接转移给发展中国家。从发展中国家的角度看，它们可以使用这些新获得的 SDR 换取硬通货，然后从发达国家进口货物和服务，支持经济发展。但对发达国家而言，这相当于向发展中国家转移货物和服务，而且此后 SDR 分配均将与这种资源转移挂钩，实际上增加了发达国家自己通过 SDR 分配获得 SDR 的成本。发达国家还担心，将 SDR 分配与向发展中国家提供发展资金挂钩后，必然会导致 SDR 多发，引发全球性的通胀。因此，发达国家并不支持这一设想。在十国集团于 1972 年 6 月 13 日在法国召开的一次副手会上，美国就表示反对在第三基本期内把 SDR 分配和发展援助联系起来，认为这涉及国际货币体系改革，是一项长期议题。此外，部分发达国家认为 SDR 增发等同于提供无条件的资金，无法为政策调整提供有效的激励，因此更希望通过份额普遍增资来提供有条件的流动性，以促使相关国家改善国际收支、进行必要的政策调整。最终，各方达成的平衡方案是在 SDR 增发的同时进行份额增资，并允许使用 SDR 认缴新增份额。

第二次分配的另一个考虑是维护 SDR 作为主要储备资产的作用。发展中国家为获得较稳定的储备资产，自 20 世纪 70 年代初开始讨论改革国际货币体系，提出推动 SDR 成为主要储备资产，最终在 1978 年对《国际货币基金组织协定》进行第二次修订时将其写入协定。因此，避免 SDR 在全球储备资产中的占比下降、使 SDR 成为国际货币体系的主要储备资产，也是推动第二次 SDR 增发的一个理由，这是与首次分配不同的一个地方。

在第三基本期内，基金组织于 1979 年、1980 年和 1981 年分三轮分配了约 121 亿 SDR。这样，第一基本期、第三基本期两次累计分配 214.3 亿 SDR，其中 148.1 亿分配给了发达国家，66.2 亿分配给了发展中国家。在第二次普遍分配时，中国已经恢复了在基金组织的合法席位，分配到了 2.368 亿 SDR。

3. SDR 分配陷入长期停滞

第二次分配后，20 世纪八九十年代直至 21 世纪的前几年，基金组织一直没有进行新的 SDR 分配，主要是因为发展中国家与发达国家一直未能取得一致。

事实上，广大发展中国家一直希望进一步分配 SDR。首先，发展中国家的货币都不是储备货币，一般不能作为国际交易的计价、结算和支付工具；发展中国家只有通过增加出口等手段才能获得国际储备货币以满足其国际收支平衡的需要。其次，发展中国家的贸易条件长期恶化，出口收入波动很大，国际收支逆差严重。为了避免实行紧缩的国内调节政策，维持经济发展的速度，需要持有较多的国际储备。再次，发展中国家的主权债信用评级一般较低，在国际资本市场上进行融资的难度较大，从国际金融组织中获得贷款的数量有限，发达国家对于发展中国家的双边和多边官方援助的数量也很少。最后，由于主要发达国家实行浮动汇率制，主要货币之间的汇率处于不断波动之中，使得发展中国家管理储备的难度加大。最根本的是全球储备资产不足，或者至少存在分布不匀的问题；而且，以个别国家货币作为国际储备货币，对发展中国家不利。因此，发展中国家主张进行 SDR 分配，提高 SDR 在国际储备资产中的比重，以缓解和消除上述种种不利影响。

但是，美国等发达国家基本上都不赞成进一步分配 SDR。它们认为不存在补充全球性的国际储备资产的长期需求，资本市场的发展使得各个国家都可以通过在国际市场上筹资以补充储备，而且 SDR 分配会推高通胀，因此没有必要进行新的分配。

总体来看，发展中国家与发达国家在 SDR 分配上的不同看法，主要体现在几个核心问题上。

首先，是否需要通过增发 SDR 来补充储备资产。主要发达国家认为，随着资本市场逐渐发展，发展中国家可以通过资本市场获得外汇资金，这样也可以部分满足新增的储备资产需求，不需要分配新的 SDR。例如，它们指出，1981 年到 1994 年，尽管基金组织没有增发 SDR，但全球非黄金储备与货物进口之比规模仍然有明显增加。然而，发展中国家提出，问题在于国家间储备资产分配不均衡，大部分储备不足的发展中国家和转轨经济体实际上很难从金融市场以足够低的成本融资获得外汇资金。这些国家可以通过压缩进口的办法来积累外汇储备，但显然这会减少其他经济体的出口，对全球经济都会产生影响。与此相比，增发 SDR 的成本显然更低。与此同时，即便发展中国家可以通过市场融资，但资本市场易于波动，存在不稳定性，而 SDR 组成的储备则不存在这个问题，仍有必要进行 SDR 分配，以提高外汇储备质量。

发达国家则认为，部分国家之所以不能进入金融市场融资，是因为这些国家自身政策存在问题，这正是市场机制正常运行的结果。这种情况下，应该通过基金组织贷款工具提供有条件的流动性。如果通过 SDR 增发提供无条件流动性，反而会扭曲市场机制，也会延缓政策调整。对此，发展中国家提出，一国通过 SDR 普遍分配所能获得的资金规模远小于通过基金组织贷款可获得的资金规模，因此分配 SDR 并不会延缓政策调整。不过，发达国家坚持协定规定增发只限于解决全球范围内储备普遍不足的情况，不能用于满足一部分国家的需求。

其次，是否可以提供流动性支持为目的而增发 SDR。20 世纪 80 年代初的拉美债务危机爆发后，部分发展中国家希望通过 SDR 分配来获得所需的流动性支持，但发达国家普遍不太支持。发达国家的观点是，应该通过基金组织贷款工具向这些国家提供有条件的流动性，促进它们推进结构性改革，从根本上解决问题。实际上，布雷顿森林体系崩溃后，在 70 年代末期，基金组织资金支持的重点不仅仅是发展中国家，部分发达国家也从基金组织申请过贷款项目，例如 1977 年的英国和意大利。既然发达国家使用的是有条件的流动性，自然不支持向发展中国家提供无条件的流动性。而且，进入 80 年代，基金组织支持的重点转向了发展中国家和转轨经济体，这些国家成为基金组织资源的主要使用方，而发达国家则成为资金的主要提供方，在这种格局的变化下，发展中国家相对于发达国家的谈判能力较弱，这也是 80 年代未能进行新的 SDR 分配的一个原因。

再次，分配对全球通胀的影响。多数发达国家在 20 世纪 70 年代后期到 80 年代中期经历了较高通胀，担心大量分配 SDR 会造成全球性的通胀压力。这也是部分发达国家在 90 年代反对新分配的一个理由。发展中国家则认为增发 SDR 对通胀影响不大，如果发展中国家将分配到的部分 SDR 用于购买发达国家商品，发达国家货币当局只需要通过公开市场开展对冲操作就能够控制相关影响。而从 SDR 增发规模以及实际使用的规模看，对冲操作并不存在问题。

最后，各方对 SDR 作为主要储备资产的属性也存在不同认识。前文在回顾第二次普遍分配时提到过，布雷顿森林体系崩溃后，汇率无序波动增加了各国经济的不确定性，不利于国际贸易和对外投资的扩大，也增加了各国外汇储备管理的难度，广大发展中国家普遍希望有一种价值比较稳定、质量更高的国际储备资产，因此推动将 SDR 作为主要储备资产，并在 1978 年以第二修正案的形式将此写进了《国际货币基金组织协定》。为此，发展中国家支持继续增发 SDR。它们认为，维护 SDR 的主要储备资产这一地位，并不要求持续的大规模分配 SDR，但如果完全不分配，那么 SDR 在储备资产中的比例只会越来越小。发达国家则认为，由多种货币组成的多元化储备货币体系已经逐步完善，运行良好，发展中国家推动 SDR 成为主要储备资产的考虑已经不复存在了。

美国对 SDR 的态度明显转变，担心 SDR 的大量分配和使用影响美元的地位。美国在酝酿创立 SDR 以及 SDR 创立后的初期，出于减缓美元面临的压力、维系布雷顿森林体系的需要，对分配 SDR 的态度是比较积极的。布雷顿森林体系崩溃后，美国不再承担维持美元与黄金平价的义务，美元受到的压力大大减轻，而且美国也不愿意看到 SDR 取代美元成为主要国际储备资产，因此不再支持新的 SDR 分配。

由于发达国家和发展中国家一直未能达成一致意见，自 1981 年第二次分配结束后，到 21 世纪的头十年末，近三十年间，基金组织一直没有再次分配过 SDR。SDR 在国际储备中的比例自 20 世纪 80 年代以来持续下降，对国际货币体系的影响十分有限。

4. 第三次普遍分配

2008 年爆发了自 20 世纪 30 年代大萧条以来最严重的国际金融危机。面对应对危机、促进复苏的迫切需要，国际社会积极采取措施加强全球金融安全网。2009 年 4 月，二十国集团在伦敦召开峰会，提出了应对危机的一揽子方案，其中有两项核心内容涉及基金组织，一项是把基金组织从成员的双边借款规模扩大到至少 5000 亿美元，另一项就是新分配 1612 亿的 SDR（约合 2500 亿美元），两项合计约 7500 亿美元。

此次普遍分配有着鲜明的危机应对色彩。短期内，增加 SDR 分配可以使成员以较低的成本补充储备资产，提高应对危机的能力。长期看，这也有利于成员推进国内政策调整，加强危机防范能力。从技术层面看，新分配 SDR 符合全球储备资金需求将比危机前大幅增加的判断。同时，与全球 GDP、贸易和储备规模相比，此次分配的规模相对较小，对全球货币供给和通胀影响有限，对债务可持续性的影响整体很小。此外，对于国际货币体系而言，增加 SDR 分配，有助于增强 SDR 在国际货币体系中的作用，为解决主权货币作为主要国际储备货币的内在缺陷问题创造条件。

在这样的背景下，此次普遍分配得到了国际社会的广泛支持。在二十国集团达成共识后，在紧接着伦敦峰会召开的基金组织春季会议上，基金组织就迅速落实此次分配制定了具体时间表，要求尽早进行，一次性分配到位。2009 年 8 月 7 日，分配方案得到基金组织理事会正式批准，8 月 28

日分配完毕。在此次分配的 1612 亿 SDR 中，中国按当时份额占比分得 59.973 亿 SDR。

5. 特别分配

基金组织在 2009 年进行了迄今唯一一次 SDR 的特别分配。这次特别分配是一次性的，不按份额比例进行，不影响以全球长期储备需求为基础的普遍分配。它的提出和落实，具有特殊的时代背景。

20 世纪 90 年代初，国际形势剧烈变化，许多苏联和东欧国家纷纷加入基金组织。这些国家没有参加此前的两次 SDR 分配，而又迫切需要资金进行体制转轨。一些发达国家出于政治考虑，提出了专门面向这些新成员分配 SDR 的方案。但是，这一方案遭到了广大发展中国家的强烈反对。发展中国家认为，这种方案不符合《国际货币基金组织协定》的要求，并提出解决问题的途径是在协定规定的框架下，进行 SDR 的普遍分配。最后，几个不同的利益集团在 1997 年达成协议，同意修改《国际货币基金组织协定》（即第四修订案），主要内容是允许基金组织进行 SDR 的一次性特别分配，使各成员的 SDR 累计分配额与其份额的比例均达到 29.32%，其中不够标准的补差，新成员一次性补齐。

不过，第四修订案的生效因美国迟迟不批准而拖延了近 12 年之久。第四修订案在 1997 年 9 月由基金组织理事会批准后即交由成员投票批准。按要求，修订案生效需要具有 85% 以上投票权的至少五分之三的多数成员同意。美国投票权为 17.13%，因此美国批准与否是第四修订案能否生效的关键。早在 2001 年 12 月，就已经有占投票权 72.71% 的 113 个成员批准，但由于美国迟迟未能完成国内审批，此次特别分配一直未能落实，直到国际金融危机后的 2009 年 6 月，美国国会批准之后才得以实施。美国在基金组织的份额超过 15%，对涉及国际货币体系改革的重大改革举措具有事实上的否决权。此次第四修订案的生效，以及后来基金组织份额与治理改革方案的延缓生效，都反映出了美国在国际货币体系改革中举足轻重的作用，这也从一个角度说明了不断完善国际货币体系治理结构的需要。

2009 年 8 月 10 日，第四修订案生效，基金组织据此在三十天后的 9 月 9 日进行了首次特别分配，规模为 214.3 亿 SDR，中国分得 7.556

亿 SDR。

　　经过三次普遍分配和一次特别分配，SDR 分配总规模为 2041 亿 SDR（按 2017 年 6 月汇率计算约合 2820.9 亿美元），中国累计分配到 69.897 亿 SDR（约合 96.6 亿美元）（见表 2.1）。

表 2.1　历次 SDR 分配情况

单位：亿 SDR

	时间	分配规模	中国获得配额
第一次分配	1970 – 1972 年	93	—
第二次分配	1979 – 1981 年	121	2.368
第三次分配	2009 年 8 月 7 日	1612	59.973
特别分配	2009 年 9 月 9 日	214.3	7.556
合计		2040.3	69.897

　　资料来源：基金组织官方网站。

二、SDR 的汇率和利率

　　SDR 的价值由篮子货币的币种、数量和权重确定，这些要素反映了相应篮子货币在世界经济金融格局中的地位。基金组织每五年一次对这些要素进行审查，看是否有调整的必要，目的是确保货币篮子的结构反映了篮子货币在全球贸易和金融体系中的相对重要程度。

　　根据《国际货币基金组织协定》规定，SDR 的价值及利率不由市场供需决定，而是由基金组织确定。回顾 SDR 的发展历史，可以看到，它的定值方法经历了四个阶段的逐步演变，从布雷顿森林体系瓦解前与黄金挂钩，到随后改由 16 种篮子货币决定，到篮子货币进一步精简到 5 种。SDR 的利率也由最初固定在 1.5%，到后来改为篮子货币的短期工具市场利率的加权平均数。

　　计算 SDR 的汇率和利率，需要先根据篮子货币的初始权重计算各篮子货币的数量。人民币于 2016 年 10 月 1 日进入 SDR 货币篮子，当日生效的新的 SDR 货币篮子中，根据新的权重计算公式，美元、欧元、人民币、日元和英镑的初始权重分别是 41.73%、30.93%、10.92%、8.33% 和

8.09%。初始权重确定后，根据确保篮子货币调整前后 SDR 价值相等的原则，结合各篮子货币近期平均汇率，计算得出五种篮子货币在新 SDR 定值篮子中的数量。按此计算，新货币篮子中，美元、欧元、人民币、日元和英镑的数量分别为 0.5825、0.38671、1.0174、11.900 和 0.085946。由于各篮子货币的数量在下一次审查之前保持不变，因此篮子货币的相对权重会因为货币汇率变化发生变动。如果一种篮子货币升值，那么该篮子货币的权重会相应上升；反之则会下降。

得到篮子货币的数量后，按各篮子货币与美元的汇率，将相应数量的篮子货币换算为等值美元，加总后即得到以美元表示的 SDR 的价值，即 SDR 兑美元的汇率。以 2017 年 6 月 9 日为例，当日人民币对美元汇率为 6.79135，篮子中人民币的数量为 1.0174，相当于 0.149808 美元。按此方法计算篮子中相应数量的欧元、英镑和日元的美元价值，然后将四种货币的美元价值与篮子中的美元数量相加，通过四舍五入保持 6 位有效数字，即为以美元表示的 SDR 的价值，当日为 1SDR 等于 1.382130 美元。基金组织每天根据各组成货币对美元的汇率变动，计算 1SDR 的美元价值，在基金组织网站上公布（见表 2.2 和图 2.1）。

表 2.2　SDR 汇率的计算过程

（2017 年 6 月 9 日数据）

篮子货币	篮子货币的数量	兑美元汇率	等值美元
人民币	1.0174	6.79135	0.149808
欧元	0.38671	1.11810	0.432380
日元	11.900	110.37500	0.107814
英镑	0.085946	1.27535	0.109611
美元	0.58252	1.00000	0.582520
加总值			1.382133
美元/SDR 汇率（将加总值四舍五入，保持 6 位有效数字）			1.382130
SDR/美元汇率			0.723519

资料来源：基金组织官方网站。

USD/SDR

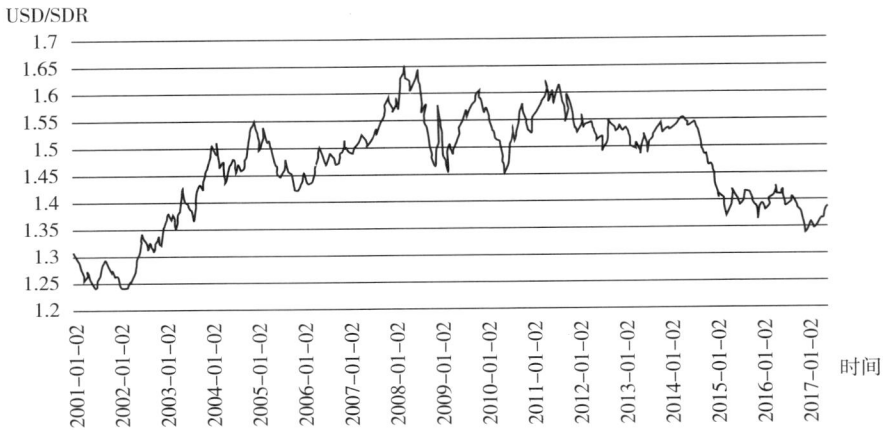

资料来源：基金组织官方网站。

图 2.1　SDR 汇率走势（以美元表示的单位 SDR 价值）

类似地，计算 SDR 利率的方法，是先用一种篮子货币的数量，乘以该篮子货币兑 SDR 的汇率，再乘以该篮子货币的货币市场短期债务工具的代表性利率，这样按各篮子货币依次计算后再加总，就得到了 SDR 的利率。基金组织每周五计算下周的 SDR 利率，每周日在基金组织网站上公布。2016 年 10 月 1 日新的货币篮子生效后，5 种篮子货币的代表性利率分别为 3 个月期美国国债的市场收益率、3 个月期欧元收益率（欧央行公布的评级在 AA 级及以上的欧元区中央政府债券 3 个月即期利率）、3 个月期英国国债市场收益率、3 个月期日本国债贴现票据利率以及 3 个月期中国国债基准收益率（由中央国债登记结算有限责任公司发布）。按此计算，2017 年 6 月 12 日开始的这一周，SDR 的利率为 0.614%（见表 2.3 和图 2.2）。

表 2.3　SDR 利率的计算过程

（2017 年 6 月 12 日当周数据）

篮子货币	篮子货币的数量（A）	篮子货币兑 SDR 汇率（B）	篮子货币代表性利率（C）	（A）×（B）×（C）
人民币	1.0174	0.106433	3.494000	0.3783
欧元	0.38671	0.808605	− 0.600254	− 0.1877

篮子货币	篮子货币的数量（A）	篮子货币兑 SDR 汇率（B）	篮子货币代表性利率（C）	（A）×（B）×（C）
日元	11.900	0.00655956	− 0.097000	− 0.0076
英镑	0.085946	0.92274	0.060000	0.0048
美元	0.58252	0.723519	1.010000	0.4257
加总值				0.6135
SDR 利率下限				0.050
SDR 利率				0.614

资料来源：基金组织官方网站。

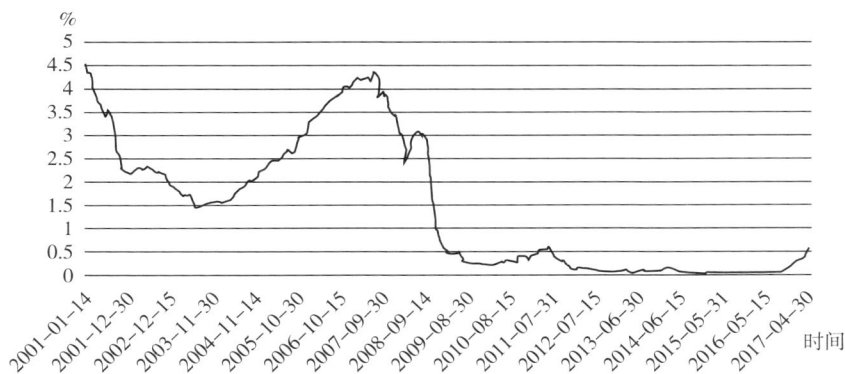

资料来源：基金组织官方网站。

图 2.2　SDR 利率走势

三、SDR 的功能

从属性上看，SDR 还不是货币，但其具有超主权储备货币的特征和潜力。目前 SDR 主要在官方部门使用，逐步发挥价值储藏、记账单位和交易媒介的功能。

首先，作为储备资产，SDR 被各国持有，发挥了价值储藏的作用。虽然《国际货币基金组织协定》提出将 SDR 发展成为主要储备资产，但由于受到分配机制和使用范围的限制，SDR 发挥储备资产的作用仍然极其有限。

其次，SDR 被基金组织、国际清算银行（BIS）、非洲开发银行等多个国际组织用于报告和记账单位。SDR 作为记账单位的优势在于，SDR 货币篮子比单一货币更为稳定，可以减轻汇率波动的影响，以 SDR 作为报告货币可使资产价值等统计数据更为客观。包括中国在内的部分国家也开始使用 SDR 报告国际收支、外汇储备等对外部门统计数据或用于内部监测。

此外，尽管 SDR 还不具备正式的交易和结算功能，但在基金组织内部财务体系中，SDR 长期以来发挥着两个近似的重要作用。

一个作用是直接作为基金组织内部以及基金组织和成员之间的各种财务操作的工具。例如，基金组织与成员之间的支付利息、收取酬金和捐赠等均可以直接使用 SDR。成员也可以使用 SDR 向基金组织缴付其份额中必须以储备货币缴纳的部分，这在近期的份额增资中较为明显。此外，基金组织还可以在向成员的贷款中直接拨付 SDR。此前在贷款中使用 SDR 的情况并不多，多为直接拨付可自由使用货币，以美元为主，近来也开始有使用人民币的例子。不过，由于近期的份额增资中部分成员使用 SDR 认缴，基金组织持有的 SDR 相应增加，因此在 2016 年 4 月以来对部分成员的借款中全部或部分直接使用了 SDR，包括斯里兰卡、巴基斯坦、约旦、乌克兰、阿富汗等十多个国家。

另一个作用是为基金组织自身利率体系提供基础。SDR 利率是计算基金组织常规贷款向借款成员收取的利息和向提供资金的成员支付的利息的基础。对成员 SDR 持有额支付的酬金和对其 SDR 分配额收取的利息也是按 SDR 利率计算的。例如，基金组织向借款国收取费用的基本利率，就是以 SDR 利率为基础再附加一定基点，以覆盖运行成本和积累备用资金。

除了上述官方部门的使用外，目前尚无明确规定允许私人部门持有基金组织分配的 SDR。第一章已介绍，20 世纪七八十年代，以 SDR 计价的金融产品市场一度得到发展，如商业银行接受以 SDR 计价的存款、发行以 SDR 为面值的债券等，但由于缺乏基金组织和官方部门的支持，私人 SDR 市场随着美元走强、欧洲货币单位的问世和发展等因素而逐渐消失。随着人民币加入 SDR，SDR 债券市场也再度兴起，世界银行、渣打银行等已在中国银行间市场成功发行 SDR 债券，更多的国际机构和商业银行表示了发行意愿或兴趣，也表明 SDR 的商业使用具有一定的潜力。

总的来看，目前 SDR 的功能尚未得到充分发挥。未来，通过循序渐进地扩大 SDR 的使用，包括促进 SDR 在国际贸易和国际金融市场发行、计价和交易中的使用，以及推动"官方 SDR"使用和"私人 SDR"使用之间潜在互动机制的发展，SDR 有望在国际货币体系中发挥更积极的作用。

四、SDR 账户及交易

在基金组织内部财务体系中，基金组织设立了以 SDR 账户为中心的一套完整机制，来确保 SDR 在成员之间的有序交易。

（一）SDR 账户

根据基金组织协定和执董会有关决定，成员可使用 SDR 兑换可自由使用货币，也可进行其他类型交易，包括 SDR 的借贷、质押、捐赠、互换和远期操作等。使用 SDR 兑换可自由使用货币，是 SDR 交易的主要形式。成员也可使用 SDR 向基金组织缴纳其在基金组织的份额。此外，SDR 还可用于基金组织内部的特别融资贷款补贴账户、信托基金、结构调整贷款和其他基金组织管理账户的交易。

基金组织所有涉及 SDR 的交易和业务都通过 SDR 账户进行。除 SDR 账户外，基金组织还有普通资金账户，这是由成员认缴份额所形成的，用于基金组织对成员贷款。按基金组织协定的要求，SDR 账户与普通资金账户严格分开，不能用其中一个账户的资产来偿还另一个账户的负债。这两个账户相互隔离，反映出 SDR 机制是基金组织内部一个完全独立的财务机制。

基金组织成员在加入特别提款账户后，可以持有和使用 SDR，成为特别提款账户的参加方。1980 年 4 月后，基金组织所有成员均加入了 SDR 体系，在基金组织开设了 SDR 账户。此外，SDR 还有一类使用者，即 SDR 的指定持有方。

SDR 的指定持有方是指基金组织按照《国际货币基金组织协定》第十七条第 2 款的要求，指定一些没有参加 SDR 账户的机构，允许它们持有

SDR。与 SDR 账户参加方不同的一点是，指定持有方不能参加 SDR 的分配，只能通过交易的方式获得 SDR。指定持有方可以是非成员、代理一个以上成员执行中央银行职能的机构以及其他官方机构。1973 年，国际清算银行成为 SDR 的第一个指定持有方。此后，指定持有方又增加了十多个。截至 2016 年 4 月 30 日，指定持有方共有 15 家，包括 4 家中央银行（欧央行、中非国家中央银行、西非国家中央银行、东加勒比中央银行）、3 家国际金融机构（国际清算银行、拉丁美洲储备基金、阿拉伯货币基金）以及 8 家国际开发机构（非洲开发银行、非洲开发基金、亚洲开发银行、国际复兴与开发银行、国际开发协会、伊斯兰开发银行、北欧投资银行和国际农业发展基金）。

（二）SDR 账户的运作

1. SDR 账户的特点

SDR 账户是一个封闭的循环体系。基金组织向成员持有的 SDR 支付利息。同时，成员需根据累计分配的 SDR 数额，按同样的利率付息。双方均按 SDR 利率计息。也就是说，如果成员用基金组织分配给它的 SDR 部分或全部购买其他可自由兑换货币，那么它持有的 SDR 数额自然低于基金组织累计分配给它的数额，它就要为这差额部分净支付给基金组织利息；相反，如果成员持有的 SDR 数额高于基金组织累计分配给它的数额，那么基金组织就要向它净支付超额部分的利息。如果成员既没有使用，也没有买入 SDR，那么它持有的 SDR 就等于基金组织累计分配给它的数额，它支付给基金组织的利息与基金组织支付给它的利息也相等，实际利息支付为零。

此外，经营 SDR 业务的费用由基金组织从普通资金账户中列支，并在每个财年结束时由 SDR 账户用 SDR 给予报销。为此，SDR 账户根据所有参加方占 SDR 净累计分配额的比例收取摊付费用。

从资产负债角度看，SDR 账户的资产方，为卖出 SDR 的成员已卖出或已使用的 SDR，及这些成员应向 SDR 账户支付的费用。SDR 账户的负债方，为购买 SDR 的成员所购入的 SDR，指定持有方和基金组织自身在普通资金账户所持有的 SDR，以及 SDR 账户应为这些 SDR 支付的利息。

从收入支出角度看，SDR 账户的收入为向 SDR 持有额低于分配额的成员收取的费用，以及向成员收取的 SDR 账户运营费用。SDR 账户的支出为向 SDR 持有额高于分配额的成员支付的利息，以及报销普通资金账户垫付的 SDR 账户的运营费用。

2. SDR 在成员、普通资金账户和 SDR 账户之间的流动

流入普通资金账户的 SDR 资金，主要是成员向基金组织支付从普通资金账户借款的利息，普通资金账户因持有 SDR 而收取的利息，开展 SDR 账户业务的成本报销，成员使用 SDR 偿还从基金组织的贷款，以及成员使用 SDR 支付份额增资中的必须用储备资产支付的部分。

流出普通资金账户的 SDR 资金，主要是基金组织向成员拨付从基金组织的借款，向成员支付储备档头寸的酬金，向成员偿还双边借款或新借款安排下的借款或支付相应的利息，以及向成员出售 SDR 以支付相关费用。

从实际情况看，基金组织向成员贷款以及成员还款，基本上都是以可自由使用货币进行，支付费用、酬金、利息以及缴付份额储备档头寸，主要以 SDR 进行。

（三）SDR 的自愿交易与指定交易

上文提到，SDR 是对基金组织成员的可自由使用的货币的潜在求偿权。为了保证成员使用 SDR 提取可自由兑换货币这一权利得到实现，基金组织规定，成员可以通过 SDR 的"指定交易"和"自愿交易"两种安排，来使用 SDR 换取可自由使用货币。

1. SDR 的自愿交易

自愿交易安排始于 1987 年 9 月。在这种安排下，基金组织居中协调，安排 SDR 账户的参加方（即基金组织成员）和一个 SDR 的指定持有方在各自安排规定的限额下自愿购买或出售 SDR。在自愿交易机制下，参加方自愿承诺在约定条件下，可在任何时间按照基金组织的安排买入或卖出一定数量的 SDR。基金组织在每笔交易前仍会征求参加方意见，参加方也有权拒绝参加某笔特定交易。

在 2009 年 SDR 分配后，希望卖出 SDR、买入可自由使用货币的成员增加，其中近 30% 的低收入国家和新兴市场经济体在此次分配之后选择将

SDR 卖出。结果是在分配完成后的四个月内，共有 16 个成员卖出 29 亿 SDR，其中少数低收入国家卖出的 SDR 规模超过其此次分配额的八成。与此同时，也有一些成员出于储备资产管理的需要，愿意买入 SDR。在此背景下，为了保证 SDR 自愿交易市场中供应充足、自愿交易能够持续进行，基金组织扩大了自愿交易安排的数量和规模，新增了 19 个自愿交易安排，中国也与基金组织签订了 SDR 自愿交易协议。目前，自愿交易安排总数为 32 个，参与者既有发达经济体，也有大型新兴市场经济体。

SDR 的自愿交易机制有效保证了成员可以顺利将 SDR 换为可自由使用货币，有利于提高 SDR 的流动性，进而促进 SDR 的使用。从这一机制本身的特点看，自愿交易机制下，成员自愿承诺在约定条件下基金组织可在任何时间安排其买入或卖出一定数量的 SDR，基金组织在每笔交易前仍会征求参与方意见，参与方也有权拒绝参加某笔特定交易。因此，自愿交易机制较为主动、灵活，参与方可与基金组织就可接受的币种、SDR 持有量的上限和下限、汇率、事后报告以及协议的有效期等条件进行双边协商，而且有权拒绝参加某笔特定交易。自 1987 年设立以来，自愿交易机制成功地保障了历年的 SDR 的供需要求。

2. SDR 的指定交易

如果自愿交易机制下发生 SDR 供需不对等的情况，基金组织可以启动指定交易机制。

SDR 的指定交易是保障 SDR 交易的应急备用机制，即基金组织指定国际收支状况好的部分成员使用可自由使用货币，从国际收支情况较差需要卖出 SDR 的成员中，购买一定量的 SDR，保障 SDR 交易持续顺畅运作，维护 SDR 的流动性及其储备资产的性质。相比自愿交易机制主动、灵活的特点，指定交易机制具有强制性的特点。

SDR 的指定交易是基金组织成员相互合作的一种体现方式，其法律依据来自于《国际货币基金组织协定》第十九条，即成员既有在国际收支需要时使用 SDR 换取可自由兑换的货币的权利，也有在被指定时，向有需要的成员提供可自由兑换货币以换取等价 SDR 的义务。基金组织据此每季度制订"指定交易计划"，安排有关成员需要在相应的季度内执行指定交易额。

指定交易计划的编制过程，首先要确定国际收支和储备状况都足够好的成员，再根据该季度的交易需要，按照各成员的 SDR 超额持有比率（即实际持有的 SDR 减去累计分配的 SDR 之差占其份额的比率）尽量保持一致的原则，具体确定各被指定成员的季度指定交易额。另外，被指定成员提供可自由兑换货币的义务，以其 SDR 持有额不超过其累计分配额的三倍为限，如需超过此限，须经基金组织与该成员双方同意。

第三章

SDR 审查与标准演进

尽管多年来 SDR 的作用一直未能得到充分的发挥，但毋庸置疑，衡量一国货币是否成为国际储备货币的一大标志就是该货币是否是 SDR 篮子货币。基金组织对一国货币是否可以进入 SDR 货币篮子有着明确的程序和标准，相关标准也经历了从"单标准"到"双标准"的演变。

一、例行审查决定一种货币能否成为 SDR 篮子货币

基金组织通常每五年对 SDR 货币篮子进行一次例行审查。审查内容非常广泛，包括 SDR 货币篮子中货币的构成、SDR 篮子中货币的数量、各货币所占权重，以及用于决定 SDR 利率的金融工具及决定 SDR 汇率的市场汇率等。

为了保持 SDR 作为储备资产的吸引力，基金组织对 SDR 的审查遵循一定的原则，包括 SDR 的价值与世界主要货币之间保持稳定；如果无重大变化，两次审查之间 SDR 篮子货币的构成应当保持稳定；SDR 审查方法应当保持连续性，仅当某些货币在世界经济中的角色发生重大变化时才进行调整等。

在审查中，基金组织通常根据一定的标准来选择重点考察的货币，而并非通过一国的申请来决定是否将其货币纳入考察名单。不是每次审查都会调整 SDR 篮子货币，事实上，历史上多数的 SDR 审查都没有改变 SDR 篮子货币的构成，只是对各货币的权重进行了微调。

SDR 审查的结论需要基金组织执董会通过。一般的调整，如调整 SDR 各篮子货币的权重等，只需要获得执董会半数以上同意即可通过；如果需要改变 SDR 货币篮子的构成，则需要获得执董会超过 70% 的投票权同意；如果涉及 SDR 审查原则的重大和根本性改变，则需要获得执董会超过 85%

的投票权同意。到目前为止，还没有出现过需要超过 85% 投票权同意的情况。

二、SDR 篮子货币的选择标准

自 SDR 创立以来，为增强其作为储备资产的吸引力，基金组织对 SDR 货币篮子进行了多次改革，SDR 篮子货币的选择标准也从出口单一标准逐步演变为现行的出口和"可自由使用"双标准。

（一）1969 - 1980 年：出口单标准阶段

创设之初，SDR 与美元等价，因此并不存在 SDR 货币篮子的问题。在布雷顿森林体系下，美元与黄金的兑换比率为 35 美元等于 1 盎司黄金，即 1 美元等于 0.888671 克黄金。因此，尽管 SDR 并不直接兑换成黄金，但是它可以以 1SDR 等于 0.888671 克黄金的汇率兑换成美元或者其他可兑换货币。同时，在这一阶段，基金组织将 SDR 利率设定在 1.5% 的固定水平。

1971 年 8 月，美元与黄金脱钩，随即进入了贬值通道。SDR 仍维持与黄金的兑换比率，但不再与美元等价，SDR 兑美元的汇率也逐渐上升。截至 1973 年末，SDR 兑美元的汇率达 1.21。由于这时不论是 SDR 还是美元等货币都不能直接兑换成黄金，SDR 与黄金挂钩变得没有意义，因此，基金组织于 1974 年正式启用了 SDR 货币篮子。

为了更好地反映一国在全球贸易中的相对重要性，保证篮子货币国家在全球经济中具有核心作用，确保它们有足够的能力提供储备资产，初期 SDR 篮子货币的选择标准为一国出口规模。基金组织选择了 16 个在全球货物与服务出口额中超过 1% 的成员的货币组成 SDR 货币篮子，即美元、德国马克、日元、英镑、法国法郎、加拿大元、意大利里拉、荷兰盾、比利时法郎、瑞典克朗、澳大利亚元、挪威克朗、丹麦克朗、西班牙比塞塔、南非兰特、奥地利先令（见图 3.1）。各货币在篮子中的权重依据商品及服务的出口在全球中的占比确定。

与此同时，为了提高 SDR 在金融市场上的接受程度，基金组织在启用货币篮子后，一方面改变了以往将 SDR 利率设定为固定利率的形式，变为定期调整，使其更加市场化；另一方面，考虑到篮子中的 16 种货币仅有少

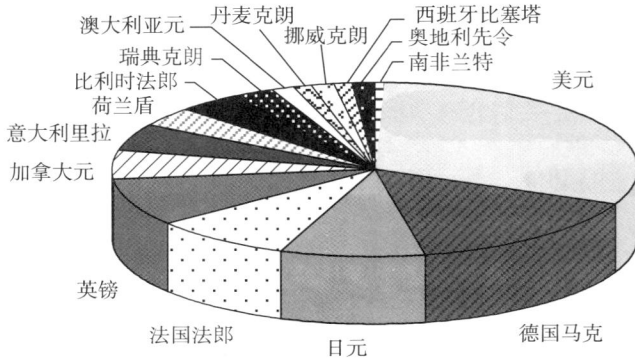

数据来源：IMF，"Evolution of the SDR：Paper Gold or Paper Tiger"．

图 3.1　SDR 各篮子货币占比情况（1974－1978 年）

数几种在国际金融市场中占据重要地位，基金组织选择了其中的 5 种货币，即美元、英镑、日元、法国法郎和德国马克作为确定 SDR 利率的货币篮子，并决定此后将 SDR 利率确定为 5 种货币 3 个月期代表性利率加权平均值的一半，其中日元的代表性利率为 3 个月期存托凭证的利率，其他货币的代表性利率均为 3 个月期国债收益率。SDR 利率每半年调整一次。设定相对较低的 SDR 利率，一方面是为了降低发展中国家使用基金组织资源的成本，另一方面也是因为美国不希望 SDR 利率过高，从而与美元形成竞争。1976 年 7 月，基金组织再次修改 SDR 利率决定的方法，将利率半年调整一次修改为每季度调整一次，利率值从短期加权利率的 50% 升至 60%。

1978 年，由于各国出口份额的变化，基金组织对 SDR 货币篮子进行了小规模的调整，用沙特阿拉伯里亚尔和伊朗里亚尔替代了丹麦克朗和南非兰特，同时对英镑、加拿大元、意大利里拉、荷兰盾、比利时法郎和瑞典克朗等货币的权重进行了微调。但确定 SDR 利率的货币篮子仍保持不变。

SDR 货币篮子中的货币数量过多，使其在实际应用中的效果并不理想。对 SDR 篮子货币中出口排名刚刚过线的国家来说，其出口份额在全球中的占比与排在其后面国家的差距往往较小，出口份额排名发生调整触发 SDR 篮子货币作出相应调整的可能性较大。1978 年基金组织决定对 SDR 货币篮子的货币构成进行调整时，距离基金组织引入货币篮子仅仅 4 年，尽管这一调整的目的是为了使 SDR 的货币构成可以更及时准确地反映各币种在全球经济中的相对地位，但频繁调整降低了 SDR 货币篮子构成的稳定性，给人留下 SDR 货币篮子构成难以捉摸、朝令夕改的印象，影响其发挥储备资产的作用。

同时，各篮子货币使用的方便程度存在较大差异，仅有很少的一部分在金融市场较为活跃，部分货币由于存在资本管制，在使用其进行支付和交易时还存在一定障碍，这也影响了 SDR 作用的发挥。

篮子货币数量较多，也使得 SDR 汇率的计算工作较为复杂和繁琐。而 SDR 持有者在对冲 SDR 的汇率风险时，需要针对 16 种货币分别配置相应的资产，这在实践中很难实现，也意味着汇率风险难以完全对冲。此外，确定 SDR 利率的"利率篮子"和 SDR 货币篮子之间存在差异也给 SDR 价值的确定带来了影响。

（二）1981－1999 年：事实上的双标准阶段

仅依靠出口标准来确定 SDR 篮子货币致使 SDR 篮子货币数量过多，并在实践中逐渐暴露出弊端，这也促使基金组织考虑对 SDR 篮子货币进行改革。1979 年末，基金组织决定缩减 SDR 货币篮子，讨论主要集中在两种方案：一种方案是将 SDR 货币篮子中的 16 种货币缩减成利率篮子的 5 种货币；另一种方案是将篮子中的 16 种货币缩减成 9 种，除了利率篮子中的 5 种之外，还包括加拿大元、意大利里拉、荷兰盾和比利时法郎。

1980 年 4 月，基金组织时任总裁雅克·德拉罗西埃（Jacques de Larosière）正式建议将 SDR 货币篮子缩减成利率篮子的 5 种货币。根据基金组织规定，更改货币篮子需要获得执董会超过 70% 的投票权同意，这就意味着发展中国家和小型工业国家的态度至关重要。

就 SDR 货币篮子如何缩减的问题，各国开展了广泛且激烈的争论，一些国家不愿自己国家的货币从 SDR 货币篮子中移出，还有一些国家则单纯不希望美元在缩减后的 SDR 货币篮子中拥有较高的权重，部分国家甚至直接表示，只有美元的权重低于根据公式计算出的数值，才可能考虑将 SDR 篮子货币缩减为 5 种。其中，英国指出，SDR 设立的目的之一就是降低美元在储备货币中的主导地位、多元化储备资产，依据美元在储备资产中的主导地位赋予其较高的权重，这并不合理。随着讨论的不断进行，尽管基金组织所有执董都倾向于同意对 SDR 货币篮子进行某种形式的缩减，但任何一种缩减形式都难以达到 70% 的投票权同意。1980 年 9 月，为了满足部分国家的诉求、推进相关工作，基金组织决定在计算美元权重时，在公式计算出数值的基础上下调 2 个百分点至 42%，其他货币的权重相应调高。在执董会投票过程中，尽管西班牙、荷兰及奥地利投了弃权票，但由于大多数国家同意这一方案，最终执董会通过了修改 SDR 货币篮子的决定。

自此，SDR 货币篮子简化为 5 种货币，即美元、英镑、日元、法国法郎、德国马克。一直到 2000 年，SDR 货币篮子一直保持这 5 种货币不变。

一方面，缩减后的 SDR 篮子货币仍为前 5 年中商品和服务出口最大的5 个成员的货币，符合 SDR 篮子货币选择的出口标准；另一方面，之所以选择这 5 种货币，也是因为它们作为当时最主要的储备货币，在官方外汇储备所占比重、国际外汇市场交易占比等方面也位居前列，这有助于确保该货币可以用于满足一国国际收支需要。而上述指标与后来基金组织引入的"可自由使用"标准也是大体一致的，这意味着篮子货币的选择标准在实际操作中已经从出口单标准转变为出口和"可自由使用"双标准。

此外，在确定各货币权重时，除了商品和服务的进出口外，基金组织也引入了"一国货币在官方外汇储备中的占比"这一指标，从而使 SDR 各货币的权重不仅可以体现其在商品及服务贸易中的地位，还反映了其在金融交易中的地位。这也意味着在确定权重时，基金组织实际上也采取了出口和"可自由使用"双标准（见表 3.1）。

表 3.1 SDR 构成及权重（1969 – 1990 年）

币种	1969 – 1974 年	1974 – 1978 年	1978 – 1980 年	1981 – 1985 年	1986 – 1990 年
黄金	0.888671				
美元		0.330	0.330	0.42	0.42
德国马克		0.125	0.125	0.19	0.19
日元		0.075	0.075	0.13	0.15
法国法郎		0.075	0.075	0.13	0.12
英镑		0.090	0.075	0.13	0.12

续表

币种	1969 – 1974 年	1974 – 1978 年	1978 – 1980 年	1981 – 1985 年	1986 – 1990 年
加拿大元		0.060	0.050		
意大利里拉		0.060	0.050		
荷兰盾		0.045	0.050		
比利时法郎		0.035	0.040		
瑞典克朗		0.025	0.020		
澳大利亚元		0.015	0.015		
丹麦克朗		0.015			
挪威克朗		0.015	0.015		
西班牙比塞塔		0.015	0.015		
奥地利先令		0.010	0.015		
南非兰特		0.010			
沙特阿拉伯里亚尔			0.030		
伊朗里亚尔			0.020		

资料来源：IMF，"Evolution of the SDR：Paper Gold or Paper Tiger".

在 SDR 利率的确定方面，为了提高 SDR 的吸引力，基金组织决定自1981 年 5 月起，取消对加权利率的折价，并一直延续至今。由此对低收入国家借款成本带来的提高，基金组织认为可以通过提供利率补贴等其他方式解决，二十四国集团（G24）进而提议基金组织为使用 SDR 的低收入国家设立补贴账户，但在此之后基金组织并未就这一提议采取任何行动，关于弥补 SDR 利率提高带来成本上升的问题也被搁置，并在当时一段时间内没有再被提及。

（三）2000 年审查：正式引入双标准

由于欧元诞生后德国马克和法国法郎将不再使用，基金组织在 1998 年的执董会决议中决定用欧元替代 SDR 货币篮子中的德国马克和法国法郎，将篮子货币调整为美元、欧元、英镑和日元 4 种货币，但仍保留基于成员的 SDR 定值方法。以往基金组织的每个成员都对应着一种货币，基金组织关于 SDR 货币选择标准也是基于成员来确定的，并没有考虑到货币联盟的情况。欧元引入后给 SDR 定值带来了挑战。

41

首先，基于成员的 SDR 定值方法没有考虑到除了德国和法国外，欧元区初建时的其他 9 个国家也是使用欧元的。事实上，各国是否愿意将欧元作为储备资产以及对欧元计价金融产品的需求情况，取决于欧元区整体的经济情况、对欧元区内外汇差和利差的预期、国际收支情况等，这些都是将欧元区作为一个整体进行考虑的，而非仅关注其中某个或某些国家。

其次，从操作层面来看，在计算各币种权重时，基于成员的 SDR 定值方法对欧元并不适用。根据当时的定值方法，基金组织计算各币种权重时均假设一个货币对应着一个国家，而在存在货币联盟的情况下，该假设不再成立，并将在操作中带来以下问题。一是如果采用基于成员的方法，在计算欧元计价的官方储备资产时就需要计算应归于法国和德国的欧元储备数量，尽管理论上来讲可以依据法国央行和德国央行在欧央行中的资本金占比来决定两国所分得的欧元储备，但这种方法具有一定的随意性，也无法精确地反映欧元区总体的经济基本面情况。二是规定中并没有明确货币联盟成员之间的进出口应如何计算，一般来说，当使用出口标准来决定 SDR 篮子货币种类及其权重时，根据国际收支的定义，货币联盟区域内的交易额应该剔除。

最后，考虑到引入欧元后将带来的问题，基金组织在 2000 年的审查中决定将 SDR 审查从基于成员的方法改为基于货币的方法，即用于选择货币和确定权重的经济变量应反映货币的特点，而不是成员的特点，并借此机会对 SDR 审查标准进行修订。

一方面，基金组织首次明确将出口标准作为一国货币加入 SDR 的"门槛"标准，选择标准为前 5 年中商品和服务出口最大的 4 个成员或货币联盟的货币。这意味着出口规模是一国货币进入篮子货币考察范围的先决条件，只有出口规模符合标准，基金组织才有可能考虑该货币。相应地，这也表明只有贸易大国的货币才有可能纳入 SDR 货币篮子中。实际上，除了 SDR 篮子货币外，世界上还有很多公认的储备货币，如加拿大元、澳大利亚元、瑞士法郎等，未能被纳入 SDR 篮子货币的考察名单，在很大程度上与其没有达到出口标准有关，因此，出口标准其实也隐含了对经济规模的要求，即只有经济大国的货币才有可能被纳入 SDR 货币篮子。同时，针对欧元区的情况，基金组织明确了在计算出口时应剔除欧元区内贸易金额。

另一方面，尽管 1981 年基金组织将 SDR 货币篮子缩减为 5 种货币时就已经考虑到了各币种在金融市场上的排名，但当时基金组织并未将其正式纳入审查标准之中。二十年后，全球金融市场有了巨大的发展，金融重要性的提高意味着一国在全球贸易中的排名已经不是衡量该国货币在国际贸易及金融市场中重要性的可靠指标，为了满足成员的国际收支需要，SDR 篮子货币金融市场，特别是外汇市场的发展程度，包括一国货币作为官方储备资产被持有的情况、在外汇市场的交易情况、是否有远期外汇市场以更好地满足投资者的对冲需要等也是反映一国货币在国际上重要性的重要考虑因素。此外，SDR 作为官方储备资产的定位也意味着出口标准是一国货币纳入 SDR 货币篮子的必要条件，但并非充分条件。基金组织在选择篮子货币时，既要考虑篮子货币在全球贸易中的代表性，又要考虑不能因为引入缺乏广泛、深入的外汇市场的新货币而造成操作的困难。基于以上原因，基金组织决定在既有出口标准的基础上正式引入新标准——"可自由使用"标准。

"可自由使用"是基金组织资金操作中的一个重要概念，主要是为了确保当基金组织为一国提供贷款时，借款国从基金组织所获得的货币可以自由使用，即可直接或间接地满足其国际收支需要。具体来看，"可自由使用"概念包括以下两方面内容：

一是在国际交易的支付中被"广泛使用"，这是为了确保该货币可以直接用于满足基金组织成员的国际收支需要。基金组织主要考察一国货币在经常项和资本项交易下的使用情况，考虑到数据的可得性，基金组织用"在官方储备中的占比"来衡量一国货币的"广泛使用"程度，对于欧元区来说，其计算的是欧元区外的成员所持有的欧元外汇储备。

二是在主要外汇市场上被"广泛交易"，这是为了确保当篮子货币并非一国国际收支所需要的货币时，一国能够以相对较低的成本将篮子货币兑换成另一种货币，从而间接满足其国际收支需要。这就要求 SDR 篮子货币所对应的外汇市场必须有足够的深度，同时该货币在"主要"的外汇市场均应被广泛交易。尽管基金组织并不要求 SDR 篮子货币在"所有"的外汇市场均被广泛交易，但是在根据时区来划分的亚太市场、欧洲市场及北美市场这三大市场中，SDR 篮子货币至少应保证在两大市场中被"广泛交易"。在实践中，亚太市场、欧洲市场及北美市场这三大市场主要是考察东京、伦敦和纽约等各区域主要市场的情况。在具体指标上，一般用"国际外汇市场交易占比"情况来衡量，同时该货币是否有远期外汇市场、买卖价差高低等指标也作为参考性指标。

一种货币必须同时具备"广泛使用"和"广泛交易"的特性，才能被确定为可自由使用货币。虽然"广泛使用"和"广泛交易"都有具体的衡量指标，但是基金组织在作出决定时主要依据"可自由使用"在功能上的要求，而并非机械地依据货币在各指标中的排名。相关指标只是起到辅助作用，最终结论仍取决于基金组织在综合考虑相关因素后所作出的判断。

需要注意的是，货币的"可自由使用"与资本项目可兑换是既相关但又不同的两个概念。货币的"可自由使用"关注的是货币的国际使用和交易，只要求满足"广泛使用"和"广泛交易"两个标准，与资本项目的开放与管制无关，也没有对基金组织资本项目分类中的 7 大项 40 小项的开放程度提出具体要求。但是一国货币存在的资本管制过多，势必会影响该国货币在国际上使用和交易的范围和便利程度。因此，"可自由使用"的标准实际上隐含了对一定水平的资本项目可兑换的要求。

在计算各币种的权重时，基金组织仍然使用"商品和服务的进出口"及"货币在官方外汇储备中的占比"这两个指标。在新的货币篮子中，欧元的权重为 29%，低于原货币篮子中德国马克和法国法郎两种货币权重之和，同时美元、日元和英镑的权重也有相应调整。另外，SDR 货币篮子引入欧元后，SDR 利率值为 4 种篮子货币的加权均值，其中欧元的代表性利率为 3 个月期欧元区同业拆借利率。由于日本 3 个月期存托凭证发行下降，代表性降低，基金组织决定将日元的代表性利率更换为 3 个月期国债收益率。

在 2005 年的审查中，SDR 审查标准及 SDR 货币篮子的构成均没有发生变化，计算 SDR 篮子货币权重的方法也没有发生变化，但各币种权重有所调整。同时，基金组织使用 3 个月期欧元区银行间回购利率替代 3 个月期欧元区同业拆借利率作为欧元的代表性利率（见表3.2）。

表3.2　SDR 构成及权重（1996－2005 年）

单位:%

币种	权重 （1996－2000 年）	币种	权重 （2001－2005 年）	权重 （2006－2010 年）
美元	39	美元	45	44
德国马克	21	欧元	29	34
法国法郎	11			
日元	18	日元	15	11
英镑	11	英镑	11	11

资料来源：IMF, "Criteria for Broadening the SDR Currency Basket".

（四）2010 年审查：开启完善指标体系、尝试替代标准的讨论

在 2010 年的审查中，基金组织考察了各主要货币在出口指标及"可自由使用"指标下的排名情况。根据基金组织的计算，依据出口标准，人民币仅次于欧元和美元，名列第三位，这意味着人民币已经满足了 SDR 的门槛标准，这也是自 1980 年以来基金组织首次考虑一种新货币加入 SDR 货币篮子的可能性。但是由于人民币既没有在国际交易中被"广泛使用"，也没有在主要外汇市场被"广泛交易"，未能满足"可自由使用"标准，因此在 2010 年审查中人民币未能加入 SDR。

最终，基金组织在 2010 年的审查中决定 SDR 的篮子货币种类不变，仍为美元、欧元、英镑和日元，各币种的权重有所调整，调整后的权重分别为41.9%、37.4%、11.3%和9.4%。同时，SDR 篮子货币的代表性利率仍保持不变，SDR 利率更新的时间变为每周更新一次。

尽管 2010 年审查并未改变 SDR 篮子货币的构成，但是此次审查决定随后在 2011 年对 SDR 定值问题开展相关研究，包括对 SDR 篮子货币的审查标准进行评估。这主要是考虑到全球经济格局已经发生了巨大变化，发展中国家在全球经济中占据了越来越重要的地位，一方面，SDR 的货币构成需要反映这一变化；另一方面，将主要发展中国家的货币纳入 SDR 货币篮子也将有助于 SDR 在国际货币体系中发挥更大的作用。此外，2011 年

正值法国担任 G20 轮值主席并积极推动国际货币体系改革，其中 SDR 改革也是一个重要议题。在此背景下，基金组织对是否可以通过改革 SDR 审查标准来扩大 SDR 货币篮子这一问题进行了广泛的讨论，并重点关注两个问题：一是完善现有标准下衡量"可自由使用"程度的指标体系；二是讨论对"可自由使用"标准可能的替代标准。

1. 完善"可自由使用"指标体系

可自由使用货币包含"广泛使用"和"广泛交易"两方面特性。受数据可得性的限制，衡量"广泛使用"的指标仅为"在官方储备中的占比"，数据来源主要为基金组织的官方外汇储备货币构成（COFER）调查，但是它在实践中存在一定缺陷。一方面，许多储备资产并没有反映在该调查中，这是因为 COFER 调查中关于官方外汇储备的定义依据的是基金组织的《国际收支和投资头寸手册》，即要求储备有一定的流动性和可兑换性。一国货币当局持有的一些储备资产尽管可能并不满足这一定义，但仍可以满足部分国际收支需要，这部分资产可能被排除在 COFER 调查之外。此外，COFER 调查只涉及美元、欧元、日元、英镑及瑞士法郎，涉及币种有限，而且并非所有国家都参与 COFER 调查，这些因素均影响了 COFER 调查数据的代表性。根据基金组织的 COFER 调查数据，截至 2011 年第一季度，基金组织只掌握全球 55% 的外汇储备构成情况。

鉴此，基金组织决定除了"在官方储备中的占比"指标之外，引入"在国际银行负债中的占比"和"在国际债务证券中的占比"两个指标，用于衡量"广泛使用"的程度。这两个指标同时涵盖私人部门和官方部门，相比"在官方储备中的占比"指标，覆盖面更广，有助于更准确地衡量一国货币在全球使用中的地位。在衡量"广泛交易"方面，基金组织则继续使用"国际外汇市场交易占比"情况来衡量，是否有远期外汇市场、买卖价差高低等指标也仍然作为参考性指标。

尽管基金组织完善了衡量"可自由使用"的指标，但是新指标体系并不能改变篮子货币的构成。一方面，从原有衡量"可自由使用"的指标来看，排名靠前的仍为篮子货币；另一方面，从新增加的指标来看，当前全球银行负债仍以美元和欧元计价为主；虽然债券发行币种多元化趋于明显，但存量基本延续以往态势，集中于欧元、美元、英镑、日元等少数币种。

2. 储备资产标准：对替代"可自由使用"标准的尝试

储备货币的需求受国际交易、价值储藏功能的发挥和预防性动机等因素影响，具有很强的惯性。具体来看，实践中，一国货币的国际交易量与货币发行国在全球中的地位是密不可分的；货币的价值储藏功能则取决于政策的可信度，这需要较长时间建立；储备资产的预防性需求则依赖于储备资产在经济形势恶化时的流动性情况，这取决于货币网络的外部效应，而外部效应又取决于市场结构和制度建设，包括监管设计等，但这些方面均变化缓慢且耗时较长。此外，以储备货币计价的金融产品的供给、金融市场的深度和流动性取决于储备货币发行国的储蓄模式等因素，这些因素在短期内也都难以改变。一国货币的国际使用存在较强的惯性意味着，如坚持"可自由使用货币"广泛使用及广泛交易的标准，短期内改变 SDR 现有格局不太现实。

SDR 创立目的之一是补充国际储备资产，因此一种思路是从储备资产的角度考虑 SDR 篮子货币的审查标准。基金组织工作人员因此提出了一套全新的"储备资产标准"（Reserve Asset Criterion），作为"可自由使用"标准的替代方案。"储备资产标准"从 SDR 作为储备资产的角度出发，目的是为了确保 SDR 作为储备资产标准的吸引力，扩大 SDR 在国际货币体系中的作用，其标准的设定也涵盖了作为储备资产所必备的要素。具体来看，一是外汇市场的流动性，即篮子货币在外汇市场上的买卖操作不引起汇率的大幅波动，并且交易成本小，具体用外汇现货交易规模来衡量。二是可对冲性，即可以通过衍生工具及其他手段对冲篮子货币的汇率及利率风险，具体用外汇衍生品场内及场外交易规模来衡量，衍生品种类可以包括远期、互换和期权。在评估过程中还应特别注意外汇市场是否存在管制，以确保非居民可以进入外汇市场投资。三是拥有有效的利率工具，利率工具应具有代表性，货币市场的流动性情况可以及时地通过利率水平的变化反映出来，同时利率工具的风险应与主权类证券的风险类似。此外，基金组织还通过篮子货币在各国官方储备中的占比（或把该货币作为主要储备货币的国家数量）来衡量储备管理者的偏好。

　　与"可自由使用"标准类似，一国货币是否符合"储备管理标准"，主要取决于基金组织的判断，这一方面是由于数据的可得性存在局限，另一方面是不同指标下各货币相对重要性可能存在差异，这也需要基金组织综合考虑后作出判断（见表 3.3）。

表 3.3　"可自由使用"和"储备资产标准"指标体系对比

"可自由使用"指标	"储备资产标准"指标
广泛使用　　　　　　　　基本一致	
1. 外汇储备币种构成（补充性指标：持有该货币作为储备的国家数量） ◄---►	1. 外汇储备币种构成（补充性指标：一是持有该货币作为储备的国家数量；二是货币当局持有的其他外国货币）
2. 国际银行负债的币种分布	2. 外汇衍生品场内及场外交易量
3. 国际债券的币种分布　　新指标	3. 合适的市场化利率工具
广泛交易　　　　　　　　一致	
4. 即期外汇市场交易量（补充指标：是否有买卖价差） ◄——►	4. 即期外汇市场交易量（补充指标：是否有买卖价差）

　　资料来源：IMF，"Criteria for Broadening the SDR Currency Basket"．

　　"储备资产标准"虽然与"可自由使用"有较多相似之处，但前者侧重 SDR 作为储备资产的特性，而后者则强调篮子货币在国际交易支付中的广泛使用和在主要外汇市场上的广泛交易。基金组织通过情景分析得出，短期内仅有极少数的货币有可能满足"可自由使用"标准，但是如果使用"储备资产标准"，对于部分货币来说，纳入 SDR 货币篮子可能需要的时间更短。

　　对于新标准，基金组织内部开展了广泛的讨论。许多国家都强调基金组织不应通过降低标准来使其他货币入篮，仅仅出于适应国际货币体系变化的考虑而将尚未完全可自由使用的货币纳入 SDR 货币篮子，将会影响篮子货币满足国际收支支付需要的有效性，反而会降低 SDR 的吸引力；SDR篮子货币的调整不应过于频繁和剧烈，以免造成金融不稳定，调整 SDR 货币篮子的速度也不应成为确定 SDR 篮子货币选择标准的决定因素。此外，部分国家还强调新标准赋予执董会的自由裁量权过高，政治考虑有可能超过经济考量。

还有一些国家强调，为了提高 SDR 的吸引力，SDR 篮子货币的选择标准应鼓励货币发行国完善制度建设、深化金融市场以及推动一国货币的国际化，储备资产标准没有充分强调具有一定深度的金融市场的重要性，而拥有一定深度的市场是确保货币流动性充裕不可或缺的条件，从这点来看，可自由使用标准要优于储备资产标准。一些国家则表示储备资产标准下的部分指标可作为可自由使用标准指标的补充，两者应是互补而非替代关系。

也有少数国家表达了对储备资产标准的支持，认为其保留了与 SDR 储备资产属性有关的指标，更能满足 SDR 持有人的真正需要，而可自由使用标准只是为了满足"广泛使用"和"广泛交易"这些人为设定的目标。

由于大多数国家都赞成在现行标准基础上改革 SDR 货币篮子，基金组织关于"考虑用储备资产标准替代可自由使用标准"的提议最终被搁置。

3. 对"出口"标准进行讨论

除了对"可自由使用"标准及其替代标准进行讨论外，对于出口标准，基金组织也开展了讨论。出口历来都是确定 SDR 篮子货币构成及其权重的重要组成部分，参考该指标有利于 SDR 审查标准体系的延续，保持货币排名的基本稳定。然而，随着全球金融市场的日益发展和国际资本流动规模的不断上升，出口已无法完全反映一国货币在全球经济中的地位。部分国家建议使用"出口加国际资本流动"或者"市场 GDP"替代出口标准进行衡量，也有国家认为应考察各国出口支付使用的货币情况，而非简单的考察出口金额。但是，国际资本流动数据可得性差，而且资本流入一般以净流入作为统计口径，这也无法完全反映流动总量规模；对于"市场 GDP"来说，尽管其作为量化指标直接明了，但不能完全反映一国货币在全球贸易及金融体系中的地位。因此，基金组织决定，暂不对出口标准进行调整。

（五）2015 年审查：进一步完善"可自由使用"标准

在 2015 年的审查中，基金组织再次对"可自由使用"标准进行了评估，认为其存在一些明显缺陷。

首先，目前"可自由使用"标准的评估指标并没有反映出国际收支资本流动中的货币构成，也没有体现出非居民在本地债券市场投资的货币构成。此外，2011 年后国际债务统计的范围发生了变化，这也给"可自由使用"标准的使用带来了困难。此前，国际债务证券统计不仅包含非居民发行的证券，还包括了针对非居民投资者发行的证券，现在国际债务证券统计只包括非居民发行的证券。

其次，衡量"广泛使用"的指标都是存量数据，更多地体现了一国货币使用的惯性，却低估了货币动态调整的程度；对于不同指标来说，"国际交易"概念的定义也并不总是一致，比如国际银行业负债（IBL）包含了所有外币负债，包括居民的外币负债；而国际债务证券（IDS）则包含了居民以外币在本地市场发行的证券，但剔除了非居民持有的在本地市场发行的本币债务。

最后，官方储备持有量与国际银行业负债等数据还存在数据缺口，国际清算银行三年期中央银行调查作为外汇市场交易量数据的主要来源，也只更新到 2013 年。

鉴于以上原因，基金组织认为纳入新指标有助于更好地反映一国货币国际化的实际情况，增量数据与存量数据相比，也能够更好地反映一国货币的变化情况和趋势。一些辅助的指标和数据源可以作为补充，但其也有着各自的优缺点。

可作为补充的备选指标包括官方持有外币资产、新发行国际债务证券、跨境支付、贸易融资信用证等。基金组织还寻找了外汇成交量的其他数据源以作为对国际清算银行调查数据的补充更新，目的是扩大货币覆盖范围、观察跨境资本流动的增量情况，以更好地反映各币种使用的趋势。但这些补充的指标和数据源也有一定的缺陷，比如不能完全覆盖相关交易，基于流量的指标波动性过大等。

买卖差价在一定程度上可以反映广泛交易情况。纽约外汇市场的买卖差价在 1977－1978 年可自由使用的评估中就曾被使用。在目前市场深度更大、市场之间联系更紧密的情况下，一天之内和不同时区之间的买卖差价仍可能会差别很大。此外,买卖差价也可能受资本流动管理措施的影响。目前的数据源较难获得更多的跨市场、跨币种和不同交易环境的逐笔交易数据。

综合考虑指标的有效性和数据的可得性等因素,基金组织在本轮审查中增加了"在跨境支付中的占比"和"在贸易融资中的占比"两项指标,对"国际债务证券占比"指标除了考察余额数据,还增加了增量数据。至此,"可自由使用"主要通过货币在全球外汇储备、国际银行业负债、国际债务证券、跨境支付、贸易融资中所占比重以及在主要外汇市场交易量等指标来衡量。新的指标体系有利于更全面客观地衡量一国货币在全球中的实际地位。

对人民币来说,新指标也有利于衡量人民币国际化的真实水平。人民币的国际化是从实体经济领域开始的,这一特性意味着人民币在商品和服务领域的使用较多。新指标除了关注货币在金融交易上的使用情况外,还考虑了货币在贸易结算上的作用;此外,增量指标的引入也更好地衡量了人民币近年来国际化的进展情况。

为了解决数据缺口问题,基金组织和国际清算银行还分别开展了官方外汇储备货币构成特别调查和国际银行业负债特别调查,主要国家央行均参加了上述调查,有效弥补了衡量一国货币"可自由使用"程度的数据缺口。

依据新标准,2015年11月30日基金组织执董会讨论并全票通过了SDR审查报告,认定人民币已经满足了出口和"可自由使用"标准,决定将人民币纳入SDR货币篮子,SDR货币篮子相应扩大至美元、欧元、人民币、日元、英镑5种货币,人民币在SDR货币篮子中的权重为10.92%,美元、欧元、日元和英镑的权重分别为41.73%、30.93%、8.33%和8.09%。新的SDR货币篮子于2016年10月1日生效。与此同时,SDR利率篮子也相应纳入了人民币代表性利率工具,即人民币3个月期国债收益率。

在SDR利率的确定上,受量化宽松政策的影响,美元、欧元和日元的代表性利率均处于低位甚至是负值,导致加权计算出的SDR利率也水平较低、甚至可能为负。针对这种情况，2014 年 10 月，基金组织规定 SDR 利率应不低于 0.05%，如计算出的加权利率低于 0.05%，SDR 利率就固定为 0.05%。此外，由于 2014 年 12 月 31 日之后欧央行不再发布欧元回购利率，基金组织于 2015 年 1 月 1 日起将欧元的代表性利率从 3 个月期欧元回购利率变成了 3 个月期 AA 级以上的央行债券利率。

三、对 SDR 篮子货币的操作性要求

一国货币被认定为"可自由使用"货币，意味着该货币能够直接或间接地满足借款国国际收支的需要，但在实践中，国际收支需要能否真正得到满足，还需要该货币达到一定的操作性要求。这主要包括以下三方面：一是满足投资者交易投资以及风险对冲需要；二是提供代表性汇率；三是提供代表性利率。此外，还需满足提供代理、开立账户、托管等业务，以满足多种资产管理的需要。

（一）满足投资者交易投资及对冲需要

一国货币进入 SDR 货币篮子后，就意味着它是基金组织的官方交易货币。根据基金组织的规定，基金组织官方交易使用 SDR 或可自由使用货币来进行，这些交易包括向基金组织缴纳份额、基金组织向成员提供贷款和成员向基金组织还款、基金组织向成员支付利息等。比如，基金组织向各成员提供的贷款虽是以 SDR 计价的，但实际拨款和还款通常是根据成员的要求使用 SDR 篮子中的货币进行的。成员在获得篮子货币的贷款后，需要能够将篮子货币兑换成其他货币以满足其国际收支需要，这就意味着篮子货币发行国需要对官方部门开放外汇市场。

一国货币加入 SDR 也会提高对该货币计价资产的配置需求，这是因为一国货币被纳入 SDR 与股票被纳入股指的原理类似，当一只股票被纳入股指后，凡是以该股指为标的的进行投资的机构都将被动对该股票进行配置。基金组织、国际清算银行、世界银行（WB）等国际组织管理着以 SDR 计价的资产，需要根据 SDR 篮子货币权重进行资产配置。因此，篮子货币发行国还需要对官方部门开放固定收益市场，满足其投资配置需求。

同时，许多国际金融机构和开发机构的贷款以及不少国家的负债都是

以 SDR 来计价的，这些机构和国家通常都有对冲 SDR 篮子货币利率和汇率风险的需求，这也需要篮子货币发行国对官方部门开放固定收益、外汇和衍生品市场，满足其利率和汇率风险对冲需求。

为了满足上述需要，篮子货币发行国都具备较高的金融市场开放水平。美国自 20 世纪初起即不断推进金融对内对外开放，于 70 年代实现了资本项目双向开放，至 1999 年，美国在利率、汇率、资本流动和金融市场等领域均实现了自由化。英国则在 20 世纪七八十年代末迅速实现了资本项目的完全开放，并推出了一系列金融自由化措施，形成了开放竞争的金融格局。日本自加入经合组织（OECD）开始不断加快金融市场开放步伐，至 80 年代末全面开放了金融市场，并实现了资本项目可兑换。欧元区自成立起，也保持了较高的金融市场开放程度。在 2015 年的 SDR 审查中，中国向境外央行或货币当局、国际金融组织、主权财富基金（央行类机构）开放了银行间债券市场和外汇市场，并为境外央行类机构入市提供了具体的操作指引，满足了其投资交易及对冲人民币利率和汇率风险的要求。

（二）提供定值汇率和代表性汇率

确定 SDR 兑美元的汇率需要使用 SDR 篮子货币对美元的汇率计算得出，为了保证篮子货币对美元汇率的可比性，需采用同一来源、同一时间的汇率，该汇率被称为 SDR 定值汇率。基金组织选取的是英格兰银行提供的伦敦中午 12 时各篮子货币对美元的汇率，如因假期等原因英格兰银行无法提供汇率，则顺次由纽约联邦储备银行和欧央行提供。

为了满足成员实际交易的需要，还需要确定篮子货币的代表性汇率。代表性汇率应是市场汇率，即成员在篮子货币发行国本地外汇市场进行交易时可以实际使用的汇率，同时外汇市场应有足够的流动性，这样才能确保成员不论使用哪种可自由使用货币，都不会存在较高的汇率成本，即不会处于不利地位。在具体代表性汇率的选择上，基金组织选取欧央行下午 2 时 15 分发布的汇率作为欧元的代表性汇率；选取日本银行间市场日内最大交易量所使用的汇率作为日元的代表性汇率，该汇率由日本银行在东京市场闭市后确定；选取伦敦中午 12 时的汇率作为英镑的代表性汇率。对人民币来说，中国外汇市场的人民币交易主要通过银行间外汇交易中心进行。外汇交易中心每天在上午9时15分宣布汇率中间价，但由于该价格并非直接由市场交易形成，不是市场汇率，基金组织决定采用每天北京时间下午4时的人民币对美元参考汇率作为代表性汇率，这一方面是因为该时间点的市场流动性非常强，另一方面也是因为该时间接近确定定值汇率的伦敦中午时间，有利于减少汇率因时间不同而带来的差异。

（三）提供 SDR 的代表性利率

为了满足 SDR 利率定价的需要，SDR 篮子货币发行国还应可以提供市场化的代表性利率。该利率应由具有足够流动性的3个月期利率工具决定，可以代表包括国债、央行票据等投资者在该国可以实际投资产品的利率水平，能够及时反映相关市场的变化，风险特征与 SDR 的官方性质类似，同时利率工具还应体现官方储备经理人对储备资产的实际选择。

在具体选择上，基金组织选取3个月期美国国债利率作为美元的代表性利率，3个月期 AA 级以上的央行债券利率作为欧元的代表性利率，3个月期日本国债利率作为日元的代表性利率，3个月期英国国债利率作为英镑的代表性利率。在2015年的 SDR 审查中，基金组织对一系列人民币利率工具进行了评估，包括上海银行间同业拆放利率（SHIBOR）、商业银行定期存单（CD）利率、银行间回购利率、中国人民银行（以下简称人民银行）发行的央票，以及三大国有政策性银行发行的政策性银行债和财政部发行的国债。经过分析比较，综合考虑利率是否反映主权信用风险、是否随货币市场的变化而变化、收益率与国债相比的情况等因素，基金组织认为3个月期国债收益率更适合作为人民币的 SDR 代表性利率。为了配合人民币加入 SDR，中国财政部自2015年10月9日起开始每周滚动发行3个月期国债，解决了当时3个月期国债发行较少的问题。最终，基金组织决定将人民币3个月期国债收益率作为代表性利率纳入 SDR 利率篮子。

除了上述方面之外，SDR 篮子货币发行国还应确保所有操作的方便、透明，并由具有一定资质的金融机构提供开立账户、托管、代理交易等服务，以便其他国家进入该国金融市场开展投资和交易，满足其资产管理的需要。SDR 篮子货币发行国都依照上述要求为成员提供了相关服务。2015年10月，人民银行进一步明确了境外央行类机构在境内商业银行开立人民币账户的相关规定，为境外央行类机构进行实际操作提供了便利。

此外，尽管数据透明度并非 SDR 审查的正式标准，但对于储备货币发行国来说，如果其数据透明度较低，无疑会受到外界质疑。国际上现行的数据公布标准主要是基金组织根据各成员不同发展情况制定的两套标准——数据公布特殊标准（SDDS）和数据公布通用系统（GDDS），其中 SDDS 在数据范围、公布频率和公布时效方面的要求比 GDDS 更高。美国、英国、日本及欧元区均已经采纳了 SDDS，中国也在 2014 年 11 月作出了采纳 SDDS 的承诺，并在 2015 年 10 月正式向基金组织递交了中国采纳 SDDS 的文书。

基金组织官方外汇储备货币构成（COFER）调查是对国际储备货币的权威调查，主要统计各种货币在官方储备中的占比。而"货币在官方储备中的占比"也是衡量 SDR 篮子货币"可自由使用"、计算篮子货币权重的关键指标。与此类似，国际清算银行的国际银行业调查（IBS）负责统计一国银行业的对外资产负债情况，它是计算另外一个衡量"可自由使用"指标——"国际银行业负债"的基础。基金组织的协同证券投资调查（CPIS）负责统计一国对外证券投资情况，它也是计算衡量"可自由使用"指标——"国际债务证券"的基础，是跟踪全球资金流向、识别系统性风险和研究金融渠道溢出效应不可或缺的数据库。美国、英国、日本及欧元区均已经参与了上述调查，中国也通过参加 COFER 调查、向国际清算银行报送国际银行负债数据、参加协同证券投资调查等方式，提升了上述数据库的完整性，提高了中国的数据透明度水平。

经过上述努力，在满足出口和"可自由使用"两项硬性标准后，人民币也陆续满足了各项操作性要求，确保了其在加入 SDR 货币篮子后的有效操作。

第四章

中国金融业改革开放和人民币国际化

人民币加入 SDR 并不是一蹴而就的。回顾历史，人民币加入 SDR 是其国际化程度持续提升的结果，也是扩大金融业对外开放、完善人民币汇率形成机制、减少资本管制"三驾马车"不断推进的结果。正是多年的改革开放，金融体系的韧性和抵御风险的能力得到稳步提升，为中国成功应对 2008 年国际金融危机打下了坚实的基础，也为人民币国际化创造了良好条件。2008 年国际金融危机后，中国经济率先恢复并成为世界经济增长的重要引擎，国际上使用人民币的需求显著增加。在此背景下，中国顺应市场需求，积极消除人民币跨境使用的制度障碍，人民币国际化程度快速提升，为人民币最终加入 SDR 奠定了基础。

一、中国金融改革开放提升了金融体系的韧性

近四十年中国金融改革开放的实践是金融业对外开放不断扩大、汇率趋向均衡、资本管制逐步减少的过程。人民币汇率合理化的程度和资本管制减少的程度是衡量金融业对外开放程度的主要标尺，扩大金融业对外开放也会进一步促进汇率改革和资本管制的减少。这"三驾马车"共同发展、协同推进、相互配合，是中国经济快速健康增长的宝贵经验。

历史上看，实现了开放经济的国家无一例外地经历了放开外汇管制的过程。外汇管制影响资源的合理配置，往往损害贸易、投资和对外开放进程，影响本国经济发展和国际竞争力的提升。为实现开放经济，促进贸易和投资的便利化，需要逐步减少外汇管制。同时，许多国家的经验也证明，实现国内外市场良好互动还需要推动本国汇率市场化，为实现均衡汇率创造条件。市场化的汇率也有利于一国抵御外部冲击，更好地维护金融

稳定和促进经济的可持续发展。

中国金融业对外开放的进程始终伴随着外汇管制的逐步减少和汇率走向合理化，在此过程中三者的进度未必完全一致，但方向是相同的，同时也会相互促进。改革开放初期，在金融业对外开放的背景下，外资开始大规模进入，外资金融机构也开始在华设立代表处和营业机构，这些开放措施直接推动了国内汇率机制和外汇管理制度的改革，改革的深入又进一步扩大了金融业对外开放。"三驾马车"之间协同推进，使中国经济实现了全方位的对外开放。

对外开放同时也促进了国内改革。随着中国金融业对外开放的不断扩大，国内外金融市场互动增多使国内金融领域长期积累的体制和机制性问题更加显性化，改革的动力也在不断增强。特别是在外部压力的冲击下，国内改革更加迫切。1997 年亚洲金融危机期间，中国经济和金融体系也受到一定程度的冲击，这种冲击持续了相当长一段时间。为了从根本上解决金融体系长期存在的突出问题，中国加快了金融改革和开放的步伐，特别是在银行体系进行了大刀阔斧的改革，同时也在金融市场发展、利率和汇率市场化改革、金融业对外开放等方面做了大量的工作。

（一）1997 年亚洲金融危机后中国金融机构的改革与开放

银行业在中国金融体系中一直处于主导地位，而国有银行又是银行业的主体，国有银行的健康发展对中国金融体系的稳健性至关重要。亚洲金融危机前，国有独资商业银行就已经存在不良资产比例高、应收未收利息急剧增加、经营日趋困难、金融隐患和金融风险不断加大等问题，相当一部分的不良贷款和应收未收利息成为呆账和坏账，无法收回。其中，部分不良贷款是属于计划经济时期以及改革早期形成的，部分是在 1992 – 1994 年经济过热时期一些盲目性投资形成的。在 1997 年亚洲金融危机的冲击下，中国银行业体系不良贷款进一步积累，严重影响了整个金融体系的稳定。到 1998 年末，4 家国有独资商业银行不良贷款占到贷款总额的 32.18%，大量的不良贷款已成为银行业健康发展的最大威胁。曾经在一段时间里，国外媒体大量报道中国国有独资商业银行的巨额不良资产问题，认为中国的银行在技术上已经破产了。虽然国外媒体的相关报道有主观夸张的成分，也低估了中国化解风险的能力，但中国政府也充分认识到了其中的风险，决定对银行体系进行大刀阔斧的改革。

借鉴国际经验和结合中国国情，要卸下国有独资商业银行沉重的历史包袱，推进金融改革，需要采用金融创新手段，对不良贷款进行大规模处置。1999 年开始，中国政府开始着手剥离国有独资商业银行的不良资产，分别组建了中国信达等 4 家金融资产管理公司（AMC）专门收购和处理不良资产。通过清收重组、资产证券化、破产清算等方式，国有独资商业银行的不良贷款率逐渐下降。但银行体系长期存在的制度性问题依然存在，国有独资银行仍需通过更深层次改革从根本上解决其财务可持续性的问题。

考虑到银行财务状况对会计制度非常敏感，要摸清银行真实的财务状况，需要首先完善相关的会计制度。之前虽然对计划经济时代的会计制度有所改动，但是不够彻底。当时资产损失不能减计和计提，比如库存损失了或者某个投资项目损失了都不能计提，银行对企业贷款质量衡量和对不良资产的计算就是不真实的。虽然上市公司会公告盈利状况，但因为损失没有充分计提，数据也是不真实的，不仅会对资本市场造成不良影响，也会间接影响上市公司贷款质量的评估。2002 年，中国开始实行新的银行业会计准则，人民银行发布规定要求国有独资商业银行实行贷款五级分类制度，并根据不良资产情况提取专项准备金和特种准备金。通过对商业银行贷款实行五级分类制度，国家掌握了银行业不良资产的真实情况。

在此基础上，中国继续打出改革组合拳，及时推动国有银行股份制改革。为了推进银行改革工作，党和国家领导人多次主持会议和听取汇报，研究明确改革工作方案，国务院在 2003 年还专门成立了国有独资商业银行股份制改革试点工作领导小组。改革的总体目标是要通过国家注资、财务重组、内部改革、严格监管，创造条件择机在境内外上市。为了实现改革目标，从 2003 年开始，人民银行牵头相继对中国银行、中国建设银行、交通银行、中国工商银行和中国农业银行进行了股份制改革，按照"一行一策"原则，稳步推进剥离处置不良资产、引进境内外战略投资者、外汇储备注资、设立股份公司和择机上市等工作。

引进合格的境外机构投资者是银行业深化改革、扩大开放的重要内容。2003 年末开始，国有大型商业银行纷纷引入境内外战略投资者。例如，汇丰银行入股交通银行，美国银行、淡马锡公司入股中国建设银行，苏格兰皇家银行等入股中国银行，高盛集团、安联保险公司、美国运通公司等入股中国工商银行。引进战略投资者增强了国有商业银行的资本实力，改善了股权结构。同时，国际银行的先进经营管理方法、人才和技术在合作中被国内银行业吸收，国有银行公司治理结构改善，经营管理水平、服务能力和竞争力都大幅提升。

同时，人民银行还通过外汇储备出资为中国银行、中国建设银行、交通银行、中国工商银行等国有银行注资，有效改善了国有商业银行的财务状况。2003 年末，由国家外汇储备出资的中央汇金投资有限责任公司成立，随后立即向中国银行、中国建设银行共注资 450 亿美元，国有商业银行改革正式启动。2004 年 6 月，汇金公司又向交通银行注资 30 亿元人民币。2005 年 4 月，为配合中国工商银行股份制改革，汇金公司又向中国工商银行注资 150 亿美元。

在金融机构财务状况基本合格后，为了更好地推进金融机构改革，从根本上保证财务可持续性，一些效益比较好的银行、保险公司、证券公司开始集中精力谋求公开上市，变成上市公司。金融机构上市除了可以筹集资金外，更重要的是需要按照现代企业制度建立公司治理结构，有助于提升其财务透明度，接受广大投资者特别是股票市场投资者和战略投资者的压力和监督约束，从而有足够的动力加强财务和风险管理。2005 年 6 月，交通银行在香港联交所正式挂牌上市交易，成为首家登陆海外资本市场的中国内地银行。中国建设银行于 2005 年 10 月在香港成功上市，并于 2007 年 9 月在上海证券交易所上市。中国银行分别于 2006 年 6 月和 7 月在香港 H 股市场和境内 A 股市场成功上市。中国工商银行于 2006 年 10 月以"A＋H"股的方式在中国内地和香港同时成功上市。到 2007 年末，国有商业银行改革已取得了突破性进展，整个银行业面貌发生了很大变化。借鉴其他国有商业银行改革的经验，中国农业银行在 2008 年 11 月正式启动了股份制改革，并获得了汇金公司 1300 亿元人民币等值美元的注资。在 2009 年

1 月转制为股份有限公司后，中国农业银行随即启动上市工作，并最终在 2010 年 7 月以"A + H"股的方式在中国内地和香港同时成功上市。通过注资、积极推动引入战略投资者、股份制改革并成功上市，大型国有商业银行改革取得了明显成效，财务状况根本好转，资本充足率显著提高，公司治理结构不断完善，经营监督和财务约束进一步强化。

与国有大型商业银行的改革进程同步，中小商业银行也加快了改革步伐，努力提高自身的竞争力。从 2003 年开始，一些新的中小商业银行经过改革成为股份制银行，如烟台的恒丰银行、杭州的浙商银行和天津的渤海银行等，进一步丰富了银行业主体。同时，部分中小商业银行也开始积极引入民间资本和战略投资者，如国际金融公司入股民生银行和南京城市银行，花旗银行入股上海浦东发展银行，恒生银行入股兴业银行等。合格战略投资者的引入，不仅增强了中小商业银行的资本金，也促进银行进一步完善了公司治理结构，提高了银行内部控制的有效性。从 2005 年开始，部分中小商业银行也开始通过重组和上市等措施建立多元化的股权结构，宁波银行、南京银行和北京银行等城市商业银行通过上市建立了外部市场约束，提升了公司治理和风险管理水平，服务水平和竞争能力明显提升。中小商业银行的改革成为国有大型商业银行改革的有益补充，进一步丰富了中国银行业的市场主体，增强了银行业体系的稳健性。此外，中国的农村信用社、证券公司、保险公司的改革也大多采用了大型国有银行类似的办法。部分证券公司和保险公司在获得注资后，财务状况得到改善，效益较好的公司随后也开始逐步发行上市，公司治理和风险管理能力大幅提升。

开放也是改革。经验表明，金融业对外开放可以使市场主体更好地利用国内外两个市场促进资源优化配置，同时也可推动国内各项金融改革，提升本国金融机构的国际竞争力，促进金融稳定。中国是全球经济和金融一体化的受益者，开放为中国金融稳定作出了巨大的贡献。加入世界贸易组织（WTO）使中国金融业对外开放进入了加速阶段。按照加入 WTO 时的有关承诺，中国银行业、证券业和保险业逐步实施更加开放的政策，在外资金融机构设立准入、持股比例、业务范围、营业地域等方面都有了显著的改善。

银行业方面，对外开放的具体内容不仅涉及扩大外资银行开展业务的范围，还包括逐步取消外资银行经营人民币业务的地域限制和客户对象限制，取消外资银行人民币负债不得超过外汇负债50%的比例限制等。证券业方面，允许外资证券机构从事外资股业务，逐步将外资在合资证券公司中的持股比例提升至49%，并允许内地期货公司到中国香港设立从事期货业务的子公司。保险业方面，除了外资在合资寿险公司中的股比不超过50%，保险业已基本实现全面对外开放。与此对应的是，随着中国金融机构的改革不断深入，中国金融机构的国际竞争力不断提升，"走出去"的步伐也在加快，特别是银行业国际化进程提速，全球网络化布局逐渐形成。通过加快金融机构双向开放，中资金融机构的实力和抵御国际金融风险的能力也在不断提升。

（二）中国金融市场的改革与开放

中国金融市场的改革开放进程也在不断推进。1997年全国银行间同业拆借中心开办银行间债券交易业务后，中国银行间债券市场快速发展，金融基础设施不断夯实，逐渐发展为以做市商、结算代理人为核心、金融机构为主体、其他机构投资者共同参与的多层次债券市场体系。2007年，中国银行间市场交易商协会成立，银行间市场行业自律组织建立并不断得到强化，进一步促进了银行间市场发展。人民银行还积极推动银行间市场的制度建设，规范了银行间市场的债券登记、交易和结算制度。随着改革的深入，银行间债券市场产品不断创新，市场基础设施建设不断完善，市场功能不断深化，逐渐成为中国债券市场的主体部分。同时，中国外汇市场也在发生深刻的变化，2005年人民币汇率形成机制改革启动后，外汇市场在交易方式、时间、品种、清算等各个方面都进行了配套改革，市场上的产品不断丰富，市场化机制逐步完善。中国金融市场不断发展完善的同时，市场监管也在逐渐走向专业化和国际化，监管水平有了显著提高。金融市场基础设施和市场化机制的完善，进一步提升了金融体系运行的效率和稳健性。

金融改革的一个重要内容是要让市场在资源配置中起决定性作用。要达到这一目标，就要实现资金价格即利率和汇率的市场化，这是建立市场化机制的必然要求。中国的利率和汇率市场化都是循序渐进的过程。

推进利率市场化有一个总体思路，即先贷款后存款、先大额后小额、先外币后本币。20 世纪 90 年代中期之前，人民银行对利率管理的范围几乎覆盖了所有资金价格和对计息规则的管理。由于利率处于严格的管控之下，资金价格不能真实反映市场供求，很容易导致资金使用的低效和对利率变化的不敏感。社会主义市场经济体制的构建和发展需要利率市场化。从 1996 年取消中国同业拆借利率上限管理开始，人民银行逐步推动利率市场化，直至改革基本完成，基本沿袭了上述改革的总体思路。2003 年 10月，中国共产党十六届三中全会进一步明确了利率市场化改革的目标，即"稳步推进利率市场化，建立健全由市场供求决定的利率形成机制，中央银行通过运用货币政策工具引导市场利率"。2004 年 10 月开始，金融机构存贷款利率市场化进程加快。在此过程中，人民银行采用了逐步提高利率浮动幅度的方法，既可以形成稳定的市场预期，也可以给予市场主体充足的时间去调整和完善自主定价机制，取得了很好的执行效果。此外，利率市场化的其他基础设施也在不断完善，特别是上海银行间同业拆放利率（SHIBOR）于 2007 年初开始正式运行，为金融市场提供了各类短期金融产品的定价基准。

汇率市场化也是逐步推进的过程。1994 年随着外汇体制改革的实施，人民银行开始进行外汇市场公开市场业务，但由于不久后发生亚洲金融危机，汇率体制改革一度放缓。随着危机后外部环境缓解，及中国对外开放程度的提升，中国外贸增长迅速，境内外企业和个人对人民币汇率市场化改革有了更大的期待。2003 年 10 月，中国共产党十六届三中全会明确提出要"完善人民币汇率形成机制，保持人民币汇率在合理、均衡水平上的基本稳定"。经过精心准备和周密部署，2005 年 7 月 21 日，人民银行正式宣告开始实行以市场供求为基础、参考一篮子货币进行调节、有管理的浮动汇率制度。为完善人民币汇率形成机制，促进外汇市场发展，丰富外汇交易方式，提高金融机构自主定价的能力，人民银行发布公告，自 2006 年1 月 4 日起在银行间即期外汇市场引入询价交易方式，人民币兑美元汇率中间价的形成方式由此前根据银行间外汇市场以撮合方式产生的收盘价确定的方式改进为银行间外汇市场做市商报价的加权平均值，市场力量在汇率形成机制中发挥的作用大幅增强。为了增强人民币汇率的灵活性，2007年5月，人民银行将人民币对美元交易价的浮动幅度从0.3%扩大至0.5%。虽然随后改革进程因金融危机进行了一些调整，但改革方向始终未变。为了更大程度地发挥市场供求在汇率形成机制中的决定性作用，人民银行将人民币对美元交易价浮动幅度持续扩大至2%，并逐步退出了常态化的外汇干预。

总体来看，通过多年的改革，中国的利率和汇率市场化最终都取得了很好的成果，市场化机制逐步完善。利率已基本能够反映市场资金的供求状况，汇率的弹性也大幅增强。利率和汇率市场化提升了金融市场运行的效率和韧性，使国际投资者对中国金融市场和人民币资产的信赖程度不断增强，同时也赋予了金融机构更大的自主定价权，有利于促进金融机构不断完善内部管理机制，提升经营管理水平，强化通过提高和改善金融服务参与市场竞争的理念。

同时，中国金融市场双向开放也在积极稳妥地推进。中国早在改革开放之初就已经实现了外商直接投资（FDI）的可兑换，虽然在股票、债券、基金等投资项下的可兑换程度还不高，但市场主体多数都能绕道而行。在资本项目还没有完全放开的情况下，为了推进金融市场开放，中国自2002年起开始陆续施行过渡性的制度安排，推出合格境外机构投资者（QFII）制度和合格境内机构投资者（QDII）制度，为境内外投资者跨境证券投资提供了渠道。但在QFII制度试点推出之初，境外合格机构投资者主要投资中国的证券交易所市场，且绝大部分额度是投资股票，直到亚洲债券基金入市后，QFII才开始零星投资交易所债券。同时，中国政府也积极引导外资金融机构在中国发行人民币债券，2005年中国开始允许国际开发机构在境内发行人民币债券，即熊猫债。中国还积极推进沪港通和深港通等境内外金融市场互联互通机制，开辟了境内外投资者跨境证券投资的新渠道。资本项目的逐步开放使得中国金融市场发展更趋多元化、市场化和国际化，也客观上增强了国内金融改革的动力。

经过多年的改革开放，中国金融机构运营更趋稳健，金融市场基础设

施更趋完善，金融体系的韧性和应对危机的能力大幅提升，为成功应对
2008 年国际金融危机打下了坚实的基础。在 2008 年国际金融危机的冲击
下，主要储备货币发行国经济和金融市场都受到重创，一些亚洲邻国外汇
市场和国际收支也出现大幅波动，而中国金融体系相对稳健，特别是中国
的银行业在危机时期仍保持了较强的盈利水平和服务实体经济的能力，使
得中国经济率先恢复并成为世界经济增长的重要引擎，对稳定和提升全球
经济金融信心起到了重要作用。同时，中国外汇储备快速增长，外汇市场
上也形成了较强的人民币升值预期。在此背景下，国际上对使用人民币的
需求明显增加，人民币国际化获得了难得的历史机遇。

二、抓住机遇、顺势而为推进人民币国际化

（一）2008 年国际金融危机前人民币国际化进展有限

改革开放以后，中国政府逐渐开放了边民之间的贸易，即两国边境居
民在边境线 20 公里以内、经政府批准的开放点或指定的集市上，在不超过
规定的金额或数量范围内买卖准许交换的商品。1992 年初，国务院陆续批
准黑河等 13 个边境开放城市，允许经批准的企业在边境口岸与毗邻国家边
境地区开展小额贸易活动。中国有关省、自治区已陆续与越南、老挝、缅
甸、尼泊尔、巴基斯坦、哈萨克斯坦、吉尔吉斯斯坦、塔吉克斯坦、俄罗
斯、朝鲜、蒙古等国边境地区开展小额边贸活动。由于人民币汇价稳定并
呈升值趋势，在边境贸易中作为支付货币的需求不断扩大。对外贸易的快
速增长推动了人民币跨境流动。随着中国对外贸易的增长和外资企业的增
多，希望中国政府放松贸易项目下的汇兑限制的呼声不断。1996 年中国实
现人民币经常项目下可兑换后，人民币跨境使用更加频繁。由于人民币币
值长期坚挺，周边国家对人民币的接受程度逐渐增加，一些国家或地区的
商店愿意直接收取人民币，而对中国公民而言，也愿意直接使用人民币以
避免汇兑损失，这就促进了在境外直接使用人民币的交易。这种交易开始
时仅限于一些周边国家、中国港澳台地区，规模较小，以现金交易为主。

2001 年中国正式加入世界贸易组织（WTO）以后，对外贸易快速增
长，贸易顺差迅速增加，引进外资的数额也不断增大，在对人民币的需求

增加和对人民币升值的期望逐步上升的背景下，许多周边国家和地区不仅允许人民币正式流通，还设立了专门从事人民币兑换业务的兑换点，一些当地银行也开始接受人民币存款和办理人民币的其他业务，还出现了在跨境贸易中用人民币结算的需求。2002 年以后，越南等 8 国货币当局先后与人民银行签署了边贸本币结算协定，允许两国本币（或只是人民币）用于两国边境贸易的结算，在推动人民币跨境使用上做了有益的尝试。银行本币结算服务的开展降低了汇兑成本，促进了边境贸易的发展，同时将原来自发的本币现金结算和地下结算纳入正规的银行结算体系，规范了结算行为和边境地区外汇市场秩序，带动了边境地区的经济发展。

香港和澳门与内地政治经济联系密切，在地理位置上离内地也更近，具有人民币业务发展的天然优势。香港和澳门回归后，港澳地区与内地经贸联系、人员流动日益频繁，人民币在港澳地区受欢迎程度逐渐提高，港澳人民币业务不断深入。2003 年和 2004 年，香港和澳门分别设立了人民币清算行，港澳居民个人人民币存款、兑换、汇款和银行卡业务相继开办，人民币资金池逐步建立起来。为了满足香港地区人民币持有者的投资需求，从 2007 年开始，国家开始允许境内金融机构赴港发行人民币债券，并逐步扩大了发债主体范围和发债规模。国家开发银行、汇丰银行（中国）、东亚银行（中国）相继在香港发售人民币债券（点心债），进一步丰富了香港人民币市场发展。尽管港澳地区的人民币业务发展较快，但总体来看规模依然有限，2008 年末时香港和澳门人民币存款余额分别仅有561 亿元和 20 亿元。

（二）2008 年国际金融危机为人民币国际化提供了历史机遇

2008 年国际金融危机爆发后，一些亚洲国家和地区的国际收支和外汇市场都受到了较大冲击。从 2008 年下半年开始，韩国、新加坡、泰国、菲律宾、印度尼西亚、印度和中国香港等经济体贸易出口大幅减少并出现贸易逆差。雷曼兄弟公司破产后，全球金融市场动荡，大量资本受避险情绪影响从新兴市场股市和债市回流美国本土，导致这些国家和地区的资本项目也出现了较大的逆差，国际收支急剧恶化。外汇市场方面，受资本大幅流出影响，亚洲国家外汇市场波动性普遍上升，货币币值出现不同程度的下跌，特别是韩国和印度，本币币值大幅跳水，外汇储备急速减少。

同时，主要国际储备货币汇率也出现了大幅波动，严重损害了国际贸易和投资的信心。2008 年国际金融危机爆发初期，大量的避险资金回流美国，导致全球美元流动性一度出现紧缩局面。随后，美国开启了大规模的量化宽松货币政策，又导致美元出现持续贬值。美元汇率在危机后的大幅波动影响了国际贸易和投资的结算，特别是在持续多年贬值后，各国的外汇储备大幅缩水，严重损害了美元的公信力。随着危机的蔓延，欧洲许多国家也陷入困境，并最终引发了欧债危机，欧元区经济和金融市场遭受重创，欧元汇率也出现大幅波动。总之，国际金融危机充分暴露出全球过于依赖美元等主要国际储备货币的弊端。在主要国际储备货币汇率大幅波动的情况下，国际上亟需寻找稳定的"货币锚"。

虽然 2008 年国际金融危机对中国经济和金融市场也产生了一定的冲击，但由于经历了长时期的改革与开放，中国金融体系韧性和抗风险能力大幅提升，在国际金融危机中经受住了考验，不仅维持了金融稳定，还使中国经济得以快速企稳回升，对外贸易也很快出现反弹并保持了持续增长的态势。中国经济率先复苏并成为世界经济增长的重要引擎，对稳定和提升全球经济金融信心起到了重要作用。中国对外贸易在全球贸易中的份额也从 2008 年的 7.9% 快速上升至 2014 年的 12.2%，并在 2013 年成为世界第一货物贸易大国。作为全球大多数国家和地区的主要贸易伙伴，中国企业在跨境贸易使用人民币作为结算货币获得了越来越多认同。同时，中国金融体系相对稳健，外汇储备持续快速增长，外汇市场上也形成了较强的人民币升值预期，刺激了外国投资者投资中国金融市场的需求。综合各种有利因素，国际上对人民币使用的需求快速增加，人民币国际化迎来了难得的历史机遇。

（三）顺势深化双边货币合作，构建人民币官方使用的网络体系

2008 年国际金融危机期间，一些亚洲周边国家和地区外汇储备急剧下降，部分国家和地区甚至出现流动性困难，希望与中国签订货币互换协议，以提振市场信心，维护金融稳定。2008 年末至 2009 年初，人民银行分别与韩国、中国香港和马来西亚央行或货币当局达成了双边本币互换协

议，有效缓解了这些国家和地区流动性紧缩的局面。危机期间，人民币一定程度上承担了区域性货币的角色，在稳定市场信心、维护区域金融稳定上发挥了不可替代的作用。鉴于人民币在危机期间的表现，更多的国家在危机后开始寻求与人民银行开展本币互换安排，来巩固和发展本国的金融安全网。特别是在2010年人民币再次进入升值通道后，国际上寻求与中国开展双边本币互换安排的需求更趋强烈。

2008年至2014年，顺应有关国家和地区要求，人民银行先后与韩国、马来西亚、中国香港、白俄罗斯、阿根廷、印度尼西亚、冰岛、新加坡、新西兰、乌兹别克斯坦、蒙古、哈萨克斯坦、泰国、巴基斯坦、阿联酋、土耳其、澳大利亚、乌克兰等28个国家和地区的中央银行和货币管理当局签署了双边本币互换协议，总规模约3.12万亿元。通过货币互换获得的人民币不仅可以起到了缓解流动性紧张、增强本国金融安全网的作用，也能很好地满足双边贸易和投资的需求。在上述本币互换安排的实际执行过程中，人民银行往往作为资金提供方对其他国家和地区的货币当局提供支持。资金接受方可以直接将人民币作为外汇储备发挥流动性作用，也可以将获得的人民币额度用于本国企业对华进出口的贸易结算。

危机后，跨境贸易中人民币使用需求的增多，受汇率波动影响，贸易企业寻求套期保值的需求也大幅增加，人民币外汇市场与衍生品市场逐渐活跃并日趋成熟。随着人民币在境外私人部门的接受程度逐步提高，一些国家央行或地区的货币当局开始主动储备人民币资产。截至2014年末，境外央行和货币当局在境内外持有债券、股票和存款等人民币资产余额约6667亿元（见表4.1）。

表 4.1　人民银行和其他央行或货币当局双边本币互换安排

单位：亿元人民币

国家/地区	协议签署时间	规模
韩国	2008年12月12日签订框架协议，2009年4月20日正式签署，2011年10月26日（续签），2014年10月11日（续签）	3600

国家/地区	协议签署时间	规模
中国香港	2009 年 1 月 20 日，2011 年 11 月 22 日（续签），2014 年 11 月 28 日（续签）	4000
印度尼西亚	2009 年 3 月 23 日，2013 年 10 月 1 日（续签）	1000
阿根廷	2009 年 4 月 2 日，2014 年 7 月 18 日（续签）	700
冰岛	2010 年 6 月 9 日，2013 年 9 月 11 日（续签）	35
新加坡	2010 年 7 月 23 日，2013 年 3 月 7 日（续签），2016 年 3 月 7 日（续签）	3000
新西兰	2011 年 4 月 18 日，2014 年 4 月 25 日（续签）	250
蒙古	2011 年 5 月 6 日，2014 年 8 月 21 日（续签）	150
英国	2013 年 6 月 22 日，2015 年 10 月 20 日（续签）	3500
匈牙利	2013 年 9 月 9 日，2016 年 9 月 12 日（续签）	100
阿尔巴尼亚	2013 年 9 月 12 日	20
欧央行	2013 年 10 月 8 日，2016 年 9 月 27 日（续签）	3500
瑞士	2014 年 7 月 21 日	1500
斯里兰卡	2014 年 9 月 16 日	100
俄罗斯	2014 年 10 月 13 日	1500
卡塔尔	2014 年 11 月 3 日	350
加拿大	2014 年 11 月 8 日	2000
哈萨克斯坦	2011 年 6 月 13 日，2014 年 12 月 14 日（续签）	70
泰国	2011 年 12 月 22 日，2014 年 12 月 22 日（续签）	700
巴基斯坦	2011 年 12 月 23 日，2014 年 12 月 23 日（续签）	100
苏里南	2015 年 3 月 18 日	10
亚美尼亚	2015 年 3 月 25 日	10
澳大利亚	2012 年 3 月 22 日，2015 年 4 月 8 日（续签）	2000
南非	2015 年 4 月 10 日	300
马来西亚	2009 年 2 月 8 日，2012 年 2 月 8 日（续签），2015 年 4 月 18 日（续签）	1800
白俄罗斯	2009 年 3 月 11 日，2015 年 5 月 11 日（续签）	70
乌兹别克斯坦	2011 年 4 月 19 日	7
乌克兰	2012 年 6 月 26 日，2015 年 5 月 15 日（续签）	150

国家/地区	协议签署时间	规模
巴西	2013 年 3 月 26 日	1900
智利	2015 年 5 月 25 日	220
塔吉克斯坦	2015 年 9 月 7 日	30
阿联酋	2012 年 1 月 17 日，2015 年 12 月 14 日（续签）	350
土耳其	2012 年 2 月 21 日，2015 年 9 月 26 日（续签）	120
摩洛哥	2016 年 5 月 11 日	100
塞尔维亚	2016 年 6 月 17 日	15
埃及	2016 年 6 月 17 日	180

注：截至 2016 年 9 月末，互换总规模共计 33437 亿元人民币。

（四）顺应市场需求，便利人民币跨境使用和结算

在境外人民币需求显著增加的历史机遇面前，中国顺应市场需求，尊重市场规律，顺势推动人民币在跨境贸易和投资中的使用。从 2009 年开始，人民银行会同有关部门对人民币跨境使用中存在的制度障碍有步骤地进行清除。从贸易结算到投资结算、从直接投资到证券投资、从国内市场开放到离岸市场建设，人民币跨境使用从各个方面迅速发展起来。

2009 年 7 月，人民银行联合其他有关部门正式启动跨境贸易人民币结算试点，上海市和广东省 4 个试点城市（广州、深圳、珠海、东莞）成为首批试点城市。在进行人民币跨境贸易结算试点之前，人民币只是零散地在边境贸易中使用，并没有成规模地在跨境贸易中用于结算。2010 年 6 月和 2011 年 8 月，人民银行持续扩大试点范围，将试点企业和地域扩大至境内外所有企业。2012 年 6 月后，跨境贸易人民币结算业务全面铺开，拓展至全部经常项目。国内从事进出口货物和服务贸易及其他经常项目的企业均可自由选择以人民币计价、结算和收付，个人从事货物和服务贸易也可用人民币结算。在外贸、跨境投资、国际收支等涉外经济统计、核算、管理中逐步采用人民币为主要计价货币。随着境外金融机构纷纷开办人民币业务，人民币作为一种保值增值货币被逐渐接受，人民币经常项目跨境结算额快速增长。2014 年 3 月，人民银行又对人民币跨境贸易结算的各项政策进行了优化，包括简化对出口货物贸易企业人民币结算管理的流程、下

放相关企业的审核权限、支持外贸稳定增长和进出口结构调整等。此外，依照可推广、可复制和宏观审慎的原则，2014 年以来，人民银行先后在上海自贸区和广西、云南沿边金融综合改革试验区开展人民币的跨境结算创新试点，为结算政策的完善和相关政策的出台起到了助推作用。通过一系列的政策措施，跨境贸易人民币结算业务得到快速发展。2009 年跨境经常项目人民币结算金额仅为 25.6 亿元，而到 2014 年时增加到近 6.6 万亿元，覆盖了全球 174 个国家。其中，跨境货物贸易人民币结算金额近 5.9 万亿元，同比增长 42.6%，占同期本外币跨境结算金额的比重接近 20%（见表 4.2）。

表 4.2 年度经常项目人民币收付金额

单位：亿元人民币

年份	货物贸易	服务贸易及其他	合计
2009	19.5	6.1	25.6
2010	3034.0	467.0	3501.0
2011	13810.7	2078.6	15889.3
2012	26039.8	2757.5	28797.3
2013	41368.4	4999.4	46367.8
2014	58946.5	6563.7	65510.2
2015	63911.4	8432.2	72343.6
累计	207130.3	25304.5	23434.8

数据来源：中国人民银行。

随着中国经济实力的增长和经济全球化的发展，中国政府早在 1997 年就提出了"走出去"的战略，积极引导和组织国内有实力的企业"走出去"，到国外投资办厂，利用当地的市场资源。跨境贸易人民币结算试点开展后，人民币在境外的接受程度逐渐提升，中资企业在"走出去"过程中使用人民币的需求上升，特别是在以政策性项目为基础的境外直接投资中，境外企业购买中国设备或向中国支付劳务费的人民币需要也在增加。此外，一些境外企业通过贸易结算积累了一定的人民币，同时也需要来中国开展直接投资。使用人民币开展直接投资，可使境内外企业避免汇率波动带来的汇兑损失，实现共赢。

为此，2010 年人民银行按照风险可控、稳步有序的原则，开展了人民币境外直接投资个案试点，受到了企业和银行的普遍欢迎。为了更好地促进人民币跨境直接投资，人民银行分别于 2011 年 1 月和 10 月启动了对外直接投资（ODI）人民币结算和外商直接投资（FDI）人民币结算工作，允许跨境贸易人民币结算试点地区的银行和企业开展直接投资人民币结算试点。2012 - 2014 年，人民银行陆续在深圳前海、江苏昆山、上海自由贸易试验区、苏州工业园区和天津生态城等地开展境外人民币借款、跨国企业集团人民币资金池等跨境人民币业务试点，境内外企业利用人民币跨境投资更加便利。在相关政策的推动下，人民币跨境直接投资规模开始加速增长。2014 年，对外直接投资（ODI）人民币收付金额 2244.1 亿元，同比增长 158.9%；外商直接投资（FDI）人民币收付金额为 9605.5 亿元，同比增长 110.1%。从相关数据可以看出，政策对于人民币跨境使用具有明显的推动作用（见表 4.3）。

表 4.3　年度跨境直接投资人民币收付金额

单位：亿元人民币

时间	对外直接投资	外商来华直接投资	合计
2010 年	56.8	223.6	280.3
2011 年	265.9	1006.8	1272.7
2012 年	311.9	2592.0	2903.9
2013 年	866.8	4570.9	5437.6
2014 年	2244.1	9605.5	11849.6
2015 年	7361.7	15871.0	23232.7
合计	11107.1	33869.7	44976.8

数据来源：中国人民银行。

同时，中国金融实力的增强和居民财富的增加，也使得金融机构、企业和居民在境外投资人民币金融产品的需求增加。为了满足境内外机构投资者开展人民币证券投资的需求，2011 年 12 月和 2014 年 11 月，人民银行相继启动了人民币合格境外机构投资者（RQFII）和人民币合格境内机构投资者（RQDII）机制，允许符合条件的境外机构进入银行间债券市场投资。根据境内外机构投资者的投资需求，人民银行不断丰富人民币资产市场的可投资工具，银行间债券市场的投资范围不断扩展，从现券逐渐扩展至债券回购、债券借贷、债券远期、利率互换、远期利率协议等其他领域。截至 2014 年末，共有 12 个国家和地区获得 RQFII 额度，共计人民币 1.01 万亿元，共有 211 家境外机构获准进入中国银行间债券市场，债券托管余额为 5720 亿元。此外，中国政府还积极扩大金融市场双向开放，促进境内外金融市场互联互通。2014 年 11 月，中国正式启动了沪港通，为跨境证券交易提供了更多的渠道，进一步完善了人民币的跨境投资和避险功能。这些机构投资者的有序进入，使市场开放度和发展水平不断提高，不仅丰富了国内资本市场的投资主体，也强化了长期价值投资理念，同时为人民币国际化打下了更加坚实的市场基础（见表 4.4）。

表 4.4　获得 RQFII 额度的国家和地区

单位：亿元人民币

国家和地区	额度
中国香港	2700
英国	800
新加坡	1000
法国	800
韩国	1200
德国	800
卡塔尔	300
加拿大	500
澳大利亚	500
瑞士	500
卢森堡	500
智利	500
匈牙利	500
马来西亚	500
阿联酋	500
泰国	500
美国	2500
爱尔兰	500

数据来源：中国人民银行，截至 2016 年 12 月。

此外，为促进双边贸易和投资发展，满足经济主体降低汇兑成本的需要，人民银行还积极研究人民币对新兴市场货币的双边直接汇率形成机制，推动人民币对新兴市场经济体和周边国家货币汇率在银行间外汇市场挂牌。2010年，人民币对马来西亚林吉特、俄罗斯卢布在全国银行间外汇市场挂牌交易。2012年6月，人民币对日元根据做市商报价进行直接交易，不再通过美元套算。直接交易开展后，人民币对日元报价点差大幅收窄，流动性提高。2011年以来，在山东、广西、云南和新疆等地开展了人民币对韩元、越南盾、泰铢、老挝基普、哈萨克斯坦坚戈等周边国家货币的银行柜台直接挂牌交易。与其他非储备货币开展直接交易，有利于双方企业节省汇兑成本，也客观上利用中国贸易大国地位促进了人民币的跨境使用和结算（见表4.5）。

表4.5　与人民币进行直接交易的货币

序号	币种	挂牌时间
银行间外汇市场		
1	美元	2006年1月4日
2	港元	2006年1月4日
3	林吉特	2010年8月18日
4	卢布	2010年11月22日
5	日元	2012年6月1日
6	澳大利亚元	2013年4月10日
7	新西兰元	2014年3月18日
8	英镑	2014年6月19日
9	欧元	2014年9月29日
10	新加坡元	2014年10月27日
11	瑞士法郎	2015年11月9日
12	南非兰特	2016年6月17日
13	韩元	2016年6月27日
14	沙特阿拉伯里亚尔	2016年9月26日
15	阿联酋迪拉姆	2016年9月26日

续表

序号	币种	挂牌时间
银行间外汇市场（区域）		
1	泰铢	2011 年 12 月 19 日
2	哈萨克斯坦坚戈	2014 年 12 月 15 日
商业银行柜台		
2	老挝基普	2011 年 6 月 9 日
3	越南盾	2011 年 6 月 28 日
4	新台币	2013 年 3 月 18 日
5	哈萨克斯坦坚戈	2013 年 11 月 27 日

资料来源：中国人民银行，截至 2016 年 9 月末。

（五）完善人民币跨境交易和结算的基础设施，支持离岸人民币市场平稳发展

境内外都使用人民币的情况下，境外市场上的人民币有时候多、有时候少，多的时候应该可以回流到境内，少的时候可以调剂出去，这个调节机制需要由清算行来完成。为了便于境内外企业和金融机构的人民币跨境交易，促进贸易和投资便利化，中国也在积极完善与人民币跨境清算和结算有关的金融基础设施。理论上，也可以在中国设立外币的清算行，但由于人民币更受欢迎，所以很多国家和地区希望设立人民币清算行。2003 年和 2004 年，人民银行在中国香港、中国澳门分别指定了当地的人民币清算行。2008 年国际金融危机后，随着国际上人民币跨境使用的快速增加，迫切需要设立更多的人民币清算行来便利人民币跨境交易和结算。不仅是邻国和发展中国家，英国、德国、法国、澳大利亚等一些发达国家也要求设立人民币清算行。截至 2014 年末，全球范围内共设立人民币清算行 14 家，清算网络初步建立，进一步促进了贸易投资便利化，为人民币跨境使用和结算提供了支持（见表 4.6）。

表 4.6　境外人民币清算行

区域	地点	担任银行	批准时间
亚洲	中国香港	中国银行	2003 年 12 月
	中国澳门	中国银行	2004 年 9 月
	中国台湾	中国银行	2012 年 11 月
	老挝万象	中国工商银行	2012 年 6 月
	新加坡	中国工商银行	2013 年 2 月
	柬埔寨金边	中国工商银行	2014 年 3 月
	韩国首尔	交通银行	2014 年 7 月
	卡塔尔多哈	中国工商银行	2014 年 11 月
	马来西亚吉隆坡	中国银行	2015 年 1 月
	泰国曼谷	中国工商银行	2015 年 1 月
大洋洲	澳大利亚悉尼	中国银行	2014 年 11 月
欧洲	英国伦敦	中国建设银行	2014 年 6 月
	德国法兰克福	中国银行	2014 年 6 月
	法国巴黎	中国银行	2014 年 9 月
	卢森堡	中国工商银行	2014 年 9 月
	匈牙利布达佩斯	中国银行	2015 年 6 月
	瑞士苏黎世	中国建设银行	2015 年 11 月
	俄罗斯莫斯科	中国工商银行	2016 年 9 月
北美洲	加拿大多伦多	中国工商银行	2014 年 11 月
	美国纽约	中国银行	2016 年 9 月
南美洲	智利圣地亚哥	中国建设银行	2015 年 5 月
	阿根廷布宜诺斯艾利斯	中国工商银行	2015 年 9 月
非洲	南非约翰内斯堡	中国银行	2015 年 7 月
	赞比亚卢萨卡	中国银行	2015 年 9 月

注：截至 2016 年 9 月末，中国共在 22 个国家和地区设立了人民币清算行，其中中国银行 11 家，中国工商银行 7 家，中国建设银行 3 家，交通银行 1 家。

人民币清算行的设立和更多的政策支持促进了离岸人民币市场的发展。随着中国金融机构、企业和居民在境外使用人民币的需求增加，特别是危机后随着人民币跨境贸易结算试点的开展，境外人民币资金池逐渐扩大，形成一定规模后客观上会要求有一个离岸市场来办理相关业务。由于离岸市场本身可以吸引许多企业在其所在地办理金融业务，增加了该地金融业务量和企业数量，促进该地区金融更加繁荣发展，同时离岸金融的发展也给当地政府带来许多利益，例如增加了当地政府的财政税收等，因而也广受当地政府欢迎。为了进一步推动人民币境外使用，人民银行积极推动人民币离岸市场建设。由于香港地区人民币业务发展较早，人民币清算行设立以后，跨境人民币清算和结算更加方便，香港离岸人民币市场发展较快。2008 年国际金融危机后，香港依靠与内地紧密的经贸关系和发挥本地清算行的优势，吸引了大量的人民币资金流入，人民币离岸业务迅速发展。为顺应香港人民币使用需求的快速增长，内地给予了更多的政策支持，包括丰富香港人民币金融产品、推动金融市场互联互通、给予充足的 RQFII 额度等。在政策的支持下，香港人民币离岸市场的实际业务取得了迅速的发展，2014 年末时香港人民币存款余额已经突破了万亿元大关。

2008 年国际金融危机后，新加坡、伦敦等其他人民币业务发展较多的国家和地区也更加积极地发展本地人民币离岸市场，中国在给予相关政策支持的同时，也积极通过强化双边金融合作逐步消除人民币跨境流动的障碍，促进了离岸人民币市场的发展。经过多年的发展，人民币离岸资金池不断扩大，人民币债券、大额可转让存单（CD）、基金、期货、保险等离岸人民币金融产品也日益健全，离岸市场的产品体系基本建立起来。在全球布局上，中国香港是规模最大的离岸人民币中心，伦敦、新加坡、法兰克福等其他国际金融中心离岸人民币业务也得到快速发展，全球人民币离岸市场的网络体系最终形成。截至 2014 年末，以人民币标价的国际债券余额为 5351.18 亿元，其中境外机构在离岸市场上发行的人民币债券余额为 5304.8 亿元，在中国境内发行的人民币债券（熊猫债）余额为 46.3 亿元。离岸人民币市场的发展使人民币使用和结算在国际上得到了更多的认可，也为境内外金融市场互联互通和人民币跨境使用创造了更好的条件，促进了人民币国际化。

市场需求是人民币国际化的驱动力，但如果没有顺应市场需求而大力推进相关改革，努力做好"家庭作业"，人民币国际化不可能行稳致远。国际金融危机后，中国抓住机遇、顺应市场需求大力推进改革，逐步消除人民币跨境使用的各种制度性障碍，大大促进了人民币的国际化。截至 2015 年基金组织 SDR 审查前，人民币已成为全球第二大贸易融资货币、第五大支付货币和第六大外汇交易货币。人民币国际化程度的快速提升，为最终加入 SDR 打下了坚实的基础。

第五章

人民币加入 SDR 历程

人民币加入 SDR 是一个逐步累积、水到渠成的过程，其背后体现的是中国经济改革和人民币国际化的不断推进，以及国际社会对人民币的国际地位、中国经济发展和改革开放成就的日益肯定。在党中央、国务院的直接领导下，人民银行与各部门密切配合，与基金组织开展深入密集磋商，在人民币国际化和中国金融改革开放取得一系列显著进展的基础上，逐步解决各项政策性和技术性障碍，最终推动人民币加入 SDR 货币篮子。

一、2008 年国际金融危机以来对 SDR 问题的关注

2008 年国际金融危机爆发，引发全球经济大幅波动。为应对危机，二十国集团（G20）机制由此前的财长和中央银行行长会议的机制升级为领导人峰会。从 G20 峰会诞生之日起，各国领导人关注的一个重要问题就是国际金融危机爆发的原因和如何避免危机再次发生。当时，一种有代表性的观点是全球失衡导致了国际金融危机，全球失衡的原因则是"全球储蓄过剩"，特别是中国等东亚国家的储蓄过剩。这种观点实际上是把危机爆发的原因归咎于中国等东亚国家，认为以中国为代表的高储蓄国导致全球失衡是危机的根源。在此背景下，2009 年 G20 伦敦峰会前夕，中国人民银行行长周小川发表了题为《关于改革国际货币体系的思考》的文章，指出国际金融危机凸显了国际货币体系的内在缺陷和完善全球金融架构的必要性。金融危机再次警告我们，必须创造性地改革和完善现行国际货币体系，推动国际储备货币向着币值稳定、供应有序、总量可调的方向完善，才能从根本上维护全球经济金融稳定。文章强调，应特别考虑充分发挥 SDR 的作用，建立起 SDR 与其他货币之间的清算关系，推动在国际贸易、

大宗商品定价、投资和企业记账中使用 SDR 计价，推动创立 SDR 计价的资产，进一步完善 SDR 的定值和发行方式。周小川行长的文章回应了"高储蓄国责任论"等说法，指出本轮危机爆发的原因主要在于国际货币体系的内在缺陷，激发了国际社会对改革国际货币体系的热烈讨论，以及对增强 SDR 作用的关注。自此，完善国际货币体系和增强 SDR 的作用开始纳入 G20 峰会议程。

2010 年基金组织进行了每五年一次的 SDR 审查，主要考察 2005 – 2009 年的发展情况。在那次审查中，货物和服务出口数据显示，在基金组织成员及包括基金组织成员在内的货币联盟中，中国已经成为第三大出口国。这是人民币首次进入基金组织 SDR 审查的视野，也是基金组织自 1980 年调整 SDR 篮子货币之后，第一次考虑在 SDR 篮子中增加新的货币。基金组织当时的分析结果显示，中国当时已经成为最大的四个出口经济体之一，符合加入 SDR 出口方面的条件，但人民币尚不满足"可自由使用货币"条件。基金组织认为，尽管中国已经采取了若干措施促进人民币的国际使用，包括允许各国央行以人民币形式持有储备资产，而且中国以人民币结算的国际贸易量持续增加，但人民币尚未广泛用于国际交易支付，也尚未在主要外汇市场上广泛交易。

2011 年，法国担任 G20 主席国。法国一直是国际货币体系改革的倡导者。20 世纪 60 年代，当时的法国财长德斯坦就曾批评美元独大，拥有"超级特权"，多次提出应改革国际货币体系。2011 年担任 G20 主席国后，针对国际金融危机暴露出来的问题，法国将国际货币体系改革作为 G20 戛纳峰会的主推议题，并专门讨论了如何增强 SDR 的作用、增加 SDR 的代表性以及探讨 SDR 货币篮子新标准。

2011 年的基金组织春季会议及 G20 部长会上，各方呼吁基金组织进一步研究基于一定标准来扩大 SDR 货币篮子的途径，考虑到发展中国家在全球贸易中占据越来越重要的地位，将主要发展中国家的货币纳入 SDR 货币篮子有助于扩大 SDR 在国际货币体系中的作用。在此背景下，基金组织提出一套全新的"储备资产标准"，作为"可自由使用"标准的替代方案。正如第三章所述，各方围绕着应维持现有标准、还是引入新的标准展开了一轮讨论。这轮讨论的推动力来自政治和技术两方面因素。政治层面上，一些国家认为中国有意加入 SDR，希借此对中国提出较高的要价；技术层面上，对于何种货币可以纳入 SDR 货币篮子，各方一直存在着不同的看法和争论。由于人民币与 SDR 篮子货币标准确实存在较大差距，中国当时并未希望强行推动加入，立场相对超脱。综合政治因素和技术因素，中国分析认为，现行 SDR 货币篮子标准具有较强的合理性，坚持现行选择标准对中国未来加入也更为有利。在中国和部分国家的推动下，各国最终就 SDR 篮子改革达成共识，同意在现行标准基础上改革 SDR 货币篮子，基金组织关于"考虑用储备资产标准替代可自由使用标准"的提议被搁置。

2011 年，基金组织春季会议期间，中国人民银行副行长易纲发表主旨演讲，提出了"影子 SDR"的概念以及测算和评估影子 SDR 的方法，建议将金砖国家或者金砖国家、沙特阿拉伯货币等新兴市场国家货币加入 SDR 篮子，在这两种情景下使用 SDR 篮子货币权重的现有计算公式进行测算。测算结果显示，影子 SDR 的波动性更小，代表性更强，并有助于提高 SDR 在国际贸易和支付中的吸引力。易纲副行长的提议引发了各方的思考和研究，为后来 G20 和基金组织积极考虑扩大 SDR 货币篮子进行了铺垫。在中国推动下，当年的 G20 国际货币体系改革工作组报告最终要求基金组织进一步明确和澄清现行 SDR 篮子货币选择标准，并吸收了中国关于开展影子 SDR 测算的建议，表示"为测算 SDR 货币篮子扩大对其稳定性的影响，可开展影子 SDR 的测算"。

2011 年 G20 戛纳峰会上，各国领导人一致同意应不断调整 SDR 货币篮子的组成，以反映各国货币在全球贸易和金融体系中的地位；认为扩大 SDR 货币篮子对于增强其吸引力、提高其作为全球储备资产的影响力十分重要；并同意继续研究扩大 SDR 的作用。

综合来看，出于当时的实际情况，中国并未专门推动人民币参与 2010 年的 SDR 审查，但这次经历也为中国 2014－2015 年制定人民币加入 SDR 的战略策略提供了有益的借鉴和参考。G20 框架下关于 SDR 标准和扩大 SDR 货币篮子的讨论也为后来 SDR 扩员奠定了理论和实践基础。

雷亚尔，1.1%
卢比，1.0%
卢布，2.9%
人民币，10.7%
日元，7.6%
英镑，9.1%
美元，37.1%
欧元，30.4%

欧元
美元
英镑
日元
人民币
卢布
雷亚尔
卢比

卢比，1.0% 兰特，0.5%
雷亚尔，1.1%
里亚尔，1.6%
卢布，2.9%
人民币10.5%
日元，7.5%
英镑，8.9%
美元，36.3%
欧元，29.8%

欧元
美元
英镑
日元
人民币
卢布
雷亚尔
卢比
兰特
里亚尔

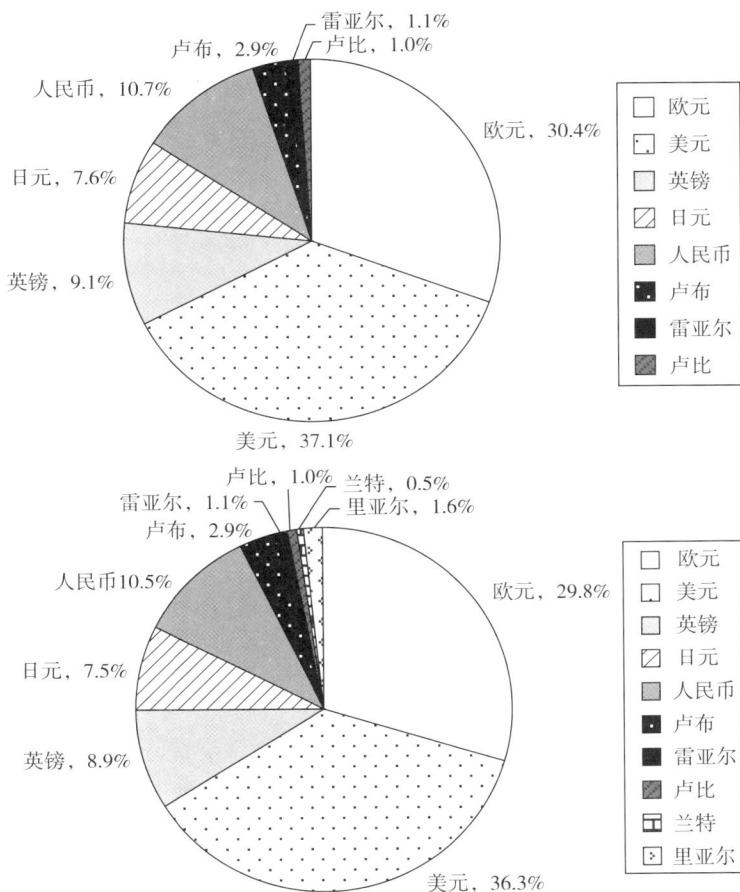

图 5.1　中国提出的影子 SDR 测算方法

二、2014 年以来人民币加入 SDR 的历程

（一）全面论证评估，启动工作

2014 年以来，随着中国经济的快速稳步增长、改革开放的不断深化以及中国对外经贸投资的大幅提升，人民币国际化进程驶入快车道，人民币在跨境贸易和直接投资中的使用范围和规模快速上升，离岸人民币市场进一步拓展，人民币国际合作不断深化。据环球银行金融电信协会

（SWIFT）统计，至 2014 年末，人民币成为全球第二大贸易融资货币、第五大支付货币、第六大外汇交易货币。随着中国经济和人民币国际地位的不断提升，国际上建议将人民币纳入 SDR 的声音日益增强。2015 年适逢五年一次的 SDR 审查，人民币加入 SDR 面临难得的历史性机遇。

早在 2014 年下半年，在党中央、国务院的领导和布置下，人民银行就启动了相关研究和论证工作，深入分析研究了在 2015 年审查期间人民币加入 SDR 的可行性。

当时探讨的首要问题是人民币在 2015 年审查期中能否加入 SDR。大量的分析显示，一方面，从长跨距看待人民币加入 SDR 的问题，两次金融危机及随后的金融改革开放为人民币加入 SDR 奠定了坚实的基础。正如第四章详细阐述的，1997–1998 年亚洲金融危机以后，中国经历了一段长时间的金融体系改革。几次改革后，金融机构更加健康和市场化，人民币汇率市场化形成机制基本确立，股市、债市以及外汇市场等金融市场初步建立并逐渐完善，这些都为市场机制在经济运行中发挥决定性作用奠定了基础。2008 年国际金融危机以来，中国宏观经济运行整体平稳，成为世界经济增长的重要引擎。危机后，中国从与周边国家开展货币互换开始，顺势推动人民币在跨境贸易和投资中的使用，促进贸易和投资便利化，人民币的国际化取得迅猛发展。这些都为 2015 年 SDR 审查奠定了基础。2010 年审查时人民币距离 SDR 篮子货币存在不小的差距，而之后人民币国际化的快速发展，使得人民币的国际地位得到迅速的提升，人民币加入 SDR 提上议事日程也是应有之义了。

另一方面，平心而论，2014 年下半年进行内部评估时，人民币在有的指标上还有差距。正如此后与基金组织进行技术会谈时后者指出的"人民币还属于第二梯队"。当然，这其中也有很大一部分原因是衡量人民币可自由使用方面存在较大的数据缺口。这种情况下，人民币要在 2015 年加入 SDR 时间上有点早。但如果再等五年，时间又长了一些。与此同时，国内对人民币加入 SDR 也存在一些不同看法，包括有人担心加入 SDR 意味着人民币要完全实现资本项目可兑换，增加中国经济运行风险，打乱中国金融改革开放步伐；也有人担心个别国家可能借机对中国提高要价，从而影响中国改革开放的主动性、渐进性和可控性。

在厘清能否加入的问题的同时，如何推动人民币加入 SDR 也是一个重点考虑的问题。如前所述，资本项目可兑换是当时各方关注的热点。基金组织对加入 SDR 货币的一个标准是"可自由使用"，这一标准隐含了对一定水平的资本项目可兑换的要求。中国早在 1993 年中国共产党十四届三中全会上就提出了"逐步使人民币成为可兑换的货币"的目标。1996 年，中国实现经常项目可兑换，并同时提出中国要走向资本项目可兑换。但此后不久就发生了亚洲金融危机，资本项目可兑换进程被暂时搁置。

2003 年 10 月中国共产党十六届三中全会上，中国又再次明确提出要"逐步实现人民币资本项目可兑换"。此后，中国不断提高资本项目可兑换的程度，简化外汇管理，取得了长足进展：外商直接投资（FDI）和对外直接投资（ODI）基本实现了可兑换；贸易信贷和对外债权都采取了登记管理的方式，仅在外债方面仍保留一定的规模管理；推出并逐步完善了合格境外机构投资者（QFII）及合格境内机构投资者（QDII）制度。2008 年国际金融危机再次延缓了中国资本项目可兑换的进程。但与此同时，危机后不少国家面临硬通货短缺、主要货币波动性增强等问题，也产生了对人民币的需求。为顺应需求，中国开始允许人民币在跨境贸易和直接投资中的使用；稳妥有序扩大人民币跨境金融投资，包括允许境外机构进入银行间市场投资，推出人民币合格境外机构投资者（RQFII）等；不断深化双边货币合作，先后签署了 28 个双边本币互换协议；支持离岸人民币市场平稳发展，在 14 个国家和地区设立了人民币清算行。这些措施不仅促进了人民币国际化快速发展，也进一步增加了人民币资本项目可兑换的程度。2011 年，中国在"十二五"规划中重申了"逐步实现人民币资本项目可兑换"的目标。2013 年，中国共产党十八届三中全会提出了"加快实现人民币资本项目可兑换"的目标，并建立了中国（上海）自由贸易试验区。2014 年下半年，中国成功推出了"沪港通"，资本市场开放取得重要进展。

实际上，人民币资本项目完全不开放的交易已经不多。根据基金组织对资本项目划分的 7 大类 40 小项，中国有 35 小项已经可兑换或部分可兑换，仅有非居民在境内发行股票、货币市场工具、集体投资类证券、衍生工具以及居民在境外发行集体投资类证券这 5 小项不可兑换。因此，中国距离资本项目可兑换并不遥远。

基于上述战略和战术的两方面分析，当时得出的总体思路是：人民币加入 SDR 对中国意义重大，有利于推动人民币国际化进程，增强中国在国际金融体系中的话语权，对改善经济发展外部环境、助推金融业改革开放具有积极意义。我们应该顺势而为，积极争取，推动各项工作开展，并同时借机推动国内金融改革和开放。与此同时，我们要顺其自然，不做强求。分析还认为，按照中国共产党十八届三中全会精神确定的方向推进改革，符合中国利益，人民币加入 SDR 不会打乱中国改革步伐。中国完全有能力、有手段管理好跨境资本流动和金融体系的风险，维护好经济金融稳定。

在对人民币加入 SDR 的可能性和利弊进行理论研究和政治思考的基础上，党中央、国务院高瞻远瞩、审时度势，及时做出了推动人民币加入 SDR 的重要战略部署。人民币加入 SDR 的工作全面展开，有序进行。

在党中央的指导下，人民银行制定了在满足现有标准的条件下推动人民币加入 SDR 的整体战略。针对当时存在的数据缺口、资本项目可兑换、市场化程度和开放程度不足等方面差距，积极弥补数据缺口、推进国内改革开放，为人民币加入 SDR 弥补差距，排除障碍。基金组织是一家以规则为运行原则的国际组织，中国遵守"游戏规则"、达到各项标准，人民币加入 SDR 也就水到渠成、顺理成章了。

（二）基金组织与中国进行首轮技术性磋商

2015 年 2 月 2 日至 3 日，基金组织与人民银行、国家外汇管理局（以下简称外汇局）就人民币加入 SDR 问题举行了 2015 年度首次技术性磋商，主要探讨了 SDR 例行审查的内容和投票权要求、人民币是否满足 SDR 标准、中国资本项目可兑换的现状与未来计划等。人民银行和外汇局对此高度重视、积极准备，有理有据地向基金组织进行了全面介绍和正面引导，满足了基金组织"了解情况、获取数据"的目的。

基金组织介绍，2015 年度 SDR 审查的主要内容包括：SDR 篮子货币的选择（包括选择标准和评估指标、篮子货币的数量和构成）及权重，以及计算 SDR 利率所需的篮子货币利率工具等。审查的最终目的是增强 SDR 作为主要储备资产的吸引力。基金组织表示，人民币是否加入 SDR 是 2015 年审查的焦点，审查结果最终取决于执董会的决定。基金组织章程规定，改变 SDR 的定值方法需执董会 70% 以上的投票权决定；改变定值原则或根本改变原则的应用，应经总投票权 85% 以上的多数通过。

根据现有 SDR 货币篮子标准，加入 SDR 需满足两个条件：一是货币发行国货物和服务出口量位居世界前列，该指标为硬性量化指标；二是该货币"可自由使用"，即在国际交易支付中被广泛使用、在主要外汇市场被广泛交易。应 G20 要求，2011 年基金组织对此做了进一步澄清，即主要通过货币在全球外汇储备、国际银行业负债以及国际债务证券中的比重，以及货币在即期外汇市场上的交易规模等指标来衡量，但对这些指标没有硬性量化规定。

比照上述指标，基金组织从公开渠道获得的人民币数据不够全面，且比较过时。出口方面，2008 年以来中国已满足标准。可自由使用方面，基金组织不掌握其他国家将人民币纳入外汇储备的情况；不掌握人民币在国际银行业负债中的情况；根据国际清算银行统计，截至 2014 年第三季度，人民币在国际债务证券中的排名已升至第 8 位；人民币外汇市场交易量迅速增长，但相关数据来自国际清算银行，其发布间隔为三年，最新数据只到 2013 年。除上述指标外，基金组织认识到人民币在跨境交易、贸易融资、离岸市场等领域也取得了巨大进展。鉴于此，基金组织希望中国提供所有可以说明人民币国际化的相关数据。

此外，基金组织表示，人民币加入 SDR 还有一个技术要求，即需有满足 SDR 要求的人民币利率指标，作为计算 SDR 利率的基础。对该利率的具体要求为：第一，具有较高的信用等级；第二，具有较强的代表性，境内外投资者均可以使用；第三，由市场决定。目前，四种 SDR 篮子货币的利率均为 3 个月期国债利率。

基金组织指出，资本项目可兑换不是人民币加入 SDR 的必要条件，但货币"可自由使用"客观上对资本项目可兑换有一定要求，SDR 利率等技术层面上的要求也需要中国实现一定程度的资本项目可兑换，而且目前四种篮子货币都实现了可兑换。

中国强调，评估一国货币是否可自由使用，应回到设立可自由使用标准的初始目的上来，即保证成员可以使用"可自由使用"货币满足其国际收支的需求。人民币可以满足该要求：189 个国家在与中国的贸易和投资中使用人民币，它们可以直接使用人民币满足国际收支的需求；有关国家也可以通过在岸和离岸外汇市场将人民币兑换为其他货币，满足其国际收支需求。人民币加入 SDR 有利于提高 SDR 作为主要储备资产的代表性、稳定性和吸引力，符合 SDR 审查的根本目的。同时，人民币加入 SDR 还有助于解决主要国家量化宽松政策导致 SDR 利率已经接近零区间的困境。

此外，中国还介绍了利率市场化、推动资本项目开放方面取得的进展，并详细介绍了当时存在的几个 3 个月期利率，包括上海银行间市场拆借利率（SHIBOR）、质押式回购利率、央票利率、国债利率和香港银行同业拆借利率（HIBOR）等多个品种，特别是 SHIBOR 利率已得到多数境外货币当局的认可，并具有坚实的市场交易基础。考虑到人民币国际化发展速度较快，双方同意将就数据问题保持密切和及时沟通，以便基金组织能够使用最新数据，从而有利于对人民币加入 SDR 的评估。

总体来看，在第一次技术性磋商中，基金组织向中国介绍了有关加入 SDR 的具体技术要求，并指出了中国存在的不足，有助于中国有针对性做工作，但双方在一些技术标准上观点仍有待于统一。

（三）中国展示加入 SDR 的决心和推动改革的立场，赢得基金组织的大力支持

2015 年 3 月下旬，基金组织总裁拉加德对中国进行了一次颇具重要意义的访问。拉加德女士作为全球重要经济金融国际组织的"掌门人"，具有敏锐的政治眼光，在其担任基金组织总裁以来一直积极推动加强与中国的合作。3 月下旬，李克强总理、马凯副总理分别会见了来华出席会议的拉加德总裁。李克强总理表示，人民币加入 SDR 既表明中国愿意参与国际合作来维护世界金融稳定，本身也有利于中国资本市场、金融领域进一步的开放；马凯副总理指出，人民币加入 SDR 已经到了"瓜熟蒂落""水到渠成"的时候，强调顺利推动此项工作对中国和基金组织都是双赢结果。

随后，周小川行长与拉加德进行了深入交流，阐述了中国推进资本项目可兑换、推动人民币成为可自由使用货币的设想。2015 年 3 月，周小川行长在中国发展高层论坛上主动阐述了人民币可自由使用与资本项目可兑换的逻辑关系，初步介绍了中国提高人民币可自由使用程度的改革计划，显示了中国加入 SDR 与推动相关改革的决心。周小川行长表示，基金组织正在对 SDR 篮子进行评估，人民币国际化也在有序推进中，中国正在为人民币参与评估做准备。下一步，中国将重点推动多方面改革，包括便利境内境外个人投资、在成功实现沪港通的基础上继续推动深港通以进一步开放资本市场等。

中国的改革计划使拉加德总裁深受触动，表示人民币"显然属于"SDR 货币篮子，愿与中国一道努力，确保人民币在满足标准的前提下加入SDR。在 3 月 20 日上海复旦大学演讲时，拉加德总裁公开表示："人民币加入 SDR 不是是否会纳入的问题，而是何时纳入的问题"，充分肯定了人民币的国际地位。返美后，拉加德总裁亲自负责 SDR 审查工作，加强了推动人民币加入 SDR 的工作力度。

（四）扎实推进各项工作

在拉加德总裁访华后，人民银行与基金组织建立了月度技术会谈机制，就 SDR 审查中人民币可自由使用的数据问题、操作性问题、相关政策性和技术性问题开展了密集而深入的交流和磋商。根据在总计约九轮的磋商中发现的问题，人民银行与国内各相关部门密切配合，扎实推进各项工作，一步一个脚印，逐项扫除人民币加入 SDR 的每一个障碍。

首先，妥善应对标准之争，为人民币加入 SDR 找准方向。磋商之初曾有过是否应将 SDR 审查中的"可自由使用"标准修改为 2011 年曾提出过的"储备资产标准"的讨论。经综合权衡利弊并充分借鉴 2011 年讨论的历史经验，中国认为宜坚持现有标准以打消外界疑虑。周小川行长在 2015 年 3 月中国发展高层论坛期间明确表示，支持基金组织遵循现有标准开展SDR 审查，展示了中国尊重标准、愿以较高标杆加入 SDR 的积极姿态。

其次，弥补数据缺口，为衡量人民币可自由使用程度提供数据支持。由于很多国际统计不含人民币，审查之初衡量人民币可自由使用程度的数据存在重大缺口。为弥补缺口，人民银行与其他部门做了大量基础性工作，提供有关人民币的数据。同时，人民银行会同基金组织和国际清算银行分别专门进行了特别数据调查，重点收集人民币相关数据。人民银行还与其他部门共同积极研究了参加国际上权威的数据调查的可能性，并制订了相应工作方案，有效弥补了衡量人民币"可自由使用"程度的数据缺口。

再次，部署和推动国内金融改革和开放，推动人民币真正实现"可自由使用"。打铁还需自身硬。人民币能否加入 SDR 关键还是要看其是否符合 SDR 的相关标准，特别是"可自由使用"标准。推动金融部门改革开放既符合中国经济发展的长远利益，也是成为国际储备货币发行国的基本要求。为此，人民银行根据党中央、国务院关于金融改革开放的统一部署，制订了具体的工作计划。2015 年 4 月基金组织/世界银行春季例会期间，针对各国普遍关注中国改革进程的情况，周小川行长介绍了中国促进资本项目可兑换改革和提高人民币可自由使用的一系列计划，指出中国经济进入新常态的同时保持稳定运行，并将继续深化改革，加快结构性调整。周行长同时强调，国际金融危机后，资本项目可兑换的概念发生了变化。中国所提的资本项目可兑换并非传统意义上的完全或完全自由可兑换，而是在充分吸取国际金融危机经验教训基础上的有管理的可兑换。中国实现资本项目可兑换后，不是不管理，而是转变管理方式，包括运用宏观审慎管理，以防范跨境资本流动风险，维护币值稳定和金融安全。

中国务实坦诚的介绍和表态增进了各方理解，得到了积极反响，为人民币加入 SDR 创造了良好的国际氛围，各部门通力配合，推动落实一系列改革措施，不断取得突破性进展。

最后，推动基金组织健全指标，全面考察评估人民币国际化情况。与其他主要储备货币相比，人民币国际化具有一些独特的特点。人民币的国际化是从实体经济领域开始的，中国经常项目的开放程度要大于资本项目的开放程度，这一特性意味着人民币在贸易和服务领域的使用较多。此前"可自由使用"的衡量指标主要包括货币在全球外汇储备、国际银行业负债、国际债务证券中所占比重、在主要外汇市场交易量等，重点关注货币在金融交易上的使用情况，忽略了货币在贸易结算上的作用，并不能准确地反映人民币国际化的实际情况。正如第三章中指出的，基金组织也已认识到原有指标存在一些缺陷，开始重新审视和探索完善指标体系，人民银行相应就此问题与基金组织进行了多轮技术磋商。最终，基金组织增加了"在跨境支付中的占比"和"在贸易融资中的占比"两项指标，对"国际债务证券占比"指标除了考察余额数据，还增加了增量数据。纳入新的指标能够更好地反映一国货币使用的实际情况，其中的增量数据能够更准确地反映人民币的变化情况和趋势。总体而言，更新后的指标体系有利于更全面客观地衡量人民币在全球中的实际地位（见表 5.1）。

表 5.1 人民银行与基金组织就人民币加入 SDR 问题多轮磋商情况

序号	时间	讨论内容
第一轮	2015 年 2 月	人民银行、外汇局与基金组织就 SDR 例行审查的内容和投票权要求、人民币是否满足 SDR 标准、中国资本项目可兑换的现状与未来计划等交换了意见。
第二轮	2015 年 3 月	周小川行长会见了基金组织总裁拉加德，易纲副行长分别会见了基金组织第一副总裁利普顿以及基金组织战略、政策与审查部、财务部、法律部、货币与资本市场部和亚太等部门负责人，就 SDR 评估进展、SDR 货币篮子标准、数据缺口问题交换了意见。
第三轮	2015 年 4 月	人民银行利用参加基金组织春季会议时机，与基金组织和有关国家就 SDR 问题进行磋商。
第四轮	2015 年 5 月	基金组织派出由战略、政策与审查部牵头，各主要部门的主任、副主任参加的跨部门高级别代表团访华，与人民银行就 SDR 审查计划、SDR 货币篮子标准、数据透明度、中国金融改革等问题进行了磋商。
第五轮	2015 年 6 月	人民银行易纲副行长利用参加 G20 土耳其博德鲁姆财长和央行行长副手会机会，与基金组织进行了第二轮高级别磋商，就最新工作进展、SDR 审查中尚存在的技术和数据问题及下一步工作重点和计划进行了讨论。
第六轮	2015 年 7 月	人民银行、外汇局与基金组织就人民币加入 SDR 举行第三次高级别磋商，双方就基金组织关于 SDR 审查初步考虑报告的主要内容、人民币加入 SDR 涉及的操作层面问题、数据问题、中国改革计划和进展等进行了深入交流。

序号	时间	讨论内容
第七轮	2015 年 9 月	在 G20 土耳其安卡拉财长和央行行长会议期间，人民银行与基金组织就人民币加入 SDR 举行了第四次高级别磋商，双方就 7 月中旬第三次高级别磋商以来的工作进展、SDR 审查中尚存的数据和操作问题及下一步工作重点等进行了深入交流。
第八轮	2015 年 10 月	在秘鲁利马基金组织年会期间，人民银行与基金组织就人民币加入 SDR 涉及的操作性问题进行了磋商。
第九轮	2015 年 11 月	在 G20 土耳其安塔利亚领导人峰会期间，人民银行与基金组织就人民币加入 SDR 的一些收尾问题进行了最后磋商。

（五）基金组织报告的初步评估结果

2015 年 7 月中旬，基金组织工作人员向执董会提交了 2015 年 SDR 审查的初步报告。报告梳理了人民币在 SDR 现有指标中的排名，并对人民币加入 SDR 涉及的操作层面问题进行了分析，但没有对人民币能否加入 SDR 做出明确建议或结论。报告指出，由于中国继续满足出口规模标准，此次重点审查了人民币是否为可自由使用货币，统计了各国持有人民币资产、人民币债券发行和交易、在跨境支付和贸易融资、外汇市场交易等方面的使用情况，认为人民币的地位较 2010 年审查时大幅提升，而其他货币与上次审查时相比，进步幅度没有人民币明显。此外，考虑到人民币互换规模不断发展，人民币离岸中心对中国国内的支付规模迅速扩大，自 2010 年开始、未来还会继续推进的支持人民币国际化的改革措施效果尚未完全显现，预计人民币的国际化使用和交易还将不断增长。

但报告同时也指出，作为 SDR 篮子货币及可自由使用货币，人民币需要满足一些关键的操作方面的要求，包括需要在伦敦（英格兰银行）、纽约（纽联储）的外汇市场和欧央行获得合适的人民币/美元汇率，需要获得由市场决定的人民币兑美元的代表性汇率，需向基金组织提供一种利率工具。这一利率工具属于具有代表性的金融工具而且可供投资者实际使用，其利率在货币市场中可以迅速反映市场信用变化情况，信用风险特征类似于 SDR。此外，基金组织的成员需要货币掉期等工具来对冲 SDR 篮子货币的汇率和利率风险；基金组织的投资账户、信托账户以及使用 SDR 的其他机构需要相应的对冲工具；在岸和离岸市场也均需要利率和汇率远期、掉期以及期权等对冲工具。

综合来看，基金组织的初步报告既充分肯定了中国金融改革开放和人民币国际化的成绩，以及 2015 年上半年中国推动人民币加入 SDR 的种种努力，同时也指出了尚存的一些技术问题，特别是一些具体操作领域问题，为中国下一步努力明确了方向，显示出成功的希望已经在视线内了。

考虑到人民币加入 SDR 的可能性，2015 年 8 月，基金组织决定将目前 SDR 定值篮子的期限延长 9 个月至 2016 年 9 月 30 日，从而使 SDR 使用者有足够的准备时间，促进 SDR 操作的有序进行。

专栏 5.1　SDR 货币篮子——提议延长 SDR 定值期限[*]（2015 年 8 月 4 日）

2015 年 8 月，基金组织决定将目前 SDR 定值篮子的期限延长九个月，至 2016 年 9 月 30 日。这一延期决定是根据 SDR 使用者的反馈做出的，他们希望避免篮子在日历年末发生变化；同时，也是为了促进 SDR 相关业务继续平稳运作。正如 7 月 19 日的非正式执董会议所讨论的，这一提议绝不会影响 SDR 定值方法审查结果。

1. 目前的特别提款权（SDR）定值篮子将于 2015 年 12 月 31 日到期。在上一次五年期 SDR 定值方法审查结束之后，[1] 当前的篮子于 2011 年 1 月 1 日生效。根据第 12281－（00/98）G/S 号决定（2000 年 10 月 11 日通过），在当前篮子 2015 年末到期之前，执董会需要就新篮子做出决定。目前的五年期审查将于今年晚些时候结束，届时执董会将决定未来五年的 SDR 篮子货币及其各自权重，同时还将审查 SDR 利率篮子。

2. 尽管执董会目前预计在 2015 年 11 月结束审查，工作人员认为有必要有限延长当前定值篮子的期限，原因如下：[2]

● SDR 使用者[3]和成员已表示，1 月 1 日不是启用新 SDR 篮子的理想日期。多数市场 1 月 1 日关闭，新年前后若干天的交易相对稀薄。这增大了每五年针对新篮子权重进行调整所需的资产再平衡操作的难度。

● 新货币加入篮子的可能性给 SDR 使用者带来了高于通常水平的不确定性，在某些方面阻碍了 SDR 业务的正常运作。鉴于新篮子的可能构成存在不确定性（高于最近 SDR 审查时的不确定程度），一些 SDR 业务的期限被限制在当前定值期结束之时（即 2015 年末）。这可能对一些 SDR 相关业务产生显著影响，包括基金组织的信托账户（如减贫与增长信托）以及基金组织的投资资源。因此，提早延长当前篮子的期限有助于 SDR 相关业务的继续平稳运作。

3. 在这一背景下，工作人员提议将当前定值篮子的期限从 2015 年 12 月 31 日延长至 2016 年 9 月 30 日。这一延期将更好地促进 SDR 业务在审查结束之前保持正常运作，并确保新篮子在交易量处于正常水平时生效。在决定 SDR 篮子增加一种新货币的情况下，这种延期还可使 SDR 使用者和市场参与者有足够的准备时间。

4. 在 7 月 29 日对 SDR 定值审查初步考虑的非正式讨论上，执董们普遍支持这种延期，同时强调这绝不应影响审查结果。提议的延期需要执董会占总投票权 70% 的多数批准，因为这种延期导致当前方法下的 SDR 定值周期发生变化（第十五条第 2 款）。如果延期提议得到通过，目前五年期审查结束时将决定的新 SDR 定值篮子将于 2016 年 10 月 1 日生效。

拟议决定

以下决定提请执董会采纳，在占总投票权 70% 多数票批准后通过：

尽管执董会 2000 年 10 月 11 日通过的第 12281 –（00/98）号决定的第 2 段和第 4 段作了规定，执董会 2010 年 11 月 15 日通过的第 14769 –（10/110）G/S 号决定和 2010 年 12 月 30 日通过的第 14821 –（11/1）号决定直到 2016 年 9 月 30 日都有效。

---

* IMF Policy Paper，"SDR Currency Basket – Proposal Extension of the Valuation of the SDR"，August 4，2015.

1 2010 年 11 月 15 日通过的第 14769 –（10/110）GS 号决定。

2 见 SDR 定值方法审查——初步考虑。

3 "SDR 使用者"一词是指 SDR 账户参与者和指定持有者对官方 SDR 的使用，以及第三方使用 SDR 作为记账单位或其他参照，例如，以 SDR 计价的存款，或基于 SDR 篮子构成的投资产品。

（六）加强国际沟通，提振各方对中国经济金融改革的信心

2015 年夏天中国金融市场出现波动，对全球市场产生了一定的溢出效应，引发各方对于中国经济前景和改革进程放缓的担忧。7 月，基金组织在与人民银行磋商时也表示关注中国当时的金融市场波动，担心影响市场化改革进程。

为回应外界关切，中国利用各种多双边场合密集做各方工作，正面阐述应对策略和积极推动改革的立场。9 月初，在土耳其安卡拉举行的 G20 财长和央行行长会上，周小川行长、易纲副行长就中国金融市场波动、汇率改革、经济前景等进行了系统阐述，指出尽管中国股市有所波动，人民币出现了一定程度的贬值，但中国经济良好的基本面并未发生实质性改变，中国政府深化改革的决心并未改变，仍将按照党中央、国务院批准的计划有序推进各项改革。

在 2015 年 10 月于秘鲁利马举行的基金组织年会上，易纲副行长指出，伴随着经济结构转型升级和全面深化改革，中国经济已进入新常态，稳步向质量更好、结构更合理的中高速经济增长过渡。多年来，中国经济结构调整成效显著，国内消费、服务业对于经济的贡献率稳步提升，中国经济增长的内生力和韧性不断增强。下一步，中国政府将继续按照既定部署，坚定不移地推进结构性改革，不断扩大开放，中国经济发展的长期前景更加稳固和可持续。

两位行领导坦诚而务实的表态达到了增信释疑、确保 SDR 审查工作不偏离正轨的预期效果，得到了各方的理解和支持。之后，中国金融市场逐步趋于稳定，各项金融改革继续推进。

（七）全力冲刺，推动金融改革开放，解决操作性问题

2015 年下半年，尽管中国金融市场有所波动，人民银行按照党中央、国务院批准的改革蓝图，继续稳步推进金融改革开放，并有针对性地解决基金组织提出的各项操作性问题。

从国际实践看，在确定一种货币是可自由使用货币并被纳入 SDR 篮子时，需解决一些重要的操作性问题。在基金组织开展 SDR 审查的过程中，中国继续推动经济金融改革与开放，特别是在开放债券市场和外汇市场、

完善人民币代表性利率和汇率、提高数据透明度等操作性问题方面取得了积极进展，人民币逐渐接近并达到了 SDR 篮子货币的标准和各项操作性要求。

人民币成为 SDR 篮子货币，必然要求境外机构，特别是境外央行类机构能进入中国金融市场进行资产配置和风险对冲操作。为此，2015 年 7 月，人民银行推动银行间债券市场开放，允许境外央行或货币当局、国际金融组织、主权财富基金（央行类机构）自由进入中国银行间债券市场并自由选择代理，且没有投资额度和产品限制，满足了其对冲人民币利率风险的要求。同年 9 月，人民银行又向上述三类机构开放了银行间外汇市场，允许其自由进入中国银行间外汇市场，自由选择代理人以及进行汇率风险对冲，外汇兑换不受额度限制，并可以获得更全面的市场数据。2016 年 2 月，人民银行进一步向境外私人机构投资者开放了银行间债券市场，不设投资额度限制，债券市场的开放程度进一步提高。同年 4 月，人民银行通过发布《境外央行类机构进入中国银行间债券市场业务流程》和《境外央行类机构进入中国银行间外汇市场业务流程》，为境外央行类机构入市提供了具体的操作指引，进一步便利了境外投资者进入中国金融市场。截至2015 年 9 月，已有 43 家境外央行类机构进入银行间债券市场，27 家境外央行类机构进入银行间外汇市场，通过直接投资或代理的方式开展交易和投资。

人民币要成为 SDR 篮子货币，还需要提供人民币代表性利率和代表性汇率，以便于对 SDR 进行相应的估值和计息。为解决上述问题，中国各部门密切配合，推出了一系列改革措施，并得到了国际社会的积极回应和支持。利率方面，自 2015 年 10 月 9 日开始，财政部每周滚动发行 3 个月期国债，在此基础上，以 3 个月期国债收益率作为人民币的代表性利率，用于计算 SDR 的利率。汇率方面，从 2015 年 8 月起，中国外汇交易中心每个交易日公布 5 个时点的参考汇率，为市场主体提供了更多的市场汇率参考，其中下午 4 时的汇率被作为人民币代表性汇率用于计算 SDR 的汇率。经沟通协调，英格兰银行每天向基金组织提供中午 12 时伦敦市场的人民币兑美元汇率，作为人民币加入 SDR 的定值汇率。纽联储和欧央行也将在伦敦闭市时提供各自市场的人民币兑美元汇率。为了使人民币在岸交易时段能够覆盖伦敦市场，2016 年 1 月 4 日起，中国将银行间外汇市场交易系统每日运行时间延长 7 个小时，并相应延长了人民币汇率中间价及浮动幅度、做市商报价等市场管理制度适用时间。

人民币要成为 SDR 篮子货币，必然要求为境外机构开展人民币业务及相关业务的清算和结算提供进一步的便利。为此，2015 年 10 月，人民银行进一步明确了境外央行类机构在境内商业银行开立人民币账户的相关规定，为其开展实际操作提供了必要的条件。同时，人民币跨境支付系统（CIPS）一期于 2015 年 10 月正式上线运行，境内外金融机构人民币跨境和离岸业务资金清算和结算的效率大幅提高，人民币跨境贸易和投资更加便利。

（八）提高数据透明度，为入篮创造良好的国际环境

随着中国经济实力上升，国际社会对于中国进一步提高数据报送标准并增强透明度抱有普遍期待。虽然提高数据透明度不是加入 SDR 货币篮子的明确要求，但人民币成为未来的储备货币也隐含着对于透明度的要求。中国在提高数据透明度领域的努力还要追溯到 2013 年。国际上现行的数据公布标准主要是基金组织根据各成员不同发展情况制定的两套标准——数据公布特殊标准（SDDS）和数据公布通用系统（GDDS），其中 SDDS 在数据范围、公布频率和公布时效方面的要求比 GDDS 更高。中国已在 2002 年正式加入 GDDS，但一直未加入 SDDS，是少数尚未加入的系统重要性国家和新兴市场国家。在 G20 国家中，也仅有沙特阿拉伯和中国尚未加入数据公布特殊标准。美国、欧洲等多数 G20 成员在不同场合均对中国提高数据透明度表达过关切。在 2013 年前后，沙特阿拉伯政府已正式启动加入数据公布特殊标准的程序，中国面临着较大的国际压力。

从中国自身的情况看，主动提高宏观经济统计数据的透明度、可靠性和国际可比性，推进统计方法的完善，有利于进一步摸清宏观经济家底，为国家宏观经济决策提供依据，防范与化解经济风险；有利于提升国际社会和公众对中国经济的信心，进而促进人民币跨境使用；也有利于树立积极参与全球经济协调的国际形象，扩大国际影响力，为 SDR 审查营造有利

的国际环境。

在实际推动数据透明度工作的过程中，也面临着许多挑战。通过一系列努力，国内相关部门和公众对提高数据透明度的接受程度已不断提高，对提高数据透明度会带来风险的担忧不断减轻，各部门对提高数据透明度所带来好处的认同也不断增加，从此前担心和反对，逐步转变到接受和认可。

2013 年举行的第五次中美战略与经济对话中，中国政府明确表示"中国正在积极考虑加入 SDDS"。此后，人民银行及财政部、海关总署、国家统计局、外汇局等相关部门通力合作，对 SDDS 相关报表和数据要求进行认真研究，梳理填报过程中可能面临的问题和存在的差距，在此基础上各部门深入进行了自评估，基本摸清了中国加入 SDDS 的可行性和存在的主要问题，并于当年末经国务院批准，正式启动了加入 SDDS 相关工作。

经各部门近一年的努力，中国采纳基金组织 SDDS 数据标准的技术障碍已逐项清除。2014 年 11 月，习近平主席在 G20 布里斯班峰会上郑重承诺，中国将采纳 SDDS 标准。基金组织总裁拉加德随即发表声明，对中国提出加入 SDDS 表示欢迎，赞赏中国完善数据发布的承诺，认为中国加入 SDDS、从 GDDS 升级到 SDDS 将大幅提高中国经济金融数据的及时性和完整性。

2014 年 12 月，基金组织派出专家评估团来华对中国采纳 SDDS 进行正式评估。专家评估团充分肯定了中国为采纳 SDDS 在统计工作上取得的巨大进展，指出中国能够在 2015 年末前正式采纳 SDDS。在此期间，SDDS 规定的、以前未公开过的有关数据陆续公布。例如人民银行和外汇局于 2015 年 7 月中旬发布了官方储备资产、国际储备与外币流动性数据模板和全口径外债数据，财政部 7 月底发布了分季度中央政府债务数据，国家统计局 9 月初发布了分季度 GDP 数据。

2015 年 10 月 6 日，人民银行行长周小川以基金组织中国理事身份致函基金组织总裁拉加德，正式通报中国采纳 SDDS 的决定。这标志着中国已完成采纳 SDDS 的全部程序，将按照 SDDS 标准公布相关统计数据。

中国加入 SDDS 后，国际社会反响积极，赢得了国际社会的普遍赞赏。

基金组织第一副总裁利普顿表示，中国采用 SDDS 表明中国使用国际标准提高数据透明度的强烈意愿，是中国和基金组织重要合作进程中又一个里程碑。

在提高数据透明度方面，中国还重点推动了基金组织的协同证券投资调查（CPIS）和国际清算银行的国际银行业调查（IBS）。

CPIS 是基金组织负责统计的一国对外证券投资情况，它是计算衡量货币"可自由使用"指标——"国际债务证券"的基础，是跟踪全球资金流向、识别系统性风险和研究金融渠道溢出效应不可或缺的数据库。作为全球重要的资金流入国和流出国，中国从 2015 年开始参与 CPIS 调查，进一步提升了该数据库的完整性，同时也为中国自身决策提供了有益参考。

经国际清算银行全球金融体系委员会批准，国际清算银行于 1977 年开始全面编撰 IBS，搜集国际活跃银行的资产负债情况。IBS 包括本地银行业统计和并表银行业统计两部分。IBS 负责统计一国银行业的对外资产负债情况，是计算衡量货币"可自由使用"指标——"国际银行业负债"的基础。截至 2015 年，在 29 家全球系统重要性银行中，中国银行业占据 4 席，在全球银行业体系中占有重要地位。在 G20 国家中，包括中国在内仅有个别经济体未参加 IBS 数据报送。为此，人民银行和外汇局协力配合，自 2015 年开始参加 IBS 数据报送。国际清算银行也已于 2016 年末宣布中国正式加入国际银行业统计的本地银行业统计，并在其官网上发布中国数据。参加 IBS 调查不仅可以向外界展示中国开放和负责任的态度，也进一步提高了中国金融数据的质量和透明度，为进一步提升人民币国际化创造了更加有利的条件。

三、水到渠成，人民币最终加入 SDR

金秋是收获的季节。中国改革开放的成绩和全方位的努力获得了国际社会的普遍认可。2015 年 11 月 13 日，基金组织工作人员最终正式向执董会提交了《SDR 定值方法审查》报告，这是 2015 年度 SDR 审查的最终报告，报告对 SDR 货币篮子的构成、货币数量、权重以及 SDR 利率篮子进行了审查。报告认为人民币满足"可自由使用"标准，明确建议将人民币纳入 SDR，将现有 SDR 篮子货币数量相应扩大为 5 种，即美元、欧元、人民币、英镑、日元，同时调整 SDR 篮子货币权重的计算方法，扩大其中金融变量的权重，并增加更多的金融变量。

报告全面统计了人民币国际银行业负债、国际债务证券、跨境支付、贸易融资以及外汇市场交易等数据，以全面考察人民币是否满足"可自由使用"标准。报告指出：出口方面，中国继续满足出口标准，占全球的10.5%，排名第三位，与欧元区和美国的差距缩小。全球外汇储备方面，根据基金组织官方外汇资产的特别调查，2014 年 38 个国家和地区持有人民币资产，占总外汇资产的 1.1%，排名第七位。国际银行业负债方面，截至 2015 年第二季度，约为 4790 亿美元，占全球的 1.8%，排名第五位。国际债务证券方面，截至 2015 年第二季度，人民币债券存量约为760 亿美元，占全球的 0.4%，排名第九位。2015 年 1 - 6 月，人民币新发债券约 280 亿美元，占全球的 1%，排名第六位。跨境支付方面，2014 年第三季度至 2015 年第二季度，人民币跨境支付占全球的 1.1%，排名第八位。贸易融资方面，2014 年第三季度至 2015 年第二季度，人民币贸易融资占全球的 3.4%，排名第三位。外汇交易方面，根据国际清算银行数据，2013 年人民币在外汇市场的交易规模为日均 1200 亿美元，占全球的 1.1%，排名第九位；在即期外汇市场的交易规模为日均340 亿美元，占全球的 0.8%，排名第十一位。为反映人民币外汇交易量不断上升的势头，报告建议考察欧洲、美洲和亚洲主要外汇市场的交易情况，作为国际清算银行数据的补充。2015 年 4 月，伦敦、香港、新加坡等六个全球及地区外汇交易中心（占全球外汇交易量的 90%）数据表明，人民币在外汇市场的交易规模为日均 2500 亿美元（与国际清算银行统计口径并非直接可比），估计排名第八位；在即期外汇市场的交易规模为日均 800 亿美元。

此外，电子经纪系统（EBS）高频数据显示，离岸人民币外汇市场的流动性与其他主要货币很接近。鉴于此，人民币外汇市场的深度足够支撑基金组织成员的交易，不会引起汇率大幅变化。报告同时指出，7 月以来，中国政府在市场准入、利率市场化、数据透明度等操作层面问题上取得了很大进展，定值汇率、代表性汇率、利率等问题均得以解决。

在报告发布的当天，基金组织总裁拉加德随即发表声明，公开表示即将举行的执董会将重点讨论人民币加入 SDR 问题。工作人员的报告认为人民币符合"可自由使用货币"的标准，建议将人民币纳入 SDR 货币篮子。她本人支持工作人员的决定。人民银行随即做出积极回应，欢迎拉加德总裁的声明，对基金组织工作人员有关人民币加入 SDR 的分析和建议表示赞赏，认为这也是对中国经济发展和改革开放所取得成绩的肯定，指出人民币加入 SDR 有助于增强 SDR 的代表性和吸引力，完善现行国际货币体系，对中国和世界是双赢的结果，希望各方支持人民币加入 SDR，表示中国将继续坚定不移地推进全面深化改革的战略部署，稳步推动金融改革和对外开放。

人民币加入 SDR 问题随即成为 11 月 15-16 日在土耳其安塔利亚举行的 G20 领导人峰会的讨论热点。习近平主席在 G20 峰会上表示，中国对基金组织审查报告建议将人民币纳入 SDR 货币篮子表示支持，认为这将有利于提高 SDR 的代表性和吸引力，也将有利于完善国际货币体系，维护全球稳定。会议前夕，美国财政部发言人称，奥巴马政府表示一旦人民币符合基金组织的条件，将支持人民币加入 SDR。较多国家也在会议期间向中国表达了对人民币即将加入 SDR 的祝贺和支持。

2015 年 11 月 30 日，基金组织举行执董会，进行 2015 年度 SDR 审查的最终审议。会议认定人民币为可自由使用货币，决定将人民币纳入 SDR 货币篮子，并于 2016 年 10 月 1 日正式生效。该决议得到了各国执董的一致赞同。从此，SDR 货币篮子相应扩大至美元、欧元、人民币、日元、英镑 5 种货币，人民币在 SDR 货币篮子中的权重为 10.92%，美元、欧元、日元和英镑的权重分别为 41.73%、30.93%、8.33% 和 8.09%，拉加德总裁在会上表示："执董会作出的将人民币纳入 SDR 货币篮子的决定具有里程碑意义，标志着中国经济进一步融入全球金融体系，这将推动构建更加稳健的全球货币和金融体系，并支持中国和全球经济的增长和稳定"。人民币成功入篮，对于中国和世界是双赢的结果，既代表了国际社会对中国改革开放成就的认可，有利于助推人民币国际化进程稳步向前，促进中国在更深层次和更广领域参与全球经济，也有利于增强 SDR 自身的代表性和吸引力，完善现行国际货币体系。

12 月 1 日，人民银行就人民币纳入 SDR 货币篮子举行媒体见面会。易纲副行长在会上表示"人民币加入 SDR，我的心情可以用喜悦、平静、谦虚 6 个字来概括"。首先，人民币加入 SDR 是一个里程碑式的事件，意义非常重大，利在长远，标志着国际社会对中国经济发展和改革开放成果的肯定，特别是对人民币国际化的肯定。这对于中国和世界来说是一个双赢的结果，是一件令人开心的事。其次，人民币加入 SDR 是一个水到渠成的过程。中国已经做好了准备，从此次评审一开始，中国就抱着平常心来对待这件事。中国的工作是扎实的，在工作中是淡定、从容的。中国按照既定的方针和自己的改革日程推进各项工作和各项金融改革。这份平常心是来自对自己扎实工作的自信，来自对中国改革开放的信心。再次，中国和世界上成熟市场的差距还是比较大的，加入 SDR 也意味着今后国际社会对中国金融、经济领域各个方面有更多的期许，中国要虚心向发达国家、其他发展中国家和新兴市场国家学习，虚心借鉴一切好的东西。易纲副行长表示，未来要继续稳步推进金融改革和对外开放，不断巩固人民币作为 SDR 篮子货币的地位。

12 月 2 日，李克强总理主持召开国务院常务会议，对人民币加入 SDR 后下一步金融改革开放进行了研究部署。会议指出，基金组织决定将人民币纳入 SDR 货币篮子，这是国际社会对中国改革开放成就的认可，中国政府表示欢迎。这有利于助推人民币逐步国际化进程，促进中国在更深层次和更广领域参与全球经济治理，开拓国际市场，实现合作共赢。要以此为契机，进一步深化金融改革开放，完善宏观审慎管理，坚持有管理的浮动汇率制度，保持人民币汇率在合理均衡水平上的基本稳定，妥善化解风险，完善配套制度，有序实现人民币资本项目可兑换。

四、确保万无一失，做好正式加入前的最后工作

人民币加入 SDR 也对中国提出了一系列的技术性要求。人民币加入 SDR 后，SDR 货币篮子的币种和权重会立刻发生相应调整，SDR 汇率和利

率也相应调整，人民币汇率和 3 个月国债利率分别进入 SDR 汇率和利率的计算。同时，人民币正式入篮 SDR 后，人民币也随即成为基金组织认定的"可自由使用"货币。各国央行持有的人民币资产被基金组织承认为外汇储备。基金组织也要相应地修改官方外汇储备货币构成（COFER）调查的统计报表，将人民币纳入统计项目。人民币同时也成了基金组织的交易货币，向基金组织缴纳份额、基金组织向成员提供贷款、成员向基金组织还款以及基金组织向成员支付利息等在内的基金组织官方交易均可使用人民币进行。由于这是历史上第一次增加 SDR 篮子货币，2015 年 11 月 30 日执董会审批时，将新的 SDR 篮子生效时间定为 2016 年 10 月 1 日，以为给 SDR 使用者预留充裕时间做好会计和交易的准备工作。

为了确保 2016 年 10 月 1 日人民币顺利正式入篮 SDR，2015 年末以来，人民银行与相关部门密切配合，有序推进相关准备工作，为人民币加入 SDR 做好完美收官。

圆满解决人民币正式入篮的各项技术性问题。为了满足人民币正式入篮 SDR 后境外央行类机构配置人民币资产和对冲风险的需要，人民银行会同相关部门做了大量准备工作。2016 年 2 月，人民银行进一步向境外私人机构投资者开放了银行间债券市场，不设投资额度限制，债券市场的开放程度进一步提高。同年 4 月，人民银行通过发布《境外央行类机构进入中国银行间债券市场业务流程》和《境外央行类机构进入中国银行间外汇市场业务流程》，为境外央行类机构入市提供了具体的操作指引，进一步便利了境外投资者进入中国金融市场。

加强与市场的沟通，妥善应对可能出现的风险，为人民币正式入篮提供了良好条件。随着人民币成为主要国际储备货币，国际社会对中国经济金融政策的关注度和敏感性明显上升，客观上要求中国政府加强与市场的沟通，及时准确地传递经济金融政策信息，更好地引导市场预期。2016 年以来，人民银行在继续深化改革开放的同时，就货币政策、宏观审慎管理、资本流动等国际上普遍关注的问题加强了与市场的沟通，释放了清楚、明确的政策信号，有效地稳定了市场预期。同时，人民银行还积极与境外央行和国际机构保持密切沟通，与国际机构就人民币资产配置的技术细节和政策法规进行沟通，增强了国际投资者对投资中国金融市场的信心。针对人民币加入 SDR 后也可能会出现一些潜在的风险，人民银行和外汇局加强了对短期跨境资本流动的监测和分析，综合利用宏观审慎、外汇管理等多种工具，有效应对潜在风险，守住不发生系统性、区域性金融风险的底线。

2016 年 10 月 1 日人民币正式入篮 SDR，为两年多的工作画上了一个完美的句号。人民币成为 SDR 篮子货币，意味着国际社会将以更高标准和国际货币责任的眼光来看待中国的金融体制改革和对外开放，人民币也需要切实担负起国际储备货币的责任，为维护全球金融体系稳定发挥应有的作用，人民币国际化和中国金融改革开放的任务依然任重而道远。

第六章

人民币加入 SDR 的意义、影响及挑战

人民币加入 SDR 是中国持续推动改革开放、促进经济发展的结果。改革开放近四十年来，中国经济发展的全面性、协调性和可持续性不断提高，经济总量已居全球第二位，目前仍在稳步快速增长。同时，中国与世界经济的融合也在不断加深，中国巨大的经贸体量有力地支撑了人民币的可自由使用，人民币的国际使用与交易不断快速增长。从国际上看，2008年国际金融危机的爆发凸显出国际货币体系存在显著的内在缺陷和系统性风险，必须进行改革，推动国际储备货币向着币值稳定、供应有序、总量可调的方向完善，从根本上维护全球经济金融稳定。人民币加入 SDR 是上述两方面因素共同作用的结果，是一个水到渠成、瓜熟蒂落的过程。

人民币加入 SDR 既是国际社会对中国综合国力和改革开放成效的认可与肯定，也是中国进一步融入国际经济金融体系、发挥更积极的作用，并承担新的责任与义务的重要里程碑。人民币加入 SDR 对世界与中国都具有重要意义和深远影响，未来将对中国和世界产生"双赢"的结果。

对世界而言，人民币加入 SDR 反映了国际金融体系正向更加合理、均衡和公平的方向发展，国际货币体系将随着 SDR 作用的扩大而进一步完善。同时，加入 SDR 货币篮子意味着人民币成了基金组织成员贷款货币的选择之一，各国央行会把人民币纳入其官方储备。对中国来说，短期来看，人民币加入 SDR 已经产生了一些立竿见影的影响，国际社会反响积极，人民币资产在全球市场的吸引力明显上升。但更为深远的意义在于，加入 SDR 为人民币带来了国际储备货币地位，这一重要的制度性权利增强了外界对人民币的信心，为人民币国际化注入了新的动力，且有利于中国进一步促进改革开放，是建设货币强国、实现中华民族伟大复兴的中国梦

进程中的标志性事件。另外，人民币加入 SDR 也给中国带来了一些责任与挑战，为此应妥善应对，以更高标准推进中国金融体制改革和对外开放。

一、人民币加入 SDR 对国际货币体系演进的历史意义

（一）体现了新兴市场经济体国际地位的提升

在当前新兴经济体日益崛起、发达国家经济实力相对下降的背景下，世界经济格局和实力对比正在发生深刻变化，新兴经济体需要在更深层次和更广领域上参与全球经济治理。与此同时，全球经济金融治理规则的调整则相对滞后，迫切需要变革和调整。在此背景下，人民币加入 SDR 是中国经济进一步开放、融入全球金融体系的一个重要标志，也是基金组织与时俱进、不断推进国际金融货币体系发展完善努力的见证（林建海、刘菲，2016）。

同时，人民币加入 SDR 也提高了 SDR 的代表性和吸引力，体现了新兴市场国家在全球经济治理中的发言权和代表性正在提高，在基金组织等重要国际组织中的制度性话语权得到不断提升。人民币加入 SDR 后，国际主流媒体和专家学者均给予积极评价：如美国康奈尔大学教授 Prasad（2016）指出，这是历史上第一个大型中等收入经济体的货币被纳入 SDR 货币篮子，成为主要储备货币，说明中国在世界经济和国际金融体系中的重要性日益增强，也是对中国过去一年经济金融改革成绩的认可。法新社报道表示，人民币与美元、欧元并肩成为国际储备货币，表明中国在寻求其经济地位获得承认的过程中取得了重要胜利。

人民币加入 SDR 货币篮子既是中国国际地位和影响力提升的反映，也表明中国在内的新兴市场经济体正逐渐走向国际舞台中央，未来将在全面参与全球经济治理中扮演更重要的角色，在国际经济金融规则的讨论和制定过程中发挥更加积极的作用。这有利于中国在更深层次和更广领域上参与全球经济治理，更好地维护国家利益。此外，人民币按基金组织的现有标准加入 SDR，实现了国际货币和金融体系的"增量优化"，而不是"另起炉灶"，表明了中国以建设性态度完善现有国际货币体系的积极姿态，为今后各方更好地开展沟通协调，完善国际货币体系树立了一个良好的榜

样与示范。

（二）有助于进一步完善国际货币体系改革

历史经验表明，过度依赖单一主权货币的国际货币体系都是内在不稳定的。2008 年爆发的国际金融危机就深刻地反映了现行国际货币体系过度依赖美元的内在缺陷。危机后，发达经济体长期实施的宽松货币政策及其退出又给新兴市场和发展中经济体带来了严峻挑战，加剧了国际金融市场震荡和跨境资本的无序波动风险。

短期来看，国际社会可以通过建立完善全球金融安全网、提供区域性金融合作安排、完善对全球流动性和资本流动的监测与管理等措施来缓解上述缺陷（IMF，2011）。但从长期来看，只有推动建立多元化的国际储备货币体系，才能从根本上消除导致缺陷的体制性因素。人民币加入 SDR，一是有助于改善以往单纯以发达国家货币作为储备货币的格局，可以使 SDR 的定值方法更好地符合全球经济情况，增强 SDR 的代表性和吸引力；二是有助于增强 SDR 作为国际储备的功能与作用，推动国际货币金融体系向更加合理、均衡与公平的方向发展；三是有助于提高人民币的地位，未来很可能出现美元、欧元、人民币"三足鼎立"的局面，这将有利于促进国际货币体系的多元化，提高国际货币体系的稳定性和韧性。

目前，人民币加入 SDR 对于进一步完善国际货币体系的积极贡献已经获得多方肯定。在 2016 年 10 月初举行的基金组织和世界银行年会期间，基金组织总裁拉加德曾多次表示，包含人民币的 SDR 新货币篮子正式生效是基金组织在 2016 年取得的重要进展之一，也是国际货币体系改革具有历史意义的里程碑。法国和德国财长也都对人民币正式加入 SDR 表示欢迎，认为基金组织应支持国际货币体系向更加多极化转型，人民币加入 SDR 正是向这一正确方向推进的举措。此外，阿根廷、斯洛伐克、丹麦、南非、沙特阿拉伯、阿联酋等国的财长或央行行长也表达了对人民币正式加入 SDR 货币篮子的欢迎。

伴随着人民币加入 SDR 的过程，国际社会对国际货币体系改革议题更为关注。2016 年中国担任 G20 主席国期间，人民银行顺势推动重启国际金融架构工作组，G20 各方深入讨论国际货币体系面临的长短期挑战和改革方向，最终杭州峰会就完善国际货币体系的一系列问题取得了重要共识。特别是，G20 各国支持研究扩大 SDR 的作用，包括更多地使用 SDR 作为报告货币以及发展 SDR 债券市场，以进一步完善现行的国际货币体系。

二、人民币加入 SDR 对中国的直接影响

人民币正式纳入 SDR 货币篮子已经对中国经济产生了一系列直接正面影响，包括人民币资产自动配置需求与吸引力持续上升、储备货币地位获得正式认定、人民币成为基金组织官方交易货币等。这有助于增强人民币国际使用和资产吸引力，有利于维持人民币汇率稳定。加入 SDR 以来，无论是在 SDR 篮子货币，还是在新兴经济体货币中，人民币都是对美元汇率较为平稳的货币之一。

（一）人民币资产的自动配置需求与吸引力增加

从效果上讲，一国货币被纳入 SDR 类似于一只股票被纳入股指。当一只股票被纳入某个股指后，凡是以该股指为标的进行投资的机构都将被动对该股票进行配置。人民币加入 SDR 也产生了类似的效果。基金组织、国际清算银行、世界银行等国际组织管理着大量以 SDR 计价的资产，它们需要根据 SDR 篮子货币权重进行资产配置。

2016 年 10 月 1 日人民币正式纳入 SDR 货币篮子后，SDR 篮子的币种和权重作出了相应调整，国际机构也相应增加了人民币资产。粗略估计，人民币正式入篮 SDR 前后，这部分流入人民币资产的资金规模已经超过了 100 亿美元。以非洲开发银行（非行）集团为例，2016 年 10 月 10 日，该集团下属的非洲开发银行（AfDB）在市场上购买了等值于 7.3 亿非行记账单位 UA（与 SDR 等价）的人民币计价资产，并出售了等值的其他货币资产。该集团下属的非洲开发基金（ADF）大约需配置 18 亿 UA 的人民币资产。此外，非行集团已批准 ADF 的借款国可选择使用人民币偿还贷款，未来还将讨论非行集团是否可以直接发放人民币贷款等问题。

同时，许多国际金融机构和开发机构的贷款以及不少国家的负债都是以 SDR 来计价的，这些机构和国家通常都有对冲 SDR 篮子货币利率和汇率风险的需求，随着人民币加入 SDR，这些机构对冲人民币利率和汇率风险的需求有所增加，从而引发它们在人民币在岸市场和离岸市场增加人民币资产的配置。

（二）人民币的国际储备货币地位获得正式认定

中国已经是许多国家最大的贸易伙伴国和对外投资国，各国对人民币的潜在需求是巨大的。人民币加入 SDR 前，已有不少国家和地区的中央银行或货币当局持有人民币资产，但是否将之视为外汇储备由各国自行决定，标准并不统一。比如有些国家只是将持有的人民币计为外汇资产，但不计入外汇储备，原因是它们认为人民币没有达到储备货币的标准。还有一些国家虽然希望将持有的人民币计为外汇储备，但又得不到权威国际机构的认可和承认。此外，由于人民币储备货币地位未得到明确认定，相关的外汇储备统计也没有单独列出人民币，只是将人民币与其他货币放在一起。

人民币加入了 SDR 后，上述情况已经发生了显著改变。随着人民币作为储备货币的地位被认定，中央银行或货币当局持有的人民币资产已无可争议地被统一认定为外汇储备。同时，基金组织也相应修改了官方外汇储备货币构成（COFER）调查的统计报表，将之前统计的七种货币增加至八种，人民币被纳入并单独列出。参与 COFER 调查的各国都需要向基金组织报送官方持有人民币储备的情况，基金组织也会定期公布各国将人民币作为外汇储备的汇总情况。

根据基金组织调查数据，人民币入篮前在全球外汇储备中的比重只有 1% 左右；人民币正式入篮后，市场预计 5 年内人民币在全球外汇储备中的比重可能达到英镑（3.2%）和日元（3.1%）的水平，即上升 3 倍，增加超过 2000 亿美元。事实上，基金组织宣布将人民币纳入 SDR 后，许多国家（如新加坡、坦桑尼亚等）宣布将人民币纳入其外汇储备中。

随着人民币储备货币的地位获得正式认定、资产吸引力增强，加之中国采取了一系列措施提高外国中央银行或货币当局持有人民币的便利程度，因此，不仅各国将人民币纳入外汇储备的意愿大幅增强，境外金融机构主动配置人民币资产的需求也明显上升。截至 2017 年 1 月，进入中国银行间债券市场的境外机构数已经较 2016 年 9 月增加了近 80 家。人民币的储备货币地位正逐步显露效果。基金组织公布的 COFER 调查数据也显示，截至 2016 年末，参与 COFER 报送的各国持有的人民币外汇储备共计折合845.1 亿美元（约为 5822 亿元人民币，见表 6.1），占 COFER 报送国已明确计价币种的外汇储备总量的 1.1%（见图 6.1），已较人民币加入 SDR 前739.5 亿美元的水平明显提高。

表 6.1 **COFER 报送国外汇储备币种构成情况**

单位：亿美元

	2015 年第四季度	2016 年第一季度	2016 年第二季度	2016 年第三季度	2016 年第四季度
纳入 COFER 统计的外汇储备规模	109214	110092	110380	110594	107934
其中：明确了计价币种的外汇储备	68170	71939	75017	78010	79006
以美元计价	43741	46042	47922	49398	50529
以欧元计价	13451	14492	14939	15777	15593
以人民币计价	0	0	0	0	845
以日元计价	2748	2807	3260	3468	3328
以英镑计价	3314	3433	3488	3508	3493
以澳大利亚元计价	1310	1337	1370	1502	1461
以加拿大元计价	1277	1363	1435	1558	1608
以瑞士法郎计价	198	148	143	148	137
以其他货币计价	2133	2318	2460	2652	2012
其中：未明确计价币种的外汇储备	41044	38152	35363	32584	28928

数据来源：IMF 的 COFER 数据库。

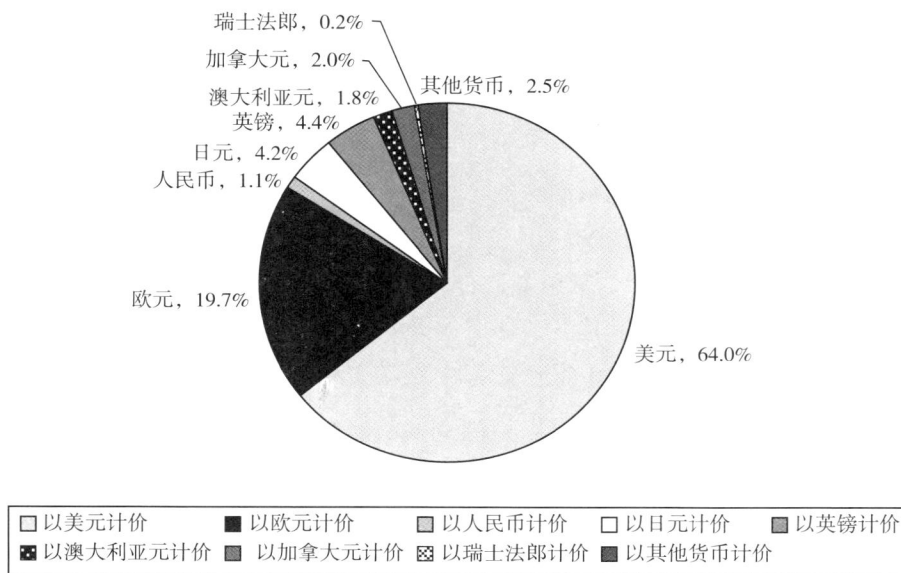

瑞士法郎，0.2%
加拿大元，2.0%
澳大利亚元，1.8%
英镑，4.4%
日元，4.2%
人民币，1.1%
其他货币，2.5%
欧元，19.7%
美元，64.0%

| □ 以美元计价 | ■ 以欧元计价 | ▨ 以人民币计价 | □ 以日元计价 | ▨ 以英镑计价 |
| ▨ 以澳大利亚元计价 | ▨ 以加拿大元计价 | ▨ 以瑞士法郎计价 | ■ 以其他货币计价 | |

图 6.1 COFER 报送国外汇储备各币种构成占比一览

此外，2017 年 6 月 13 日，欧央行在其官网上宣布，2017 年上半年，欧央行投资了价值 5 亿欧元的人民币计价资产作为外汇储备。该投资并未使欧央行外汇储备总量发生变化，购买人民币资产的资金是通过卖出小部分美元储备而获得。欧央行声明还指出，该投资反映出中国作为欧洲最大贸易伙伴之一的重要性，也反映出人民币作为全球货币的作用有所增强。英国《金融时报》对此撰文指出，"欧央行是迄今投资于人民币的最强大央行。尽管 5 亿欧元在欧央行 680 亿欧元的外汇储备中比重不大，但是，购买人民币资产折射出欧洲日益接受中国作为一个全球经济超级大国的地位，以及欧洲与世界最大经济体之一建立更紧密联系的愿望"。欧央行的举动和声明也再次显示，人民币作为储备货币的吸引力在持续增加。

（三）人民币成为基金组织官方交易货币

人民币加入 SDR 意味着人民币是基金组织认定的五种"可自由使用"货币之一。根据基金组织的规定，基金组织官方交易使用 SDR 或可自由使用货币来进行，这些交易包括向基金组织缴纳份额、基金组织向成员提供贷款和成员向基金组织还款、基金组织向成员支付利息等。在人民币加入 SDR 前，中国向基金组织缴纳份额只能选择美元、欧元、英镑或日元中的一种，实际认缴是用美元完成的。人民币加入 SDR 后，中国可以用人民币直接向基金组织缴纳份额，人民银行也在做相应的技术准备。而其他各成员想用人民币向基金组织缴纳份额也都可选择人民币。比如，基金组织向各成员提供的贷款虽是以 SDR 计价的，但实际拨款和还款通常是根据成员的要求使用 SDR 篮子中的货币来进行。人民币加入 SDR 后，应成员要求，基金组织可用人民币向其拨款，而成员也可选择用人民币进行还款。

2016 年 12 月 7 日，基金组织安排希腊以人民币对中国还款，这也是中国首笔人民币收款的基金组织交易。根据基金组织的操作流程，人民银行积极与基金组织和希腊当局等有关方面沟通协调，最终保证了交易的顺利完成。此次交易是人民币加入 SDR 后，中国首次接受人民币还款，也是其他基金组织成员首次使用人民币进行基金组织交易，这标志着人民币成为基金组织官方交易货币的事实进一步得到确认。此后，基金组织又陆续安排基金组织成员使用人民币进行还款，并鼓励借款国开立人民币账户，为更多交易做好技术准备。人民币加入 SDR、成为基金组织资金操作的可选货币后，未来还会有更多国家选择直接使用人民币作为与基金组织的交易货币，各国也会相应调整其储备、持有更多人民币，这将进一步助推人民币国际化进程，也有助于人民币在国际货币体系中地位的提升。

三、人民币加入 SDR 对中国的长远影响

人民币加入 SDR，为中国经济充分利用国内外两种资源、两个市场创造了良好条件。除了上述短期影响，随着 SDR 作用的不断增强，人民币入篮还是一个长期利好，对中国的积极影响将在较长时期逐渐显现。第一，人民币加入 SDR 表明中国经济金融重要性上升，是国际社会对中国经济投下的一记"信任票"，人民币资产的商业配置和长期投资需求将增加。第二，人民币加入 SDR 货币篮子获得储备货币地位，意味着重要的制度性权利，有利于增强外界对人民币的信心，扩展危机应对的手段，对中国经济金融发展具有重大意义。同时，人民币加入 SDR 有利于中国在更深层次和

更广领域上参与全球经济治理，更好地维护国家利益，助推中国走出一条符合自身特点的货币强国之路。

（一）人民币资产的商业配置和长期投资需求将增加

在全球资产低收益的背景下，中国的资产收益率相对较高，对国际资本吸引力较大，境外机构对人民币资产配置的需求也会增加。人民币加入 SDR 意味着基金组织对中国经济稳健程度以及人民币资产流动性和市场深度的背书，有助于增加国际社会对人民币计价资产的信心，而国际投资经理在资产管理组合中也可能会增加对人民币资产的关注（林建海、刘菲，2016）。

同时，境外投资者增持人民币债券资产有较大的增长空间。当前中国 60.9 万亿元债券总托管量中仅有不到 2% 为境外投资者持有，远低于发达经济体超过 20% 的平均水平，也低于主要新兴市场经济体超过 10% 的平均水平。此外，随着中国金融市场进一步扩大开放，中国债券市场和股票市场还有望被纳入主要全球债券和股票指数，这将引致大量配置人民币资产的需求。

上述因素带来的人民币资产配置需求的不断增加将为中国外汇市场带来长期、稳定的资本流入，改善外汇市场供求关系，与中国良好的经济基本面一起，对人民币汇率继续保持基本稳定构成有力支撑。

（二）人民币成为储备货币意味着中国获得重要的制度性权利

人民币加入 SDR 货币篮子获得储备货币地位后，中国即享有重要的制度性权利。能够在国际社会被广泛接受是国际储备货币地位的最直接体现。中央银行或货币当局持有的人民币资产也将无可争议地被统一认定为外汇储备，基金组织的官方外汇储备货币构成（COFER）调查将人民币纳入并单独列出。此外，人民银行与其他国家央行和货币当局签订的双边本币互换协议的国际认可度和吸引力也将得到实质性提升，非储备货币国通过货币互换协议获得的人民币会被基金组织认可为储备资产，属于有效外部融资，从而对该国的金融市场稳定产生积极影响。

国际储备货币地位能够大大增强国内外对人民币的信心，降低发生经济金融风波的可能。储备货币发行国均有强大的经济金融实力作支撑，储备货币本身具有的国际清偿能力会大大增强市场信心。对一国货币的信心在一定程度上也是对其经济金融体系的信心，这有助于缓解经济金融风险，减少危机爆发的概率，维护经济金融稳定。同时，储备货币发行国受其他国家溢出效应的影响程度要小于非储备货币发行国，这也意味着它们可以更好地抵御冲击。从历史经验看，如果非储备货币发行国经济出现波动，很容易使国内外对本国货币失去信心，本币出现贬值，推升国内通胀水平，甚至引发恶性通货膨胀。比如 20 世纪 80 年代末秘鲁等南美国家、90 年代初期波兰和白俄罗斯等东欧国家均出现本币被大量抛售并最终形成恶性通货膨胀的现象。反观国际储备货币发行国，由于国际社会对储备货币的信心，在危机期间，不仅不会大量抛售，反而会因避险情绪上升增加对储备资产的需求，这有利于保持汇率平稳，降低经济金融风险的可能。

成为储备货币发行国后，中国应对经济金融危机的手段更多。国际储备货币发行国能够根据本国情况更加独立地制定货币政策，在危机期间还可以创新运用各种政策工具来缓解危机。在 2008 年国际金融危机中，美联储率先运用非常规货币政策和工具救助金融机构，包括实施量化宽松政策及通过扭曲操作压低长期利率。欧央行通过定向长期再融资操作（TL-TRO）等方式刺激信贷增长。日本银行则通过扩大信贷抵押品范围、购买各类资产等方式实现通胀目标。在财政空间有限的情况下，上述非常规货币政策一定程度上替代了财政政策，促进了经济复苏。但在相同的危机条件下，非储备货币发行国如采取类似做法，则会引发较高的通胀和货币贬值。2008 年国际金融危机后，一些新兴市场经济体采取的宽松货币政策负面效果较大，在拉动经济方面也收效甚微。

成为储备货币发行国，意味着中国企业可以使用人民币在国际上投资和交易，有利于降低成本，提升国际竞争力和市场份额。一国货币成为储备货币，意味着其既可以在国际贸易支付中被广泛使用，直接满足国际收支需要；又可以在金融市场广泛交易，以相对较低的成本兑换其他货币，满足各种支付需要。在此背景下，储备货币发行国的企业使用本币在国际上进行投资和交易，不仅有助于降低成本，也意味着其在交易和定价中有更多的手段实现自身利益，有利于提升其在国际贸易和金融投资中的定价权和话语权，提高国际竞争力和市场份额，而这些又会进一步强化该货币的储备货币地位，从而形成自我强化的良性循环。此外，中国在向基金组织出资及参与多边开发银行合作也可以多使用人民币，从而进一步增强人民币的接受度和影响力。

国际储备货币地位可降低一国积累外汇储备的必要性。储备货币发行国很少积累外汇储备，是因为其完全可以通过自我发行货币来进行国际支付，弥补国际收支缺口和偿付外债。目前，基金组织在对成员储备充足性进行评估时，认为新兴市场国家和低收入国家需要积累适当的储备作为应对危机的缓冲，并提出了具体的量化指标，而对于能够发行储备货币的成熟经济体则没有储备充足指标的要求。事实上，美国、欧盟、英国、日本等其他储备货币发行国（地区）的外汇储备比中国都少得多。例如，截至 2016 年 12 月，美国的黄金储备为 8133 吨（约合 3500 亿美元），外汇储备 390 亿美元；欧元区各国的黄金储备合计约 1 万吨（约合 4500 亿美元），外汇储备 2610 亿美元。

综上所述，人民币加入 SDR 既意味着国际社会对人民币的国际储备货币地位给予权威认可，也意味着金融市场对人民币资产的需求将持续增加，这将形成良好的正向反馈机制，从而对助推中国成为货币强国起到显著促进作用。这将有利于中国实现"两个一百年"的奋斗目标，实现中华民族伟大复兴的中国梦。

四、妥善应对挑战，巩固和加强人民币的国际储备货币地位

（一）人民币加入 SDR 给中国带来的挑战

人民币加入 SDR，标志着中国在金融业和政策透明度领域接受了更高的国际标准，作出了继续扩大开放和引入竞争的承诺。同时，中国经贸规模已居世界前列，对世界经济的影响已今非昔比，而近年来金融实力和人民币国际化水平的提高又使中国宏观经济与政策的外溢效应进一步上升，人民银行已被国际社会视为与美联储、欧央行一样的"系统重要性央行"，中国的货币政策、汇率政策和金融市场波动已经开始对国外官方部门和私人部门产生重要影响。此外，随着人民币跻身为 SDR 篮子货币一员，国际

社会未来将以更高的标准和国际储备货币责任的眼光来看待中国的金融体制改革和对外开放。总体而言，尽管人民币已经加入 SDR，但目前中国在经济运行机制、宏观政策框架、金融市场开放、跨境交易便利程度、资本项目可兑换、政策数据透明度和人才储备等方面距离其他主要储备货币发行国仍有一定差距，对此须妥善应对。

第一，国内经济运行机制与国际通行规则尚有差距。目前中国仍是转轨经济体，经济运行机制存在许多转轨经济特质，既有市场化机制，也含有行政指令成分。要想在思想上接纳国际通行的市场化规则，并且将其真正融入国内治理理念中，这还有很长的路要走。以世界贸易组织（WTO）有关规则为例，即便是在正式加入 WTO 十多年之后，中国出台的一些国内法律法规仍然难免出现与 WTO 规则不完全相符的情况。在许多情况下，中国国内与国外采取的是两套完全不同的做法，与国际通行规则和最佳做法尚有差距。

第二，对中国作为储备货币发行国的责任认识仍不够充分。人民币加入 SDR 后，随着人民币作为国际储备货币的地位进一步加强，中国对全球其他经济体的溢出效应将变得更强。中国的任何经济政策变动和政策框架的改革，无论意图是什么，都有可能对其他国家造成正面或负面的影响，有时影响的程度会很大，有时影响会是全球性的。因此，尽管中国仍属于发展中国家，但已成为储备货币发行国，外界对中国承担相应的责任也有所期待。

第三，中国金融市场开放程度尚低于国际水平。人民币加入 SDR 意味着中国进一步融入国际经济金融体系，但中国金融市场开放在取得了一定成绩的同时，仍存在较多问题，如开放程度滞后于国际水平，难以满足实体经济发展的需要，也不利于人民币发挥国际储备货币的作用。在金融机构和金融市场方面，加入 WTO 以来，在华外资金融机构并未如预期所料出现强劲发展的势头，相反地，外资金融机构的资产占比持续偏低，近年来甚至呈下降趋势。业务范围和牌照发放的限制也制约了外资金融机构的发展。此外，中国金融市场开放深度不足，部分规定和程序繁琐、不透明，对市场参与者不够友好，会计、审计、税收等金融基础设施尚未与国际接轨。

第四，中国资本项目可兑换程度仍与许多国家存在差距。储备货币地位的关键在于"可自由使用"性质，这是金融市场对其保有信心的重要原因。这就要求中国有序实现人民币资本项目可兑换，推进资本市场双向开放；同时发展多层次的金融市场，拓展人民币资产市场的广度和深度。尽管近年来资本项目开放取得了显著进展，但与发达经济体和很多新兴市场经济体相比，开放程度仍然相对较低。

第五，金融监管部门之间的协调有待加强。现代金融市场和金融体系紧密关联，存在复杂的网络特征与联动关系。随着人民币加入 SDR 并成为国际储备货币，官方和市场交易需求增加，中国金融市场与跨境资本流动形势将更为复杂。为了及时监测市场走势与可能出现的异常情况，不同金融监管部门间应建立并完善数据共享和信息交换机制。当前中国不同金融监管部门之间还存在一些"监管真空"和"重复监管"的情况，许多国家经验表明，在"铁路警察，各管一段"的监管体制下，难以实现对系统性风险的整体评估、协调与应对。因此，监管部门之间的协调机制迫切需要加强。

第六，市场沟通和数据透明度需要进一步改善。随着人民币加入 SDR，各界对中国政策信息的需求也大幅提高，但中国在出台重大政策时仍存在对外沟通解释工作还不到位的情况，这给中国的对外沟通带来了挑战。例如相较欧美等发达国家，政策沟通多集中于特定的时间，常规沟通存在不足。有时还存在"多头沟通"的现象，造成了信息的不一致，反而给市场带来了混乱，不利于一致预期的形成。和美、欧、日等其他主要储备货币发行方相比，中国在统计工作和数据透明度方面仍存在较大的缺口。例如按支出划分的季度 GDP 数据、政府财政统计、影子银行数据、房地产价格统计等距离 G20 数据缺口倡议的要求仍有很多差距。

值得指出的是，妥善应对相关挑战，尽快使公共治理框架与国际标准接轨，也是中国更高层次经济开放对相匹配的经济管理能力的内在要求，更加公开、透明、高效、完善的公共治理最终将使中国受益，有利于实现中国建设货币强国的长远目标。

（二）巩固和加强人民币的国际储备货币地位

人民币加入 SDR 并非一劳永逸之事。一方面，随着人民币国际使用更加广泛，国内外经济金融联系将更加紧密，中国经济的一举一动不可避免会受到关注；另一方面，作为国际储备货币，意味着中国在维护全球流动性和 SDR 价值稳定方面承担更大的责任。长远来看，中国应将新的挑战转化为进一步推进改革的动力，提高综合宏观调控能力，在政策制定过程中肩负起大国责任，增强全球视野，充分考虑政策溢出效应；要遵守国际规则，使宏观政策框架与国际标准进一步接轨；要提高政策与数据的透明度，与各国当局和国内外市场有效沟通，从而全面提升中国公共治理水平。

第一，推进国内改革，消除经济中存在的扭曲和不符合国际规则的制度。应继续通过开放促改革，缩小中国经济金融规则与国际标准的差距，按照国际规则办事。同时，国际上的一些压力和来自外国的竞争也可以成为中国国内改革的动力。加快国内各类改革，消除中国经济中存在的扭曲和不符合国际规则的制度，既有利于国内的经济发展，也有利于营造良好的国际环境。

第二，提高综合宏观调控能力，承担大国责任。越来越多的国家和地区将人民币纳入外汇储备是对中国综合国力和人民币国际地位的认可，随着人民币储备货币地位的提升，中国也需逐步承担起一个储备货币发行国的责任。针对国际社会对中国综合宏观调控能力提出的更高要求，中国应顺应此前在完善公共治理方面的良好趋势，继续完善与储备货币发行国地位相适应的宏观政策框架，以更加开放和自信的心态，积极学习和运用国际先进经验，向更高的国际标准看齐。同时，中国也需要从宏观、逆周期和跨市场的视角评估和防范系统性风险，增强宏观调控与金融管理的主动性和有效性，有效维护经济金融稳定，并对中国经济运行和政策变化可能产生的溢出效应加以重视。

第三，提高货币政策自主性，继续完善人民币汇率形成机制。人民币加入 SDR，意味着人民银行需要与美联储、欧央行、英格兰银行和日本银行等主要货币发行央行一道，确保 SDR 的价值和利率值得信赖。换言之，人民币已不仅是中国的货币，还是一种服务于全球各国的公共品（涂永红，2016）。同时，成为国际储备货币意味着国际社会对于中国会像对待美国、英国等其他储备货币发行国一样有同等期待。

随着人民币在国际上被广泛使用，中国的货币政策和汇率政策将不可避免地产生更大的"溢出效应"，对其他国家及使用人民币的企业和个人造成影响，国际社会希望中国的货币政策框架和人民币汇率形成机制更加市场化、更加灵活、政策透明度更高。人民币加入 SDR 也对下一阶段中国的货币政策的自主调控能力和汇率制度灵活性提出了更高的要求。为此，中国应抓住人民币加入 SDR 的契机，做好基础工作，继续推进利率市场化改革，提高人民币"可自由使用"程度，巩固国际社会对人民币的信心，进一步推进人民币汇率形成机制改革，提高各界对人民币汇率波动灵活性的预期，夯实人民币的储备货币地位。

第四，进一步扩大金融业开放。金融业本质上是竞争性的服务行业，在对外开放过程中，竞争机制和市场约束带来压力和动力，促进金融业更好地发展。应进一步扩大金融业的对外开放，按照准入前国民待遇和负面清单的原则，使外资金融机构在平等的市场环境下提供金融服务和参与市场竞争。应提高金融市场开放的广度和深度，满足外界对人民币资产配置的需求，使人民币充分发挥国际储备货币的作用，这也有利于中国进一步和世界经济融合，实现健康发展。

第五，有序推进资本项目可兑换。推进资本项目可兑换是巩固人民币"可自由使用"性质的题中应有之义。实际上，中国距离基本实现资本项目可兑换并不遥远，未来可重点推动以下改革：放宽境内个人对外投资的过度管制，推出合格境内个人投资者境外投资（QDII2）；参照"负面清单＋国民待遇"方式，加快《外汇管理条例》修订，完善外汇管理，更好地与国际接轨；结合股票发行注册制改革，在与现有政策和国内股票市场发展衔接基础上，允许少量符合条件的优质外国公司在境内发行股票。有关改革已经进行了大量前期准备工作，应顺应人民币加入 SDR 后的新形势，进一步转变理念和思维方式，择机推出上述改革措施。

同时，为了促进人民币"可自由使用"，应主要依靠宏观经济政策而非资本管制来管理资本流动。基金组织发布的《资本流动——机构观点经验回顾》报告指出，各国应主要依靠宏观经济政策应对跨境资本流动冲击，包括增加汇率灵活性、抑制外汇市场过度波动、调整货币和财政政策、建立更具包容性的金融体系、发展具有深度且受到良好监管的金融市场等，尽量避免使用资本流动管理措施。即使确有必要实施资本流动管理的情况下，也应注意以下原则：首先是加强与市场的沟通，注重政策的连续性和可解读性，避免市场将政策解读为对外资不公平或不可预测。其次是提高政策透明度。目前，很多资本管制政策更多依靠窗口指导，而非明文规定，但这可能造成一些未预期的后果，比如一些企业由于担心人民币资金跨境交易管制越来越严，在原本可使用人民币交易的情形下转而使用美元交易，拖累人民币的国际使用进程。最后是资本流动管理政策设计应非常谨慎，避免违反经常项目可兑换的国际义务。

第六，加强监管协调，增强金融监管的主动性和有效性。人民币储备货币功能的发挥需要稳健的金融体系做支撑，这离不开有效的金融监管特别是宏观审慎管理，包括统一并进一步提高监管标准、完善宏观审慎框架，从而在开放的宏观经济格局和更趋复杂的金融市场环境下，增强金融监管的主动性和有效性。为此，应建立健全宏观审慎工具，建立基于风险指标的统一监管模式，加强事中和事后监管。加强不同金融监管机构之间的协调，减少监管真空和重复监管，发挥监管合力。

第七，进一步完善对外沟通机制，提升数据透明度。为了及时、准确地传递相关政策信息，更好地引导市场预期，中国应进一步完善与市场和外界的沟通策略，逐步提高在恰当的时间窗口准确传递政策意图的技巧和水平，以使各项政策顺利实现预期目标。同时，在数据统计和透明度方面，应有紧迫感，深刻认识差距和不足，进一步提升数据统计质量和透明度。一方面，中国在数据统计方面要继续坚持开放的理念，尽快按照国际组织的标准完善国内数据统计编制，在数据来源、指标选择、编制方法等方面加强国际交流与合作。另一方面，中国还要努力提升统计数据的质量，完善统计数据的质量监督机制，鼓励公众对数据进行监督。同时，统计部门也应尽可能利用大数据和新技术的便利，确保源头数据的准确性和透明度。此外，中国在发布统计信息方面也需确保及时和有针对性，根据公众和社会需要扩大统计信息公布的范围，实现数据透明度在各个维度上的提升。

五、总结与展望

总的来看，人民币正式入篮是中国经济增长和改革开放成就与国际货币体系不断完善的需要共同作用的结果，是一个水到渠成的过程，并非刻意推动可以实现的。人民币加入 SDR 体现了国际社会对中国近四十年来改革开放成就的高度认可，同时增强了 SDR 的代表性和吸引力，有利于国际货币体系改革向前推进，有助于实现中国和世界的共赢。中国是现行国际体系的参与者、建设者、贡献者和受益者，人民币加入 SDR 后，国际货币体系改革对中国的重要性更加突出。未来，中国将同各国一道，共同推动国际货币体系的进一步完善，完善全球治理结构。

同时，人民币加入 SDR 也是人民币国际化的一个重要里程碑，并将成为中国进一步改革开放的新起点，为中国的经济发展注入新动力、增添新活力、拓展新空间。以开放促改革、促发展是中国改革发展的成功实践，随着中国融入世界经济程度进一步加强，需要不断开创对外开放新局面，丰富对外开放内涵，加快推动金融改革和对外开放，实行更加积极主动的改革开放战略。

人民币尚处于成为"可自由使用"货币和储备货币的起步阶段，需要通过若干年努力，才能更充分地体现人民币作为国际储备货币的优势。随着各项改革开放措施的深入推进，人民币的前景将变得更好。"十三五"规划中已明确指出，中国将扩大金融业双向开放，有序实现人民币资本项目可兑换，提高可兑换、可自由使用程度，稳步推进人民币国际化。下一步，中国应抓住人民币加入 SDR 的良好契机，继续按照"十三五"规划中的各项部署，主动谋篇布局，坚持不懈地深化金融改革、扩大金融开放，将各项工作做牢做实，维护好人民币"可自由使用"的威信，巩固和加强人民币的国际储备货币地位。上述举措既是中国深化改革开放、完善市场体系的内在要求，也是中国兑现已有改革承诺、符合国际社会预期之举，必将进一步激发市场活力，释放改革红利，增强外界对中国贯彻改革开放路线的信心。人民币加入 SDR 的积极效果将持续释放，必将助推中国走出一条符合自身特点的货币强国之路，促进中国实现"两个一百年"奋斗目标。

第七章

扩大 SDR 使用的讨论和实践

人民币加入 SDR 激发了国际社会对于 SDR 的关注和讨论。2015 年 12 月以来，中国开始担任 G20 主席国，乘着人民币加入 SDR 的东风，中国在 G20 框架下推动了国际金融架构特别是扩大 SDR 作用的讨论。中国也在以 SDR 作为报告货币和发行 SDR 债券等方面做出表率，扩大 SDR 使用的实践不断取得进展。

一、在 G20 的推动下，国际社会对增强 SDR 的作用展开了热烈讨论

中国接任 G20 主席国之际，正值主要储备货币国家货币政策出现分化，全球出现了资本流动和汇率的剧烈波动，G20 各国特别是新兴市场国家有强烈的意愿加强对国际金融架构问题的讨论，推动必要的改革，各国普遍期待中国在这一重要议题上继续发挥领导力。中国审时度势、主动谋划，将完善国际金融架构作为 G20 杭州峰会的重点议题，重启了 G20 国际金融架构工作组，邀请法国和韩国担任工作组主席，并由基金组织提供强有力的技术支持。

为顺应法国延续 2011 年南京研讨会机制的热切期待，人民银行与法国财政部于 2016 年 3 月在巴黎联合举办了"从南京到巴黎：国际金融架构高级别研讨会"，这是 G20 第二次就国际货币体系改革问题举行高级别研讨会。人民银行行长周小川在会上全面系统地阐述了对国际金融架构工作组主要议题的考虑和设想，指出 SDR 有助于增强国际货币体系的稳定性和韧性，国际社会应循序渐进地增强 SDR 的作用，这是一项长期性工作，但同时可以开始采取切实措施，包括以 SDR 作为报告货币和发行 SDR 计价的债券。他表示，使用 SDR 作为报告货币使资产负债表更为客观，更有利于

公众理解；使用 SDR 计价比单一货币更为稳定，特别是在主要货币汇率大幅波动时；将 SDR 作为报告货币还可以影响金融市场的投资行为和商业模式，从而带动更多对 SDR 的需求。中国将在近期使用美元和 SDR 作为外汇储备数据的报告货币，并积极研究在中国发行 SDR 计价的债券。相关建议得到了与会各方的欢迎和积极回应，并为随后国际社会的讨论打下了基础。

在 G20 框架下，中国引导各方对于增强 SDR 的作用进行讨论取得了显著成果。刚开始，虽然绝大多数国家认为 SDR 作为储备资产的作用未得到充分发挥，也认同增强 SDR 的作用有助于国际货币体系的稳定性和韧性，但也有部分国家担心很难取得进展，或者很难落实。中国强调，千里之行，始于足下，扩大 SDR 的作用不能一蹴而就，但应从现在做起。通过不断的讨论沟通、分析论证，中国与美国、英国、法国、俄罗斯等 G20 主要大国之间逐步达成越来越多的共识。其中，2015 年 9 月和 2016 年 9 月，中美两国元首在两次会晤时就国际货币体系的改革和发展达成了一系列重要共识，美国欢迎中国在国际金融架构中发挥更加积极的作用，并特别强调支持人民币加入 SDR，支持对扩大 SDR 的使用进行研究。国际社会官方层面的共识推动了各界对于扩大 SDR 作用的广泛讨论。

2016 年 7 月，受 G20 委托，基金组织完成了《SDR 的作用：初步考虑》专题报告，从 SDR 作为计价单位、SDR 计价的金融市场产品（M–SDR）、基金组织分配的官方 SDR（O–SDR）三方面分析了扩大 SDR 使用的可行路径。报告指出，以 SDR 作为计价单位有助于使用者更好地识别估值变化，使用时应注意做好对外沟通；M–SDR 相对于单一货币有利于降低汇率和利率风险，但存在篮子货币权重预先确定、市场建设有待推进等问题；O–SDR 在国际货币体系中尚未发挥重大作用，进一步评估有望提出可行的改革方案。基金组织对 SDR 有关问题的系统性梳理，为国际社会的讨论提供了技术层面的支撑，各方分别从不同的角度对扩大 SDR 的作用提出了自己的观点。

1. 对 SDR 作为报告货币和计价单位使用的讨论

使用 SDR 作为报告货币可以减少统计数据的波动性，也便于国际上统计数据进行横向比较；SDR 作为计价单位有助于商品价格的稳定，也能让使用者更好地识别估值变化。例如相较于美元计价，大宗商品如使用 SDR 计价，其波动性较低。SDR 作为报告货币和计价单位使用还可以推动 SDR 其他功能的实现。人民银行行长周小川曾指出，以 SDR 作为报告货币有助于提高数据的客观性，改善公众理解。随着报告货币功能的扩大，将催生更多对 SDR 的需求，包括用于会计、审计、衍生品对冲等。此外，还可以考虑发行 SDR 计价的债券，包括定价、发行规模、期限、是否有活跃的二级市场等，并针对 SDR 债券流动性可能较差等问题研究解决方案。人民银行副行长易纲在基金组织主办的"50 年后——SDR 在国际货币体系中的角色"研讨会上也表示，更多的居民和企业使用 SDR 作为记账单位将会催生出更多的与 SDR 相关的市场交易，即 M－SDR。基金组织战略、政策与审查部副主任阿尔弗雷德·凯默（Alfred Kammer）也认为 SDR 在不同功能的使用方面可以相互促进，比如，如果市场上存在更多的金融产品以 SDR 作为计价单位，央行将可以直接使用 SDR 进行市场干预等。

然而，SDR 篮子调整也可能带来一些问题，比如，SDR 篮子调整使得 SDR 兑美元汇率发生变动。基金组织在《SDR 的作用：初步考虑》专题报告中指出，SDR 篮子调整带来的汇率变动问题虽然存在，但也不能夸大，因为 SDR 篮子调整或对美元汇率的变化本身幅度较小，也可以通过技术的改进来进一步降低影响，比如，发布以 SDR 作为报告货币的数据，统计部门应考虑同时发布 SDR 和美元数据。此外，也可以通过改善技术降低同时以多种货币发布数据的成本，做好与市场沟通。目前，基金组织正研究在网上发布以 SDR 作为报告货币的国际收支（BOP）、国际投资头寸（IIP）和官方外汇储备货币构成（COFER）调查数据的可能性。

2. 对私人 SDR 市场发展的讨论

基金组织对私人部门 SDR（M－SDR）的发展历史及优缺点进行了梳理。M－SDR 是指以 SDR 计价的金融市场产品，其可以由任何市场主体发行和持有。20 世纪七八十年代 M－SDR 一度获得发展，但后势不继。与单一货币相比，M－SDR 有助于投资多样化，从而降低汇率和利率风险。由于 SDR 构成货币波动性的相关度不大或呈负相关，SDR 汇率比单一货币汇率更为稳定。同样，与单一货币的利率相比，SDR 利率的波动性也更低。此外，SDR 债券的风险调整回报率显著优于单一货币债券。

因此，M – SDR 可以为投资人和发行人提供一个有吸引力的、预先打包的多样化投资产品。对于零售投资者以及央行、国际组织等投资组合以 SDR 为基准或拥有 SDR 计价债务的官方投资者尤其有吸引力。其他潜在优点还包括：一是如果投资者的投资组合已经以 O – SDR 为基准，M – SDR 有助于减少对投资组合进行再调整。二是有利于投资者对存在资本管制的货币资产进行投资。例如，推动欧洲货币单位（ECU）市场发展的一个因素就是当时德国马克有资本管制，ECU 可以让投资者持有马克资产。在人民币存在资本管制的条件下，这一优点同样适用，但人民币在 SDR 篮子的占比较低（约 10%），且境外投资者有其他渠道投资人民币市场，可能部分抵消这一优势。三是为存在资本管制国家的国内投资者提供投资其他储备货币的渠道，在境内发行 M – SDR 产品可以降低对外币的需求，减少资本流出。

但 M – SDR 也存在一些不足。投资人倾向于按照自身需求开展各币种不同权重的投资组合。但由于各币种权重是既定的，M – SDR 仅代表了一种投资组合的可能性。同时，M – SDR 较复杂，可能给发行人和投资人带来障碍。例如，M – SDR 缺乏明确的收益率曲线、需要对每种货币敞口进行对冲等。英国格拉斯哥大学国际经济史教授凯瑟琳·申克（Catherine Shenk）认为虽然美元作为主要的国际储备货币存在很多的缺点，其在金融市场上充足的流动性却是其他货币无法比拟的，其他货币要发展债券市场并形成有规模的流动性需要较长的时间，M – SDR 市场的发展也会需要较长的时间。为此，随着 M – SDR 市场发展，付息和结算需求激增，应尽快建立 M – SDR 清算机制，便利市场的发展。比如，基金组织前总裁康德苏（Michel Camdussus）提出可参考国际清算银行为 ECU 提供清算服务的成功经验，或调整现有技术手段使其可以清算 M – SDR。基金组织亚太部主任李昌镛认同康德苏的观点，认为在发展私人 SDR 市场方面，可借鉴当年欧洲货币单位（ECU）的经验。考虑到 M – SDR 的流动性可能较差，随着更多 M – SDR 的发行，流动性溢价有望降低。市场发展初期很可能是

M – SDR 短期产品的交易更为旺盛，因此需要适时逐步完善收益率曲线。

虽然 M – SDR 存在很多的不足，但国际社会对于发展 M – SDR 的前景较为乐观。人民银行副行长易纲认为，开发更多的 SDR 金融产品需要完善相关的金融基础设施，并促进 SDR 金融产品的交易。虽然 SDR 金融产品交易尚存在一些不足，比如流动性差、对冲和结算成本高等，但通过完善金融基础设施和培育做市商等方式可以解决这些问题。在未来较长一段时间，国际货币体系仍将由主要国际储备货币主导，但 SDR 也有很大的发展空间，尤其是在交易方面，这应该主要依靠市场力量去推动。安联保险首席经济顾问穆罕默德·伊里亚（Mohamed EI – Erian）对发展私人 SDR 市场持乐观态度，认为 M – SDR 市场有较大的发展潜力，多边金融机构、主权财富基金和广大的跨国公司都会成为 M – SDR 的积极参与者，因为 SDR 不仅可以降低企业汇兑成本和保险费用，也可以使金融机构和跨国公司资产多元化，并能获得逆周期的流动性。推动 SDR 市场的发展也需要一定的时间，不能只看到当前的困难。比如 1994 – 1995 年时墨西哥比索出现危机，但目前它已经是全球交易量最大的新兴市场币种。因此，市场是在演进的，是需要培育的，市场发展只是时间的问题。韩国金融研究院院长辛星焕表示，韩国的主权财富基金对 SDR 债券也有兴趣，在发展 SDR 债券市场方面也应鼓励主权财富基金的参与。

3. 对完善 SDR 官方使用各种机制的讨论

O – SDR 由基金组织根据成员的份额进行分配，用于补充成员的储备资产。它是根据基金组织的份额进行分配，而非通过国际收支顺差来累积，代表了对 SDR 账户中其他参与方可自由使用货币的潜在求偿权（potential claim）。O – SDR 的这些特点也意味着分配的规模越大，成员对其他成员可自由使用货币的潜在求偿权就越大。在现行框架下，O – SDR 在国际货币体系中尚未发挥重大作用。但随着扩大 SDR 使用有关讨论地开展，国际社会对 O – SDR 作用的看法发生了变化。过去对于如何使得 SDR 成为"国际货币体系的主要储备资产"也提出过影响深远的改革提议，但未达成共识。近几十年来储备累积大幅增加，资本从新兴经济体流向发达经济体，加之储备货币发行国公共债务上升，重新引发了对 O – SDR 作为储备

125

资产应否发挥更大作用的讨论。

国际社会已经普遍接受了 O‑SDR 能降低特里芬难题的观点。当前，资本流动的规模和波动性都很大，缺乏有效的国际收支调节机制，这会鼓励大规模储备积累和资本逆向流动，并破坏储备发行国的政策纪律。这种情况下，对外部门余额可能与基本面脱节，或由于所有国家无法同时改善国际收支而带来去通胀压力。O‑SDR 可为各国提供国际流动性，从而有助于减少上述问题。康德苏认为基金组织在扩大 SDR 作用、管理全球流动性方面应首当其冲，他与基金组织前亚太部主任辛格（Anoop Singh）于 2016 年 4 月联合发表了《有序改革国际货币体系》的报告，指出通过扩大 SDR 的使用有助于建立和实施可信的全球流动性管理机制。一是建立一个高级别小组，负责监督全球流动性。邀请 SDR 篮子货币发行国（当前包括人民币，以后还可能包括印度卢比）的央行行长参与该小组，并向基金组织的国际货币与金融委员会（IMFC）定期汇报（比如每 6 个月）。IMFC 应演变为 G20 的部长级机构，担负调节全球流动性的最终责任。二是确保上述机制的管理者有权根据全球流动性状况更灵活地使用 SDR，从而恢复 SDR 的潜力。为达到这一目标，康德苏建议采用特里芬基金会提出的相关建议，包括保证 SDR 的及时、按需发放及迅速的回收，从而稳定全球流动性。应采取措施，扩大 SDR 在基金组织和其他官方机构操作中的使用，从而使其具备与其他国际通用货币竞争的潜力。应评估目前对 SDR 定义的缺陷，使其具备完全的货币地位，这是 SDR 成为国际货币体系主要储备资产的有效条件，基金组织协定最初也是这样设想的。为此应考虑另外两项改革：一是改革现有不合理的 SDR 分配制度；二是改革 SDR "与时代脱节"的定值方式。

除了对流动性方面的贡献，国际社会对如何改善 SDR 官方使用的各项机制也进行了讨论。哥伦比亚大学国际公共事务教授、哥伦比亚央行董事会成员奥坎普（Jose Antonio Ocampo）对扩大官方 SDR 使用提出了具体设想，认为一些国家的央行可以将 SDR 资产存入基金组织，有需要的国家可以向基金组织借用 SDR 资产作为融资工具，所有的国家都可以参与相关操作。中央银行可以通过发行 SDR 产品（比如 SDR 计价债券）来融资，也可以将自己持有的 SDR 资产存入基金组织，基金组织能够将所持有的 SDR 借给需要的国家。这样的机制可以有效提高 SDR 使用的效率，更多地发挥 SDR 的作用。对于扩大官方 SDR 作用的前景，清华大学教授李稻葵认为，长期来看，扩大 SDR 的作用、使基金组织成为真正意义上的全球央行，从而根据全球经济形势调节货币的供给是完善国际货币体系的根本出路和长期目标。新加坡金管局助理总裁谢狄真（Chia Der Jiun）表示，扩大 SDR 使用面临 SDR 资产流动性较差和 SDR 分配机制僵化等挑战，建议引入大型做市商和采取 SDR 自愿互换安排等方法解决。

此外，基金组织也在积极研究如何通过改善官方 SDR 使用，发挥其对储备累积、全球失衡和外部调整的影响。时任基金组织战略、政策与审查部主任蒂瓦里（Siddharth Tiwari）指出，扩大 SDR 使用有助于解决储备货币发行国国内政策与国际责任不一致的问题，基金组织正在研究完善与 SDR 相关的各种机制，包括提高 SDR 利率的发布频率（从每周发布改为每日发布）以及完善 SDR 转贷机制（on–lend）等。完善 SDR 转贷机制有助于提高 SDR 的流动性和影响力，为在其他方面增强 SDR 的作用创造条件。

随着区块链、数字货币等新技术和新思想的发展，部分学者开始将新技术的运用引入扩大 SDR 作用的讨论。美国彼得森研究所研究员甘农（Joseph Gagnon）曾提出，应将 SDR 货币篮子的使用扩展至所有宏观经济政策良好、金融市场开放度和深度较好的国家。可通过区块链技术实现这一设想，具体而言，在许可方式下，各国可使用私钥进入这一体系，使 SDR 和本国货币的交易可以自动记录并得到监测。SDR 篮子货币的权重可根据预先设定的公式即时调整，每年以一定速度增加 SDR 的发行。此外，时任人民银行金融研究所所长姚余栋也曾提出 e–SDR 的设想，认为可尝试发行 e–SDR 以补充全球流动性缺口，弥补传统 SDR 存在的不足。与 SDR 相比，e–SDR 可在储备功能之外拓展，并直接对接应用场景，如拓展到支付、金融交易计价。例如，可允许个别国家发行 e–SDR 计价的主权债券。

通过各方集中而广泛的讨论，国际社会对扩大 SDR 的作用形成了更多的共识。尽管各方在如何扩大 SDR 的作用仍存在不同的意见，但在不断的讨论和交流过程中，对于是否有必要扩大 SDR 的作用以及努力的方向，国际社会都有了更为清晰的判断。在广泛听取各方意见的基础上，中国引导 G20 各方，从大处着眼，小处着手，确定了实际、可行的策略，并在 2016 年 9 月初的 G20 杭州峰会上通过了《二十国集团迈向更稳定、更有韧性的国际金融架构的议程》，激发了全球范围内对于 SDR 问题的关注，为推动完善国际货币体系作出了重要的贡献。此外，在理论探讨的基础上，国际社会也加快了在扩大 SDR 使用方面的实践。

二、扩大 SDR 使用的实践不断取得进展

伴随着扩大 SDR 使用的讨论逐渐深入，扩大 SDR 使用的实践也不断取得进展。中国在以 SDR 作为报告货币和发行 SDR 债券方面领先行动，作出了表率。

1. 更多使用 SDR 作为报告货币和记账单位

目前 SDR 已用于一些国际组织和中央银行的报告货币和记账单位，及个别国际公约的计价。在国际组织中，基金组织、国际清算银行和非洲开发银行使用 SDR 作为报告和记账单位。基金组织的普通资金账户、SDR 账户、减贫与增长信托（PRGT）等主要财务报表均以 SDR 作为报告单位，日常资金交易如向成员提供的贷款均以 SDR 计价，但《国际金融统计》、《世界经济展望》、《全球金融稳定报告》等主要出版物和各国技术援助资金管理账户的报表仍以美元作为报告货币。国际清算银行于 2003 年 4 月 1 日开始使用 SDR 作为记账单位和报告货币，代替了 1930 年成立之后一直使用的金法郎。时任总经理克罗克特表示，"这有助于提高银行经营和资本管理的效率，增强财务报告的透明度"。非洲开发银行在 1964 年成立之初就使用与 SDR 等值的记账单位（Unit of Account，UA）作为记账单位和报告货币，虽然非洲开发银行实际发放的贷款货币主要是美元、欧元或兰特等当地货币，但贷款和股本均使用 UA 计价。中央银行中，新西兰储备银行等中央银行出于内部监测外汇储备的需要使用 SDR 作为报告货币。国际公约中，目前十余个涉及国际商品和服务运输赔偿责任限额的国际公约

是以 SDR 计价的,如《海运船主责任限额国际公约》、《海事赔偿责任限额公约》等。

将 SDR 作为报告货币有利于币值稳定并改善公众的理解。首先,从动态角度来看 SDR 的币值比单一货币稳定。美元升值时,其他货币相对于美元贬值,因此 SDR 货币篮子的币值更为稳定。其次,有利于改善公众对资产价值的理解。以外汇储备为例,汇率变动可能会对外汇储备数据有很大的影响。但一般公众可能并不理解或考虑汇率的因素,常常把储备的增长与减少与资本流出入或储备经营的亏损和收益直接联系起来。以价值相对稳定的 SDR 作为储备数据的报告货币可避免在主要货币汇率不稳定时使储备产生大幅度波动,导致市场的误解。

中国率先于 2016 年 4 月初同时以美元和 SDR 发布了外汇储备数据,又于 2016 年 6 月底发布了以美元和 SDR 作为报告货币的国际收支和国际投资头寸数据,得到各方的积极反响。目前更多国家对以 SDR 作为报告货币表示了兴趣,基金组织也在积极研究对外发布的统计数据和报告中使用 SDR 作为报告货币的方法,包括如何统一汇率折算方法,以及对统计系统作出适应性调整等。

2. 发行 SDR 债券

20 世纪七八十年代,SDR 计价的债券市场一度得到较大发展,但由于多种原因未能持续。在此次金融危机爆发后基金组织急需增加资源的背景下,中国创新性地提出并成功推动基金组织于 2009 年发行以 SDR 计价的票据,此后中国、俄罗斯、巴西等通过认购 SDR 票据的形式参与了基金组织增资。这是基金组织有史以来第一次发行 SDR 计价的票据,为今后以市场化方式发行 SDR 计价的债券奠定了基础。

人民币加入 SDR 提高了 SDR 的吸引力和代表性,人们对 SDR 债券也重新产生了兴趣。对于已经使用 SDR 作为报告货币的机构,发行 SDR 债券可以确保资产负债匹配。即使尚未使用 SDR 作为报告货币,如果贷款币种较为分散,发行 SDR 债券也具有自然的吸引力。对于各国的商业性和开发性金融机构来说,发行 SDR 计价的债券有助于降低发债机构所募资金的汇率波动。而从需求的角度来看,SDR 计价债券可为各国的国内投资者提供一种新的、有吸引力的投资产品，也有利于其投资多元化。

2016 年 8 月 31 日，世界银行在中国银行间市场成功发行了首期 SDR 债券，规模为 5 亿 SDR，吸引了约 50 家银行、证券、保险等境内投资者以及境外央行类机构的积极认购，认购倍数高达 2.47；同年 10 月，渣打银行也在中国银行间市场成功发行 1 亿 SDR 债券。这些都显示出 SDR 债券存在着巨大的潜力。目前也有越来越多的国际开发机构表示了对于 SDR 债券发行的兴趣。

在成功发行之后，培育 SDR 债券的二级市场也非常重要。SDR 债券市场发展初期存在着流动性差、结算成本高等问题，这些问题可以通过培育做市商等方式解决。人民银行积极采取措施促进 SDR 债券二级市场的发展，包括使用 SDR 债券开展质押式回购，部分金融中介机构也为 SDR 债券提供了做市服务，SDR 债券流动性得到不断提升。

3. 人民币加入 SDR 后国际吸引力显著增强，SDR 储备资产的作用增强

人民币加入 SDR 以来，国际社会反响积极，人民币资产在全球市场的吸引力明显上升。如前章提及的，国际组织积极配置人民币资产，仅 2016 年 9 月和 10 月通过人民银行代理配置的人民币资产规模就已超百亿美元，基金组织、世界银行和国际清算银行均配置了人民币资产。2017 年 6 月，国际清算银行第 87 届股东大会上，国际清算银行管理层详细阐述了配合去年人民币加入 SDR 货币篮子进行人民币资产调整的有关情况表示，考虑到人民币国际使用程度显著提升，过去两年间以人民币计价的全球储备资产规模大幅上涨 20%，国际清算银行将继续拓展人民币业务，提升市场份额。此外，国际清算银行于 2014 年开始设立投资于中国境内人民币固定收益市场的投资池。截至 2017 年 5 月底，国际清算银行现有的不同货币计价的投资池业务中，人民币仅次于美元。

境外央行也加大了配置人民币资产的力度。2016 年 10 月 1 日人民币加入 SDR 前后，与国际组织资产配置调整类似，马来西亚、印度、印度尼西亚、以色列、白俄罗斯央行和中国澳门金管局也相应加大了配置人民币资产的力度。2017 年 6 月 13 日，欧央行公告称，按照欧央行理事会 1 月

的决议，欧央行已正式将人民币纳入外汇储备资产，并完成了价值 5 亿欧元的人民币投资计划。同时，欧央行出售小部分美元，以保持整体外汇储备规模不变。欧央行的人民币投资表明随着人民币国际化的不断提高，人民币吸引力越来越强。在公告中，欧央行表示，投资人民币一方面是基于近年来人民币国际化程度的显著提升，另一方面也反映了中国作为欧元区最大贸易伙伴之一的重要性。

同时，许多国际金融组织和多边开发机构的贷款及不少国家的负债均以 SDR 计价，其配置的人民币资产也在稳步增长。随着人民币资产吸引力增强，国内外市场机构主动配置人民币资产的需求也在明显上升。人民币储备货币地位获得进一步确认。截至 2017 年 1 月，进入中国银行间债券市场的境外机构数已经较 2016 年 9 月增加了近 80 家。

全球外汇储备中的人民币资产也在增长。2017 年 3 月 31 日，基金组织首次对外发布单独列示人民币的官方外汇储备货币构成（COFER）调查统计数据。数据显示，截至 2016 年末 COFER 报送国持有人民币储备规模为 845.1 亿美元（约合 5822 亿元人民币），占参与 COFER 报送国外汇储备资产总量的 1.1%。相应地，人民币加入 SDR 之后也提高了 SDR 作为储备资产的吸引力，持有 SDR 相当于间接持有人民币资产，基金组织成员对于 SDR 的交易和使用正表现出越来越大的兴趣。

基金组织协定明确规定"SDR 应成为国际货币体系中的主要储备资产"，但过去四十多年来 SDR 并未能在国际货币体系中充分发挥作用。2008 年国际金融危机后，国际社会重新点燃了对扩大 SDR 作用的讨论热情，人民币加入 SDR 为扩大其使用的讨论和实践注入了更多的动力。尽管 SDR 要充分发挥作用仍有很长的路要走，但循序渐进的尝试和探索是推动各项工作的基础。当前国际社会的努力已使国际货币体系改革进程朝着理想的方向迈进，无论未来的国际金融架构如何演变，更多地发挥 SDR 的作用都将是完善国际货币体系、推动全球经济治理的重要选项之一。

附录一

特别提款权定值方法审查

——初步考虑[*]

概　　要

本附录介绍了特别提款权货币篮子定值方法五年期审查的初步考虑。和以前的审查一样，本次审查的主要目标是增强特别提款权作为国际储备资产的吸引力。在此背景下，本次审查将评估纳入特别提款权篮子的货币、货币权重和特别提款权的利率篮子。

本附录以上一次 2010 年审查和 2011 年基金组织执行董事会（以下简称执董会）关于货币选择标准讨论的结论为出发点。在上次审查时，中国满足了出口（"门槛"）标准，但人民币未能纳入特别提款权货币篮子，原因是它未被认为可自由使用，而这是第二个货币选择标准。鉴于执董会 2011 年对现有法律框架的广泛支持，并由于中国继续满足出口标准，本附录讨论了未来决定是否根据现有标准将人民币纳入货币篮子的要素。

本附录详细介绍了自上次特别提款权定值审查以来，人民币国际使用日益增加的情况，虽然是从较低的基数开始的。从一系列指标来看，人民币现在都显示出显著的国际使用和贸易。与此同时，四大可自由使用货币的使用情况排名一般在人民币之前。

---

[*] IMF Paper，"Review of the Method of the Valuation of the SDR – Initial Considerations"，August 3，2015. 《特别提款权定值方法审查——初步考虑》是基金组织工作人员关于 2015 年 SDR 审查的初步报告，梳理了人民币在 SDR 现有指标中的排名，并对人民币加入 SDR 涉及的操作问题进行了分析，但没有对人民币能否加入 SDR 作出明确建议或结论。该报告于 2015 年 7 月 29 日提交基金组织执董会讨论。

本附录还考虑了将人民币纳入特别提款权篮子对业务的影响。拥有具有代表性的以市场为基础的汇率和利率对特别提款权篮子的正常运行和基金组织的财务运作至关重要，对特别提款权计价的头寸进行对冲对许多基金组织成员和其他特别提款权使用者很重要。对在岸市场准入的限制在这些方面构成困难，但已经确定了一些可能的缓解措施，且中国当局已开始实施这些措施。

本附录提出，可在有助于执董会作最后判断的若干方面开展进一步工作。这些方面包括开展更多工作以缩小数据缺口、改进对可自由使用评估的量化分析，并在与成员和特别提款权用户磋商的基础上，评估人民币是否满足操作性需要，包括是否因当局正在实施的继续自由化的措施而满足需求。

本附录还讨论了将目前的货币篮子延长 9 个月至 2016 年 9 月 30 日的可能性。这项提议可能在此后的执董会非正式讨论后获得通过，它并不过早判断审查的时间和结果。相反，它会回应之前由特别提款权用户所表达的关切，即在一年的第一个交易日引入新的篮子可能会使其面临更大的风险和成本。它也有助于减少特别提款权用户的不确定性，并促进持续平稳的特别提款权相关操作，同时允许有充足的时间对合同安排进行必要的调整，包括在执董会最终决定将新货币添加到篮子的情况下。

目　　录

一、导言

1. 本附录介绍了特别提款权货币篮子定值方法五年期审查的初步考虑。根据目前的评估方法，特别提款权货币篮子每五年进行一次审查。[①] 审查通常会评估货币选择标准、货币的选择、加权方法以及特别提款权利率篮子的组成。涉及特别提款权在国际货币体系中的作用和特别提款权分配的广泛问题不在本次审查范围之内。

2. 上次特别提款权定值审查于 2010 年进行。[②] 此次审查得出结论，特别提款权篮子继续由四种货币（欧元、日元、英镑和美元）组成，并根据现有公式对权重进行了调整。当时，中国已符合出口标准，但人民币未能纳入特别提款权篮子，原因是它未被认为可自由使用，因此不满足第二个选择标准。执董们也支持制订前瞻性工作计划来审查与特别提款权定值有关的问题。

3. 2011 年，执董会重新讨论了货币选择标准。[③] 大多数执董支持维持现有标准。尽管一些执董愿意考虑探索其他标准，但执董们强调，纳入货币篮子的门槛不能降低。关于评估可自由使用货币的指标也大致达成了一致意见，但执董会强调，不能机械地使用这些指标，未来的评估将继续重点依靠判断。执董们认为，篮子中的货币数量应保持相对较少，以避免给特别提款权用户增加不必要的成本和复杂性，并一致认为具体的数量则不应过早判断。

4. 根据执董会较为最近的一次审查，工作人员不建议当前对货币选择标准进行重新审视。最近的事态发展表明，当前的选择标准总体而言仍有助于维持特别提款权篮子的稳定性，及其在国际交易中货币使用的代表性。

5. 根据目前的框架，由于中国继续符合出口标准，审查的关键重点之

[①] 特别提款权货币篮子五年期审查是根据 2000 年 10 月 11 日通过的第 12281 –（00/98）G/S 号决定规定的（以下简称"2000 年决定"）。

[②] 见《基金组织执董会完成 2010 年特比提款权定值审查》，公共信息通告第 10/149 号（http：//www. imf. org/external/np/sec/pn/2010/pn10149. htm）。

[③] 见《基金组织执董会讨论扩大特别提款权货币篮子的标准》，公共信息通告第 11/137 号（http：//www. imf. org/external/np/sec/pn/2011/pn11137. htm）。

一是确定人民币是否可自由使用。如果人民币被确定为是可自由使用的货币，它将在基金组织未来的财务运作中发挥更重要的作用，并将有资格被纳入特别提款权篮子。作为背景，本附录介绍了指导过去的特别提款权定值审查的广泛原则；概述了可自由使用这个概念的法律框架和含义；更新了执董会批准的可自由使用指标；讨论了潜在的新指标和补充数据来源；并考虑了如果将人民币纳入特别提款权篮子后可能出现的操作性问题。本附录还建议将目前的定值篮子延长至 2016 年 9 月 30 日。

6. 未来数月需要开展更多工作，供 2015 年的特别提款权定值审查参考。仍然存在一些数据缺口，并需要解决操作性问题，以帮助执董会作出最后决定。

7. 本附录结构如下。第二节提供了相关背景，介绍了特别提款权的起源和指导过去的特别提款权定值决定的广泛原则。第三节概述了特别提款权定值的现行法律框架。第四节讨论了货币选择的标准和有助于指导评估人民币是否可自由使用的考虑事项。第五节涵盖了如果将人民币纳入特别提款权篮子将出现的操作性问题。第六节讨论了篮子中的货币数量。第七节介绍了对加权公式、利率篮子和定值期的初步考虑。第八节为总结和供执董们讨论的问题。

二、特别提款权定值——起源和指导原则

8. 特别提款权定值框架旨在支持特别提款权作为国际储备资产。特别提款权是一种补充储备资产，旨在促进国际贸易和资金流动的增长，并促进国际货币体系的稳定。[①] 它是无条件国际流动性的一个来源，因为具有国际收支需求的特别提款权持有者可以无限制地用特别提款权兑换货币。特别提款权对基金组织的业务也很重要，它被用作一种记账单位，在基金组织及其成员之间的交易中使用，诸如使用和偿还基金组织的信贷。

9. 在通过特别提款权定值决定方面，执董会多年来一直遵循一些广泛原则。这些广泛原则旨在提高特别提款权作为储备资产的吸引力，其内容

---

① 对《国际货币基金组织协定》的第二次修订要求基金组织成员就以下目标开展协作"……使特别提款权成为国际货币体系中的主要储备资产。"（第八条第 7 款和第二十二条）。

包括以下几个方面：①

- 根据主要货币确定的特别提款权价值应保持稳定。例如，特别提款权兑主要国际货币的汇率在特别提款权与美元挂钩期间大幅波动可能会削弱特别提款权作为价值储存手段的吸引力。某一特定货币或一组货币对特别提款权价值产生不当影响被认为是不利的。出于这些考虑，执董会决定用一篮子货币来确定特别提款权的价值。

- 篮子所包括的货币应当能代表国际交易中所使用的货币。代表性确保组成货币被基金组织成员用于国际交易，且确定特别提款权价值的汇率由活跃的外汇市场所支持。一组具有代表性的货币也提供了一定程度的多样化。

- 篮子中货币的相对权重应当反映其在世界贸易和金融体系中的相对重要性。

- 特别提款权篮子的组成应当稳定，因为它不宜审查一次换一次。支持货币篮子组成稳定的主要理由是为特别提款权用户提供确定性，从而支持特别提款权作为储备资产的作用。由于基本面长期持续，国际货币使用通常是慢慢演变，因此，选择规则如果在连续审查中使用类似的数据，那么选择的货币也是相同的。同样，在商定方法的基础上应毫不延迟地作出必要的修正。一旦所需的修正变得明显，可以假设，拖延可能意味着最后可能需要进行更大的修正。

- 特别提款权定值方法应具有连续性，只有当货币在世界经济中的作用发生重大变化时才会对定值方法进行修正。同样，篮子组成只应在国际货币使用模式发生变化后才有所变化，定值方法不宜频繁调整，而取决于货币在世界经济中是如何使用的。例如，随着资金流动在国际交易中重要性的增加，它们通过采用可自由使用的标准，在特别提款权定值方法中得到更加明确的体现。

---

① 见《扩大特别提款权货币篮子的标准》，SM/11/265（2011 年 9 月 23 日），第 6 页。早前关于特别提款权定值原则的讨论包括《特别提款权临时定值》，SM/74/59（1974 年 3 月 8 日）、执董会在 1976 年的特别提款权定值审查期间的讨论（EBM/76/90，1976 年 6 月 21 日；EBM/76/92，1976 年 6 月 25 日；以及 EBM/76/93，1976 年 6 月 25 日），以及《特别提款权定值审查》，SM/77/222（1977 年 9 月 2 日）。

三、特别提款权定值的法律框架

10. 特别提款权作为储备资产的作用得到有力的特别提款权定值法律框架的支撑。《国际货币基金组织协定》（以下简称《协定》）为特别提款权定值确定了整体参数。在《协定》规定的框架内，通过执董会的决定采用具体的特别提款权定值方法。除非根据所需的多数要求进行修订外，在确定特别提款权价值时必须采用已批准的特别提款权定值方法。

11. 《协定》赋予执董会确定特别提款权定值方法的广泛授权，但需满足特殊多数的要求。[①]《协定》并未就特别提款权定值规定任何具体的实质性要求或方法。相反，它只规定了定值决定的相对多数如下：作为一般规则，特别提款权定值方法由占总投票权的 70% 多数决定，条件是以下变动需要总投票权的 85% 多数：（1）改变定值原则，（2）实际中对原则适用的根本改变。《协定》没有就需要 85% 多数的变动类型作出进一步指导，执董会也从未编制这样一份清单。[②]执董会通过多数投票有权决定应适用两个特别多数中的哪一个。[③] 迄今为止，改变特别提款权定值方法的所有决定均由基金组织在总投票权的 70% 多数基础上通过。[④]

---

① 见《协定》第十五条第 2 款。

② 应当指出的是，术语"定值原则"不等于上文第二节讨论的广泛原则。然而，定值方法的变化如果会带来这些广泛和长期原则外的方法，会促使对该变化是否构成需要总投票权 85% 多数的"定值原则"的变化进行评估。

③ 见《特别提款权定值——通过决定所需的多数》，SM/80/180（1980 年 7 月 18 日）；以及《对〈国际货币基金组织协定〉进行第二次修订的建议》，执行董事会对理事会的报告，1976 年（华盛顿特区：国际货币基金组织），第十七章第 1 节。对于这些多数的立法历史，另见《特别提款权定值方法决定所需的多数》（第十九条，第 2 节），SM/75/114（1975 年 5 月 13 日）。

④ 对特别提款权定值方法的变动包括：（1）1980 年，将货币数量从 16 种减至 5 种，从 1981 年 1 月 1 日起的新五年检查期替换从 1978 年 7 月 1 日起的五年检查期（见 1980 年 9 月 17 日通过的第 6631 -（80/145）G/S 号决定，以及《特别提款权定值和利率篮子》，SM/80/206，补编第 2 号，1980 年 8 月 22 日）；（2）1998 年，将特别提款权篮子中的德国马克和法国法郎替换成欧元（见 1998 年 9 月 22 日通过的第 11803 -（98/101）G/S 号决定）；（3）2000 年，将"可自由使用"标准纳入特别提款权篮子的货币选择标准，并从以成员为基础的方法转移到以货币为基础的方法（见第 12281 号决定）；以及（4）1990 年和 2005 年，根据补充金融指标显示的美元强劲程度，对美元权重增加一个百分点，这些指标偏离了 1980 年的特别提款权定值方法和目前的特别提款权定值方法（见 1990 年 10 月 5 第 9549 -（90/146）G/S 号决定，以及 2005 年 11 月 23 日通过的第 13595 -（05/99）G/S 号决定）。

12. 目前的特别提款权定值方法是执董会于 2000 年通过的。根据"2000 年决定"，特别提款权定值方法有以下要素：（1）货币选择标准，（2）货币权重，以及（3）特别提款权定值的周期性。①

● 货币选择标准：特别提款权篮子包含四种货币：（a）这些货币由基金组织成员（或包括基金组织成员的货币联盟）发行，且这些成员在定值决定生效前 12 个月为截止的 5 年期间的商品和服务出口价值最大；以及（b）基金组织根据《协定》第三十条（f）的规定确定这些货币可自由使用。

● 货币权重：每种货币的百分比权重是基于每种货币占货币当局所持有储备的相对比重，以及商品和服务出口的价值（见第七节）。

● 定值的周期性：确定的货币选择和权重为期 5 年，本 5 年期将于 2015 年 12 月 31 日到期。一直公认的是，如果国际金融体系的发展需要的话，可提前进行审查。②

13. 本节的剩余部分就适用于货币选择标准的法律框架提供了指导，即（a）出口（"门槛"）标准；以及（b）自由使用标准。

A. 出口（"门槛"）标准

14. 一直以来，出口在特别提款权篮子选择方面发挥着核心作用。出口比重最初是特别提款权篮子货币选择的唯一标准。这个与规模相关的标准旨在反映各国在全球商业中的相对重要性，确保储备资产的充足供应，

---

① 由于适用 2000 年决定而使特别提款权篮子出现的变化（包括在检查中增加或移除货币，以及改变货币权重）可由所投票的多数通过。只有当基金组织改变特别提款权定值方法时才需要特殊的多数。例如，2010 年检查时调整货币权重由所投票数的多数通过。

② 例如，1980 年，执董会开展特别提款权检查，并在当时的 1878 年 7 月 1 日至 1983 年 6 月 30 日的五年期以外批准了一个新篮子。见 1980 年 9 月 17 日通过的第 6631 –（80/145）G/S 号决定；（另见《替代账户——特别提款权定值和利率篮子中货币数量的选择和变革时间》，SM/80/60，3/13/80，以及《特别提款权定值方法变化》，SM/80/70，3/24/80）。执董会也可以决定延长或缩短特别提款权篮子的时期，从而构成特别提款权估值方法的变化。1998 年，在建议将特别提款权篮子中的德国马克和法国法郎替换成欧元的背景下，工作人员建议将 1995 年批准的篮子延长到 2003 年（即超过了其正常的 5 年期限），但执董会没有支持该建议。见《欧洲货币联盟和国际货币基金组织——特别提款权和特别提款权利率估值》，SM/98/221（9/1/98）和 EBM/98/101（9/21/98）。

并限制篮子中货币的数量。①

15. 出口标准的评估是基于国际收支数据。"2000 年决定"阐明，在货币联盟的情况下，在确定联盟商品和服务出口的价值时不包括联盟成员之间的商品和服务贸易。根据该决定，只有当所涉期间其货币不在篮子中的成员或货币联盟的出口价值超过货币在篮子中的成员或货币联盟的出口价值至少达 1%，才可以将篮子中的货币替换成另一种货币。

B. 可自由使用标准

16. 特别提款权定值决定要求，除了符合出口标准外，纳入特别提款权篮子的货币必须"根据《协定》第三十条（f）的规定被基金组织确定为可自由使用"。特别提款权定值方法于 2000 年引入这项标准，作为货币选择的第二个标准，以确认金融交易对特别提款权定值的重要性。它被视为考虑各种金融市场广度和深度衡量措施的一种方法，以确保特别提款权包含那些最能代表在世界贸易和金融体系中使用的货币。自 1985 年以来，尽管金融变量被用来大致确认货币权重的方向，但在特别提款权定值方法中并不是一个正式标准。

17. 可自由使用的概念是为基金组织的运作而形成的，并在其中发挥着关键作用。它是在 1978 年《协定》第二次修订的背景下形成的，目的是确保成员从基金组织购买另一成员的货币能够直接或间接地将货币用于满足其国际收支需求。②因此，可自由使用的货币降低了成员在与基金组织的交易中获得和使用货币的潜在风险和成本。③

18. 在普通资金账户交易的背景下，可自由使用的货币发行成员与不

---

① 见《扩大特别提款权货币篮子的标准》，SM/11/265（另见《特别提款权定值和收益率》，SM/73/253，Rev. 3，12/20/73；《特别提款权临时定值》，SM/74/59；以及《特别提款权定值的其他方法》，SM/77/276，11/28/77）。

② 见《可自由使用货币的法律概念》，SM/77/267（11/9/77）。在第二次修订之前，从基金组织购买货币的成员没有义务将其货币兑换成购买国根据基金组织安排能用来满足其国际收支需求的货币。没有这种兑换义务将产生较大的不平等，使得用普通资金账户交易的购买国将无法用购入的货币来满足其支付需求。这也是基金组织持有的货币不太具有吸引力。见 Joseph Gold，《根据〈国际货币基金组织协定〉第二次修订使用、兑换和交易外汇》，系列小册子第 23 号（华盛顿特区：基金组织），1978 年。

③ 见《扩大特别提款权货币篮子的标准》，SM/11/265。

是这种货币发行成员具有不同的法律义务。货币不可自由使用的成员的法律义务是确保基金组织将其货币提供给其他成员时兑换成其选择的可自由使用货币（《协定》第五条第 3 款（a）项）。① 在成员偿还资金时，这类成员还必须确保还款国将其选择的可自由使用货币兑换成该国货币（第五条第 7 款（j）（i）项）。这两种交易以所涉货币的官方基金组织汇率进行。此外，可自由使用货币的成员没有法律义务将基金组织出售其货币的余额兑换成另一种可自由使用的货币。这类成员只需要与基金组织和其他成员合作，使其可自由使用的货币能够兑换。② 如果作为合作的一部分，成员同意将其货币兑换成另一种货币，则无须以官方的基金组织汇率进行兑换。该框架意味着，获得或偿还基金组织贷款的成员如果打算兑换获得的可自由使用的货币，或者必须获得基金组织选择的可自由使用的货币用于偿还贷款，可能需要用市场汇率。

19.《协定》对"可自由使用的货币"进行了定义。具体而言，第三十条（f）将可自由使用的货币定义为"被基金组织确定为（1）事实上在国际交易支付中广泛使用，以及（2）在主要外汇市场广泛交易"。货币必须满足该定义中的两个要素即"广泛使用"和"广泛交易"才能被确定为可自由使用。

20. 尽管《协定》对可自由使用货币的定义相对具体，但它不是自动执行的。相反，它要求解释"事实上在国际交易支付中广泛使用"和"在主要外汇市场广泛交易"的含义。在解释《协定》时，基金组织主要借鉴了解释国际条约的国际公法原则，这些原则要求"应当根据条约术语背景所赋予的通常意义及其目的和宗旨对条约进行善意解释。"③

21. 考虑到以上因素，对"可自由使用的货币"的解释完全遵循其根

---

① 同样，在特别提款权部门，根据指定的交易，具有国际收支需求的参与者可要求被指定提供货币以换取特别提款权的另一参与者提供可自由使用的货币。见《协定》第十九条，第 2～5 款。关于使用《协定》中这一概念的概要，见《可自由使用货币的法律概念》，SM/77/267。

② 如果一个成员从基金组织购买了可自由使用的货币，并在购买另一种可自由使用的货币时兑换之，则购入货币的发行国有权要求通过发行国以官方汇率兑换成发行国选择的另一种可自由使用的货币。见第五条第 3 款（e）（iv）项；另见《可自由使用货币的法律概念》，SM/77/267，第 5 页。

③《维也纳条约法公约》第 31（1）条。

据《协定》所规定时的目的和背景；即作为使基金组织能够向其成员提供临时国际收支援助的框架的组成部分。具体而言，要求货币"事实上在国际交易支付中广泛使用"旨在确保货币可以直接用于满足成员的国际收支需求，而要求货币"在主要外汇市场广泛交易"旨在确保其可以被间接使用，即可在市场上兑换成另一种货币来满足成员的国际收支需求，并合理保证不会对汇率造成大量不利影响。①在过去的适用中已确认，"广泛使用"最好通过分析用该货币进行贸易和服务支付以及金融账户交易的程度来予以评估，而"广泛交易"被理解为意味着应"合理保证"所涉及货币的市场具有足够的深度，当一个成员大量交易该货币时不会导致汇率显著变化。②

22. 尽管执董会决定"借用"可自由使用的概念来确定特别提款权的价值，但这一决定不能改变《协定》中所规定的可自由使用的货币的含义和目的。执董会可以考虑决定不再依靠可自由使用的货币这一标准来进行特别提款权定值。只要替代标准符合第十五条第 2 款中所提到的"定值原则"，这样的决定可由总投票权的 70% 多数通过。③

23. 除了上述一般性指导，关于"可自由使用的货币"概念三个具体方面的法律解释可包括以下几点。

* 主要外汇市场：为了使货币可自由使用，它必须在主要外汇市场广泛交易。在《协定》第二次修订过程中起草这一规定期间，有人认为可自由使用的货币无需在所有的外汇市场广泛交易，但是它必须在一个以上的主要外汇市场交易。④ 考虑到金融和技术发展，基金组织对主要外汇市场的确定可能随时间的推移而变化。

---

　　① 见《可自由使用货币的法律概念》，SM/77/267。此外，"广泛使用"和"广泛交易"要求也使货币不可自由使用的但是若其货币在购买交易中被选中而必须提供可自由使用货币的成员从其现有储备中提供可自由使用的货币，或者在外汇市场上公平地买卖这种货币。见《可自由使用的货币》，SM/77/273（11/18/77）。

　　② 《可自由使用的货币》，SM/77/273，以及《扩大特别提款权篮子货币的标准》，SM/11/265。

　　③ 这种替代标准包括"储备资产标准"在《扩大特别提款权篮子货币的标准》中有讨论，SM/11/265。

　　④ 见 EBM/76/42（1976 年 3 月 15 日）和《可自由使用的货币》，SM/77/273，第 4 页。

● 货币可兑换性：一开始就公认的是，对于可自由使用的货币而言，完全可兑换性既不是必要条件，也不是充分条件。即使货币发行成员保留一些限制，该货币也可能被认为广泛使用和广泛交易。相反，完全可兑换的一种货币可能因需求不足而不能被视为广泛使用和广泛交易。① 为了确定所涉及货币广泛交易的那些主要外汇市场，该市场必须足够自由化，以确保可能从基金组织获得融资的成员可以充分准入该市场。

● 国际交易：一直以来公认的是，有助于评估货币是否在"国际交易"中广泛使用的交易包括经常项目和金融项目交易。此外，根据《协定》其他规定对"国际交易"的解释方式，可自由使用定义的目的和宗旨表明，只有当交易发生在成员之间，才可以为了可自由使用的标准将交易视为国际交易（见附专栏1.1）。然而，如下文进一步讨论的，有人认为在成员内部进行的一些支付可归于国际交易。

附专栏1.1　第三十条（f）定义的"国际交易"

可自由使用的货币的法律定义中的术语"国际交易"引发了许多解释问题，特别是，它是否与第八条第2款（a）项中的规定的含义相同，后者长期以来将"国际交易"解释为"成员之间的交易"。

第三十条（f）定义的"可自由使用的货币"为（1）事实上在国际交易支付中广泛使用，以及（2）在主要外汇市场广泛交易。关于如何解释国际交易的问题三类交易尤其相关：（1）在成员的不同领土之间的交易，其中每个领土有自己的货币；（2）货币联盟成员之间的交易；以及（3）成员居民之间涉及另一成员货币的交易。[1]

根据第八条第2款（a）项对术语"国际交易"的解释最多。1959年的一份执董会文件承认，将成员具有单独货币的不同领土之间的经常项目交易视作国际交易"可认为是合理的"，但得出结论，"这不是这项

---

① 见《可自由使用货币的法律概念》，SM/77/267。

规定本来运作的方式。"[2] 相反，"国际交易"被解释为成员之间的交易。根据条约解释原则，通常假设的是，如果条约文本中多次用到一个词或短语，则各方所采用的意思是统一的。然而，在以下情况下该假设可推翻：可以表明，在给定的术语背景下，并考虑到条约的目的和宗旨，可以有不同的含义。[3]

《协定》中可自由使用的货币概念的背景和宗旨都支持以下结论，即第三十条（f）规定的"国际交易"也意味着"成员之间的交易"。在基金组织融资背景下，第三十条（f）规定的可自由使用的货币概念旨在确保成员根据基金组织安排购买另一成员的货币将能够直接或间接地将其用于满足本国的国际收支需求。基金组织为成员提供融资，以解决其与世界其他地区的国际收支需求。在评估成员的国际收支需求时，基金组织尤其需要着眼于该成员的总体国际收支需求，包括其所有的组成领土。[4] 因此，将货币用于支付成员之间的交易最能反映购买成员直接用该货币满足其国际收支需求。与此相反，同一成员不同领土之间的交易情况则似乎不是这样，即使其拥有不同的货币；同一成员居民之间的交易似乎也不是这种情况，即使是以外币进行支付。此外，用货币支付货币联盟成员之间的交易则表明对该货币的直接使用，因为共同货币可用于满足对货币联盟其他成员的国际收支需求。

然而，一般认为成员领土内部的一些支付可能归于国际交易。如下文所讨论的，需要进一步分析，以评估如何在可自由使用分析中捕捉到这些交易。此外，对于特别提款权定值之目的（即除了确定"可自由使用"外的目的），执董会拥有广泛的自由裁量权，在根据相关指标评估货币的国际使用时可以取消不同成员之间在货币联盟内的交易（见附专栏1.2）。

1　第一类与中国、中国香港、中国澳门和中国台湾之间的人民币交易有关；第二类与欧元区成员之间使用欧元的交易有关；第三类产生于非发行成员居民之间用外币进行交易的许多情况（如英国居民在伦敦市场以美元支付交易）。

2　见《第八条和第十四条的法律方面》，SM/59/73（11/18/59）。本文在执行董事会通过基金组织关于第八条和第十四条的现行政策之前进行了讨论。见1960年6月1日通过的第1034 –

（60/27）号决定。1999 年，在限制为从中国内地到中国香港和中国澳门旅游而购买外汇的措施背景下，适用了这一解释，因此，中国内地和中国香港和中国澳门居民之间的相关交易不被认为是"国际"交易（因此不受第八条规定管辖）。

3 另见 Robert Jennings 和 Arthur Watts 等，《奥本海姆国际法》（第九版），第 1 卷，Harlow：Longman，1992，第 1273 页；以及 Richard Gardiner《条约解释》，牛津：牛津大学出版社，2008 年，第 165－166 页。

4 中国为获得基金组织资金的有关国际收支需求在执董会关于特别增加中国份额的委员会于 2000 年进行了讨论，其中工作人员在回应关于中国有可能获得基金组织融资以协助中国香港的问题时指出，"将会有影响整个经济的总体国际收支融资需求，而不仅仅是中国香港特"。见 EB/CQuota/China/00/2（11/30/00），第 9 页。

24. 执行董事会用量化指标来评估一种货币是否可自由使用。尽管执董会在选择指标以指导其决定方面拥有自由裁量权，但在选择指标时应按照其提供有关信息以评估可自由使用货币定义的两个要素的能力。关于广泛使用这个要素，选择和构建的指标应当能捕捉成员之间经常项目和金融项目交易对货币的使用，而关于广泛交易的指标的目的则是评估在主要外汇市场交易货币的深度和流动性。考虑到金融发展和相关数据可用性的演变，这些指标被认为会随时间的推移而演变。

25. 执董会最后确定哪些货币是符合《协定》第三十条（f）定义的可自由使用货币最终需要执行董事会的判断。以前多次强调的是，量化指标不能机械地加以使用，最终确定哪些货币可自由使用需要根据《协定》规定的可自由使用定义作出定性判断，包括货币的数量（见附专栏1.3）。①确定一种货币是否可自由使用由执董会按选票的多数决定，但基金组织在将一种货币加入或移除可自由使用货币清单之前必须与成员进行磋商。②

① 见《代理主席的总结——扩大特别提款权货币篮子的标准》——执行董事会第11/103次会议，2011 年 10 月 28 日，BUFF/11/140.
② 基金组织附则及条例，附则 O－3（b）。磋商不意味着赞同，最后决定取决于基金组织。见《可使用货币的法律概念》，SM/77/267，以及《建议对〈国际货币基金组织协定〉的第二次修订——执行董事会和理事会的报告》，DAA/76/11，1976 年 3 月 22 日。

附专栏1.2　特别提款权定值框架中对货币联盟的处理

1998 年，执董会商定了一个临时办法，将特别提款权篮子中的德国马克和法国法郎自动替换成欧元。[1]当时，纳入特别提款权篮子的唯一标准是出口。自动替换被认为符合特别提款权定值框架，因为法国和德国的出口总和几乎等于整个欧元区的出口总额（不包括欧盟内部的贸易），为欧元生成的初始权重密切反映了欧元区在国际贸易中的重要性。将欧元作为可自由使用的货币纳入篮子也是对德国马克和法国法郎的自动替换，因为当时还没有针对欧元的金融指标。[2]

将欧元纳入特别提款权篮子提出了一个问题，即使如何处理货币联盟内部的贸易，这促使基金组织 2000 年转变为基于货币的框架。[3]在 2000 年审查进行修正之前，特别提款权定值框架以成员为基础。2000 年的执董会决定明确指出，为了评估出口标准和确定货币权重，货币联盟的商品和服务出口要扣除联盟成员之间的贸易。[4]同样，对于货币权重，只有联盟外的货币当局的货币持有量才用于计算。与出口标准和加权方法不同，同样是 2000 年通过的可自由使用的标准是以成员为基础的（见附专栏1.1）。因此，本附录所介绍的可自由使用评估中所用的指标未扣除欧元区内部的头寸。

根据"2000 年决定"，特别提款权审查通常遵循以货币为基础的方法。2010 年审查在替代加权公式背景下提出了出口、储备和补充金融指标，扣除了欧元区内部的头寸并对这些指标进行了广泛讨论。[5]2011 年关于特别提款权定值标准的文件在可能改革选择标准的背景下考虑了这些指标。[6]有两个金融指标没有扣除货币联盟内部头寸，而原本是要进行扣除的，但文件指出这是由于数据的限制。

1　见 SM/98/221。
2　见 1998 年 12 月 17 日通过的第 11857 –（98/130）G/S 号决定。
3　见《特别提款权定值方法审查》，SM/00/180（2000 年 7 月 24 日）。2000 年审查还为特别提款权定值框架增加了可自由使用的标准，但没有包括对篮子中四种货币的再评估，这四种货币已经被基金组织确定为可自由使用。
4　第 12281 号决定。
5　见《特别提款权定值方法审查》，SM/10/292（2010 年 10 月 26 日）。
6　见《扩大特别提款权货币篮子的标准》，SM/11/265，附录二。

26. 如果一种货币未被确定为可自由使用，但在特别提款权定值审查时满足了出口标准，则评估其是否可自由使用可以作为审查的组成部分进行。作为一个法律问题，基金组织不需要在此背景下对可能符合《协定》要求的所有货币进行全面审查。然而，如果一种货币在特别提款权定值审查时被确定为可自由使用，且其他货币在相关指标上具有类似结果，则出于一致性目的，如果行董会此后对新的可能可自由使用的货币进行广泛审查时，应适用同样的标准。如上所述，将一种货币列入可自由使用货币清单要求与相关成员进行磋商，而记录表明，基金组织在过去考虑了成员的意见，即不把其货币列入可自由使用货币清单。①

附专栏 1.3　过去对可自由使用货币的评估

1977/1978 年的可自由使用货币评估是迄今唯一的全面评估。根据工作人员当时的分析，美元、德国马克、英镑最能满足两个标准（广泛使用和广泛交易）。分析还表明，法国法郎可能加入可自由使用货币，因为有大量基金组织成员持有法郎。其他一些货币如加拿大元、荷兰盾和日元也"似乎满足标准"，并"在国际支付中的作用日益增加"[1]工作人员表示倾向于较短的可自由使用货币清单而不是一个较长清单，原因是随着清单的加长，后来增加的货币似乎"不太符合"所用的标准。最后，执董会确定了五种货币即德国马克、法国法郎、日元、英镑和美元为可自由使用的货币，反映了执董会的判断。

1998 年，执董会决定将欧元列入可自由使用的货币清单，并将德国马克和法国法郎从清单中移除。[2]执董会的结论是，由于德国马克和法国法郎均被基金组织确定为可自由使用货币，可以合理预期的是，欧元也可以自由使用，因为它是很多成员的货币。因此，执董会从一开始就将欧元视为可自由使用货币。

---

①　在 1977 – 1978 年的可自由使用货币评估中，执董会似乎考虑了荷兰和加拿大的意见，即不把其货币列入清单。见 EBM/77/172，1977 年 12 月 19 日。

2010 年，人民币被认为不可自由使用。由于中国满足纳入特别提款权的出口"门槛"标准，基金组织对人民币是否可自由使用进行了评估，以确定其是否满足纳入特别提款权的第二个标准。由于中国是唯一满足"门槛"标准的非特别提款权货币发行国，可自由使用的评估集中于人民币。执董会得出结论，人民币既没有在国际交易中广泛使用，也没有在主要外汇市场广泛交易，因此，当时不满足可自由使用的标准。

1　见《可自由使用的货币》，SM/77/273。

2　见《欧洲货币联盟和基金组织——操作性问题》（EBS/98/219，1998 年 12 月 11 日）。

四、货币选择标准

A. 现行标准的适当性

27. 执董会于 2011 年对特别提款权货币选择标准进行了全面审查，并支持维持现行标准。

● 多数执董同意与规模相关的标准所发挥的重要作用，并支持维持出口"门槛"标准。他们也同意在出口标准中增加资金流动原则上是可取的，但这首先要求解决数据不足的问题。

● 执董会也支持维持可自由使用的标准。一些执董表示愿意根据"储备资产标准"探讨其他标准，但是多数执董认为可自由使用的标准仍然是适当的。[1]

28. 目前的选择标准仍然普遍支持特别提款权篮子的稳定性，及其在国际交易中对货币使用的代表性。

● 目前的篮子于 2011 年 1 月 1 日生效。自那以来，特别提款权对其组成货币的日均波动性仍然很低。特别提款权/美元汇率一直窄幅波动，虽然美元在 2014 年下半年强劲升值，这反映了美元对篮子中其他货币升值（见附图 1.1 和附表 1.1）。

[1]　BUFF/11/140。

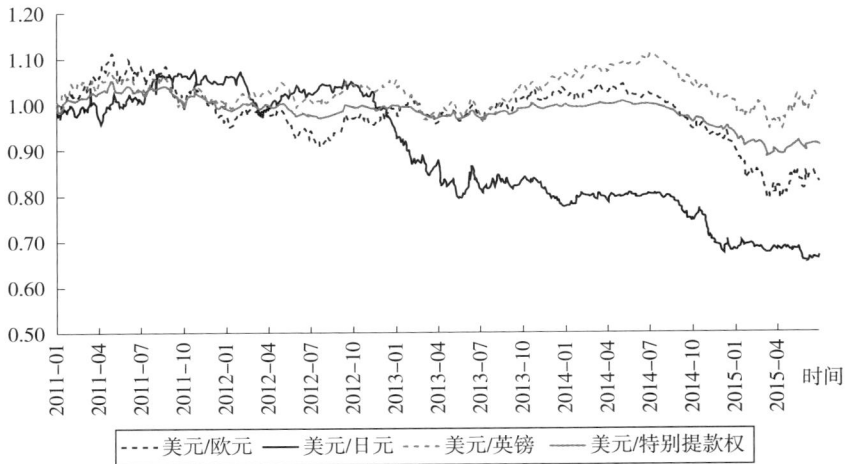

资料来源：基金组织《国际金融统计》。

附图 1.1　汇率变化（2011 - 2015 年）

附表 1.1　汇率波动[1]

年份	2010	2011	2012	2013	2014
英镑	0.51	0.41	0.30	0.36	0.24
欧元	0.58	0.57	0.40	0.35	0.28
日元	0.46	0.40	0.33	0.56	0.36
特别提款权	0.25	0.26	0.17	0.1	0.13

1. 即期汇率市场相对于美元的每日百分比变化绝对值的平均，以伦敦市场的午间汇率为基础。

资料来源：基金组织《国际金融统计》；基金组织工作人员的计算。

• 当前标准所确定的货币在全球贸易和金融体系中仍然十分重要。如下文进一步所述，欧元区、美国、日本和英国继续是主要的出口国，中国也是。美元、欧元、日元和英镑在全球金融交易中也占据较大比重（见附图 1.2）。自上次审查以来，除了人民币比重不断上升外，外汇储备、外汇交投总额和其他金融比重的总体格局未出现显著变化。

29. 根据执董会相对较近的审查，工作人员不建议重新审视目前的货币选择标准。发展态势表明，现阶段不需要进一步开展其他标准的概念性工作。由于 2011 年以来关于资金流动数据的质量和国家覆盖面都未发生显

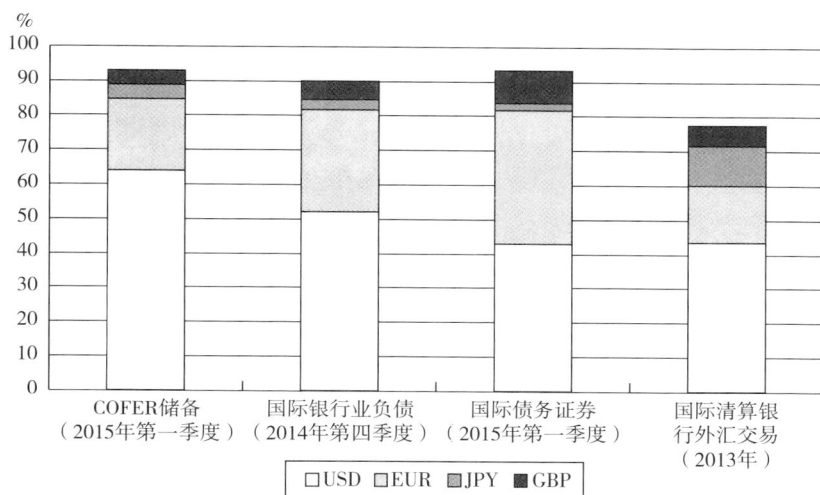

附图 1.2　自由使用指标的集中度

（主要货币在世界总额中的累计比重）

著变化，工作人员建议维持出口这个纳入篮子的"门槛"标准。然而，如上文所述，执董会对选择标准拥有广泛授权，因此，如果执董们希望的话，也可以对选择标准进行重新审视。

B. 出口标准

30. 出口是一种货币可能被纳入特别提款权篮子的第一道测试。[①]自上次特别提款权定值审查以来，各成员的出口比重出现显著变化，许多新兴市场和发展中国家的重要性日益增加，但领先国家的总体情况仍大致保持不变。[②]

• 欧元区和美国仍然是最大的出口国，占全球贸易的三分之一左右

———————————

① 符合过去对定值框架的适用，商品和服务出口包括关于商品出口、服务和收入的数据。

② 介绍的数据为初步数据，基于《国际收支和国际投资头寸手册》（第六版）。2010 年审查基于《国际收支和国际投资头寸手册》（第五版）。关于出口的主要方法变化是记录用于加工的商品，之前被记录在商品贸易总额（即发出和退回商品的价值）下，但现在记录在服务净额（即只是附加值）下。

（见附表 1.2 和附图 1.3）。与上次审查相比，其比重（以 5 年平均值衡量）略有下降。

附表 1.2　货物和服务的出口 [1]（5 年平均，在全球总量中的占比）

2005－2009 年			2010－2014 年		
	十亿 SDR	占比（%）		十亿 SDR	占比（%）
欧元区	2138	19.8	欧元区	2648	18.3
美国	1539	14.2	美国	1978	13.6
中国[2]	872	8.1	中国[2]	1613	11.0
英国	780	7.2	英国	728	5.0
日本	616	5.7	日本	708	4.9
加拿大	341	3.1	加拿大	465	3.2
韩国	296	2.7	韩国	401	2.8
新加坡	269	2.5	新加坡	394	2.7
瑞士	269	2.5	瑞士	388	2.7
俄罗斯	268	2.5	俄罗斯	387	2.7
备忘项目			备忘项目		
中国（不含港澳）	831	7.7	中国（不含港澳）	1536	10.6

1. 含贷方收入。欧元区内部出口不计入。

2. 含中国内地、中国香港、中国澳门。三地之间的货物出口不计入。2013 年之前中国内地与中国香港的服务出口不计入。这些经济体之间的贷方收入无法剔除，因为 2009 年之后的相关数据无法进行地域细分。中国澳门的数据仅更新至 2013 年。

资料来源：基金组织《世界经济展望》；基金组织《贸易流向统计》；中国香港政府统计处；基金组织工作人员的计算。

- 中国继续满足出口标准。[①]中国在 2010 年审查时就已经加入主要出口国行列。数据显示，中国继续是第三大出口国，已经大大缩小了与美国和欧元区的差距。

- 日本和英国分别是第四大和第五大出口国。自上次审查以来，这两个国家的出口比重略有下降，日本现在的比重略超英国。

---

① 根据"2000 年决定"，中国的出口在成员层面衡量，即包括中国香港和中国澳门，但不包括（大多数）这些区域之间内部的出口。然而，如果出口在中国内地层面衡量，结论同样适用。

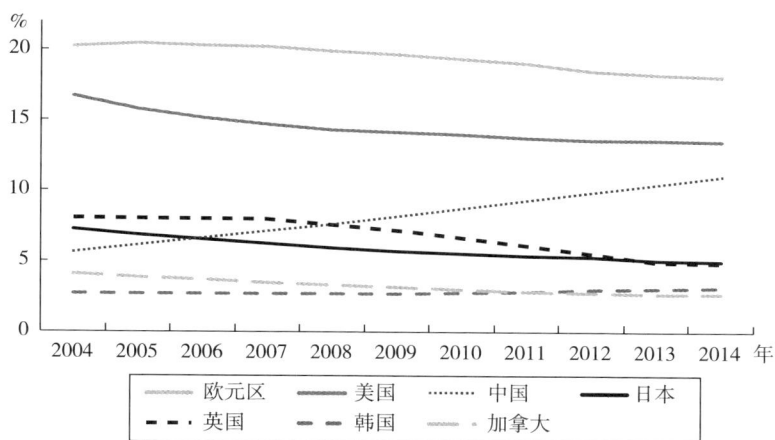

1. 见附表 1.2 的注释。

资料来源：基金组织《世界经济展望》；基金组织《贸易流向统计》；中国香港政府统计处；基金组织工作人员的计算。

附图 1.3　货物和服务的出口[1]（5 年平均，在全球总量中的占比）

● 第六大出口国不在领先国家组内。韩国、新加坡、加拿大、瑞士和俄罗斯的出口远未达到门槛值，即出口量比另一个特别提款权成员出口量多 1%。

C. 可自由使用标准

31. 由于中国继续满足出口"门槛"标准，根据目前的货币选择框架，审查将重点确定人民币是否是可自由使用货币。本节讨论进行这种确定的要素。根据特别提款权定值的法律框架，确定可自由使用是基于《协定》的定义，最终需要执董会根据量化指标进行判断。需要提供关于执董会过去批准的指标信息，以及其他可以有助于补充的指标。对需要进一步工作的关于基本数据和领域的各种概念问题也进行了讨论。

指标：一般考虑

32. 指标是评估一种货币是否可广泛使用和广泛交易的间接手段。根据上文对这些概念的解释，理想情况下，对广泛使用的评估是基于国际收支的全部货币构成和国际投资头寸，而广泛交易评估则计算成员将与基金组织交易所收到的货币在不同外汇市场进行兑换的成本，以及市场价格对

153

这种兑换的反映。然而，由于缺乏这种数据，在广泛使用的评估中需要用概括性指标作为替代指标。在解释这些替代指标时必须谨慎，因为其信息内容会随时间推移而变化。

33. 执董会批准的指标对可自由使用评估仍然有效。自 1977 – 1978 年对可自由使用货币进行初次评估以来，直到 2011 年才进一步对可自由使用货币概念进行全面讨论。当时，执董会考虑了在审查其他的特别提款权定值标准背景下将被用于可自由使用标准评估的指标。执董们同意，货币在官方储备、国际银行负债和国际债务证券中的比重将是评估广泛使用的重要因素，而外汇市场交易额（即交投总额）则是评估广泛交易的重要因素。①

34. 虽然这些指标在很多方面仍然是货币广泛使用和广泛交易的有用代理，但它们也有一些缺点。这些指标不能捕捉国际货币使用的某些方面，如国际收支流动的货币构成或非居民在国内债券市场的投资。②此外，2011 年讨论后方法的变动改变了执董会批准的国际债务证券指标的信息内容。③关于广泛使用的金融指标包括所有已发行的股票，在货币使用趋势的变化上存在惯性，这可能会低估动态货币的重要性。在不同指标下国际交易的定义各不相同，也不是总符合《协定》第三十条（f）规定的对国际交易的解释。例如，国际银行负债包括所有的外币负债，包括对居民的外币负债。与此同时，国际债务证券包括居民在当地市场以外币发行的证券，但注册不受地方法律管辖，不包括非居民持有的在地方市场发行的国内货币债权。官方储备和国际银行负债数据在货币覆盖面方面存在缺口，而外汇市场交投总额数据的首选来源——国际清算银行三年期中央银行调查的数据仅到 2013 年，在时效性方面也存在差距。

35. 其他一些各具优势和劣势的指标和数据来源可补充执董会先前批

---

① 见《扩大特别提款权货币篮子的标准》，SM/11/265 和 BUFF/11/140。

② 例如，非居民私营部门持有约 2 万亿美元的美国国债。近年来非居民对新兴市场国内货币债券市场的投资也在上升。这些持有量通常不包括在国际债务证券中，因为它们是根据本地法律在国内发行的。

③ 国际清算银行编制的国际债务证券现在包含在发行者为非居民的市场发行的证券。以前也包括针对非居民投资者发行的证券，但很难识别这些证券。

准的指标。[①] 其他指标包括（1）官方持有的外币资产；（2）发行国际债务证券以补充现有关于已发行股票的指标；（3）跨境支付；以及（4）贸易融资信用证。其他数据来源也被用于反映外汇市场交投总额，以提供比最新的国际清算银行调查更新的情况。目的是扩大货币覆盖面、捕捉除股票外的跨境流动以更好地反映货币使用的最近趋势，提供更及时的外汇市场交投总额数据，并捕捉国际货币使用的其他方面。尽管如此，其他指标和数据来源也有不足之处，例如对相关交易覆盖面不完整，以及基于流量的指标更容易受到波动的影响，但工作人员认为，这些指标仍然是对评估的有益补充。

36. 如执董会于 2011 年讨论的，买卖差价是评估广泛交易的一个可能的次要指标，但需要谨慎解释。来自纽约外汇市场的买卖差价被列入 1977－1978 年的可自由评估。[②]即使在今天更深入和更相互关联的市场，全天的买卖差价和不同时区的买卖差价可能有很大的不同，但大多数数据来源只提供标准规模交易的参考报价。[③]工作人员正在探索能否获得逐项交易数据的广泛样本，以分析多个市场、货币和交易条件。

37. 在适用广泛使用时，还需要确定什么是"主要外汇市场"。电子交易重要性的上升增加了不同实体市场之间交易的方便性和有效性，也可以对每一对货币的要价和报价进行连续监测，削弱了关于外汇市场交投总额的数据和交易各方实际地点的联系。交易活动现在几乎时刻都在进行，其中很大部分交易要么通过电子交易平台进行，要么使用参考这些平台的价格。然而，市场活动和交易额仍然与主要金融中心的营业时间密切相关。在此背景下，"主要外汇市场"最好理解成三大时区，即亚洲、欧洲和北美市场，而不是市场的地理位置。[④]由于要求货币在多个但不是所有的主要市场广泛交易，这可能会被理解成，成员需要合理保证其货币在三个时区的至少两个中具有足够的市场深度。

---

① 每个指标捕捉的概念、数据来源、覆盖面、时效性和其他技术细节见本附录附件V（略）。

② 见《可自由使用的货币》，SM/77/273。

③ 见《扩大特别提款权货币篮子的标准》，SM/11/265。

④ 在三个交易时段中，交易量通常分别由东京、伦敦和纽约市场所主导。关于亚洲时区最新的交易额在新加坡、香港和东京市场间几乎平分。

38. 广泛交易评估应考虑，成员能否在任何时候交易大量的货币，并合理确保该货币的市场更具有足够的深度，使汇率不会出现明显变化。虽然外汇交投总额通常与一个市场的深度和韧性有关，但它并没有完全捕捉到这些特征，因此，应当进行更细致的分析，以确保市场可以处理一种货币的大量交易而不影响汇率。有助于回答这个问题的有意义的衡量指标是比较市场的深度和基金组织相关交易的规模。此外，评估需要考虑到典型的外汇交易策略。例如，市场参与者会将大订单分成几个小订单，以避免汇率产生不利的变化。事实上，这个做法在过去几年里正变得日益自动化。此外，风险管理做法可能会限制代理愿意承担的风险暴露。这意味着，与基金组织业务有一定规模的外汇兑换可能会通过多宗交易进行，通常是通过多个代理在一段时间内进行。

39. 对中国香港、中国澳门和中国台湾的处理对一些指标提出了一些计算方法问题。将国际交易解释为"成员之间的交易"（见附专栏 1.1）意味着，香港、澳门和台湾内部的人民币交易，以及这三者中的其中之一与中国内地之间的人民币交易在可自由使用评估中不被认为是国际交易。然而，并不是所有指标的适当处理都是直截了当的，特别是鉴于香港作为金融中心的地位，是中国内地和世界其他各地商业往来之地。例如，中国香港居民之间的交易或中国香港居民和中国内地居民之间的交易可能反映了在其他地方未被捕捉到的与基金组织另一成员的国际交易。然而，衡量这种交易的比例则带来了困难。在一些情况下，类似的问题可能对其他金融中心也有意义。指标将中国香港、中国澳门和中国台湾视为有可用的数据的国内交易，并将在适当时指出这些方法问题，并讨论在其显得数量上具有显著性的地方的可能解决方法。

广泛使用

40. 有数据可用的各种指标显示，自上次特别提款权定值审查以来，人民币的国际使用越来越多，尽管是从一个较低的基数开始增加的。

● 官方外汇储备。该指标的数据来源是基金组织的官方外汇储备货币构成调查（见附表 1.3）。然而，调查中未单独对人民币进行确认。

156

附表 1.3　官方储备（已配置储备的百分比）

2010 年第二季度			2015 年第一季度		
	十亿 SDR	%		十亿 SDR	%
美元	2026	62.5	美元	2818	64.1
欧元	850	26.2	欧元	911	20.7
日元	103	3.2	日元	182	4.2
英镑	135	4.2	英镑	172	3.9
瑞士法郎	4	0.1	澳大利亚元	83	1.9
澳大利亚元[1]		n.a.	加拿大元[1]	82	1.9
加拿大元[1]		n.a.	瑞士法郎[1]	13	0.3
其他	122	3.8	其他	135	3.1
未分配	2453	43.1	未分配	3893	47.0

1. 2013 年之前澳大利亚元和加拿大元未在 CODER 中单独统计。

资料来源：基金组织，官方外汇储备货币构成调查。

- 官方外汇资产。鉴于官方外汇储备货币构成调查中人民币的缺口，工作人员对成员的官方外汇资产进行了调查，其中包括储备资产和储备中未包含的其他以外币计价的资产。[1] 官方外汇资产调查包括 16 种货币，包括一些非完全可兑换的货币如人民币，而官方外汇储备货币构成调查则包含 7 种货币。对于两个调查都包含的货币，结果密切反映了官方外汇储备货币构成调查的数据。而对于人民币，有 38 个受访者表示持有以人民币计价的资产，占官方外汇资产总额的 1.1%（见附表 1.4）。[2] 2014 年的这一水平高于 2013 年，但仍低于澳大利亚元和加拿大元。调查与官方外汇储备货币构成调查一样严格保密，中国香港金融管理局或中国澳门金融管理局可能报告的任何人民币持有量在没有公开之前不能排除在外。

---

① 官方外币资产包括对居民的债权，不同于官方外汇储备货币构成。
② 与官方外汇储备货币构成调查类似，官方外币资产调查被分发到 188 个基金组织成员、中国香港、中国澳门和三个货币联盟的央行/货币当局。

附表 1.4　官方外币资产（占全球总量百分比）

	2013 年				2014 年		
	十亿 SDR	%	报告国家		十亿 SDR	%	报告国家
美元	2701	61.3	127	美元	2961	63.7	127
欧元	1041	23.7	109	欧元	978	21.0	108
英镑	187	4.2	108	英镑	190	4.1	109
日元	147	3.3	87	日元	160	3.4	88
澳大利亚元	98	2.2	79	澳大利亚元	98	2.1	78
加拿大元	87	2.0	84	加拿大元	92	2.0	85
人民币	29	0.7	27	人民币	51	1.1	38
新西兰元	11	0.2	27	瑞士法郎	11	0.2	29
瑞士法郎	10	0.2	73	新西兰元	11	0.2	69
挪威克朗	9	0.2	45	瑞典克朗	9	0.2	40
其他	66	1.9		其他	73	1.9	

资料来源：基金组织工作人员，成员调查。

● 国际银行负债。没有全面的人民币国际银行负债数据，因为中国目前不向国际清算银行报告，而其他国家报告以人民币计价的头寸是可选的（见附表 1.5）。① 据估计，2014 年末非银行的以人民币计价的国际银行存款占全球的比重为 1.9%。然而，这没有包括位于中国内地的银行的国际银行负债，并且将香港、澳门和台湾的数据视为国际数据。② 中国最近公布的数据显示，非居民持有的以人民币计价的银行负债相当于 7100 亿美元（这也将香港、澳门和台湾的数据视为国际数据）。③ 工作人员仍在确定该数据在何种程度上可与国际清算银行的数据可比较。观察离岸人民币计价负债的面值数据可以发现，人民币处在日元和瑞士法郎之间。工作人员正在努力获得将香港、澳门和台湾的数据视为国内数据所必需的信息。

● 已发行的国际债务证券。2015 年第一季度，已发行的以人民币计价的国际债务证券占总额的 0.6%，而 2010 年的比重则不到 0.1%（见附

---

① 工作人员正与国际清算银行合作，评估能否提供以人民币计价的国际银行负债估价。

② 国际清算银行《第 85 期年报》，第 85 页。

③ 人民银行《人民币国际化报告（2015 年）》。

表1.6）。工作人员正在努力获得将香港、澳门和台湾的数据视为国内数据所必需的信息。

附表1.5 国际银行业负债（占全球总量百分比） 单位:%

2009 年第四季度		2014 年第四季度	
美元	47.7	美元	52.1
欧元	34.4	欧元	29.7
英镑	6.6	英镑	5.4
日元	3.3	日元	2.8
瑞士法郎	1.8	瑞士法郎	1.7
其他	6.3	其他	8.3
备忘项目（十亿美元）			
总量	33727	总量	33341

资料来源：国际清算银行地区银行统计。

附表1.6 国际债务证券[1]（占全球总量百分比） 单位:%

2010 年第一季度		2015 年第一季度	
欧元	48.3	美元	43.1
美元	31.3	欧元	38.5
英镑	10.3	英镑	9.6
日元	3.3	日元	2.0
瑞士法郎	1.7	瑞士法郎	1.4
加拿大元	1.4	澳大利亚元	1.3
澳大利亚元	1.3	加拿大元	0.9
瑞典克朗	0.4	人民币	0.6
港元	0.3	瑞典克朗	0.5
挪威克朗	0.3	挪威克朗	0.3
第 14 位人民币	0.1		
其他	1.3	其他	1.8

1. 中国香港、中国澳门、中国台湾的数据被视作国际数据。

资料来源：国际清算银行季度检查。

- 发行国际债务证券。国际清算银行关于债务证券发行的数据显示，人民币计价的债务证券发行量占总额的比重上升至 1.4%，而 2010 年的比重仅为 0.1%（见附表 1.7）。工作人员正在努力获得将香港、澳门和台湾的数据视为国内数据所必需的信息。

附表 1.7　国际债务证券发行（全球总量百分比）　　　　单位:%

2010 年		2014 年	
美元	34.7	美元	42.1
欧元	45.7	欧元	37.1
英镑	9.4	英镑	11.6
日元	2.3	日元	1.8
澳大利亚元	1.8	澳大利亚元	1.7
瑞士法郎	1.8	人民币	1.4
加拿大元	1.0	瑞士法郎	0.8
港元	0.5	加拿大元	0.5
挪威克朗	0.3	港元	0.5
巴西雷亚尔	0.3	挪威克朗	0.3
人民币	0.1	巴西雷亚尔	0.2
其他	2.1	其他	1.9

资料来源：国际清算银行季度检查。

1. 中国香港、中国澳门、中国台湾的数据被视作国际数据。

● SWIFT 跨境支付。这一指标的覆盖面不全面，工作人员正在研究交易双重计算的潜在问题，但数据提供了对货币用于跨境交易支付的直接衡量指标。人民币的重要性快速增长，在过去四个季度（2014 年第二季度至2015 年第一季度；见附表 1.8）占支付总额的 1.0%，而两年前（2012 年第二季度至 2013 年第一季度）的比重则为 0.2%。这个衡量指标将中国香港、中国澳门和中国台湾的数据视为国内数据。然而，工作人员评估，中国香港、中国澳门和中国台湾与中国内地之间以及前三者之间或内部的一些人民币支付反映了非居民所开展的交易，从而应被视为国际数据。这种影响的上限是将以下交易数据视为国际数据：（1）中国内地与香港、澳门和台湾之间以人民币计价的所有交易；（2）香港、澳门和台湾之间以人民币计价的所有交易；以及（3）包括所有货币的"第三方国内使用"，即一个经济体内的居民使用别处发行的货币。在此基础上，人民币的比重将占支付总额的 2.8%，仅次于特别提款权货币。

附表 1.8 跨境支付[1]（全球总量百分比） 单位:%

2012 年第二季度至 2013 年第一季度		2014 年第二季度至 2015 年第一季度	
欧元	48.3	美元	41.6
美元	32.5	欧元	36.6
英镑	3.6	英镑	4.3
日元	2.9	日元	3.3
瑞士法郎	2.6	瑞士法郎	2.4
加拿大元	2.0	加拿大元	2.3
澳大利亚元	1.9	澳大利亚元	1.9
瑞典克朗	0.7	人民币	1.0
港元	0.6	港元	0.9
人民币	0.2	瑞典克朗	0.7
其他	4.7	其他	5.0

1. 对于人民币而言，中国香港、中国澳门和中国台湾的数据不被视作国际数据。

资料来源：基金组织工作人员的计算基于 SWIFT 数据，报文代码 103 和 202。

- SWIFT 贸易融资。由于没有贸易计价货币的最新数据，贸易融资的计价货币可提示货币在国际贸易交易中"使用广泛"的程度。SWIFT 关于信用证货币计价的数据涵盖贸易总额的 1/6 左右。[1] 2015 年第一季度，以人民币计价的信用证占总额的 3.8%，中国香港、中国澳门和中国台湾的数据按国内数据处理（见附表 1.9）。

---

① 国际金融体系委员会，2014 年，《贸易融资：发展态势和问题》，国际金融体系委员会文件第 50 号（巴塞尔：国际清算银行）。然而，将信用证用作贸易融资货币构成的指标存在局限。信用证在亚洲国家很常见，该指标未包括临时贸易信贷，而这是贸易融资的一个重要部分，在发达经济体更为普遍。

附表 1.9　贸易融资（信用证）¹（全球总量百分比）　　单位：%

2012 年第二季度至 2013 年第一季度		2014 年第二季度至 205 年第一季度	
美元	87.2	美元	85.6
欧元	7.5	欧元	7.2
日元	2.0	人民币	3.9
人民币	1.9	日元	1.9
英镑	0.2	英镑	0.2
阿联酋迪拉姆	0.1	瑞士法郎	0.2
印度卢比	0.1	阿联酋迪拉姆	0.2
沙特阿拉伯里亚尔	0.1	印度卢比	0.1
其他	0.8	其他	0.7

1. 跨境信用证指的是两个不同国家之间的信用证。对于人民币而言，中国香港、中国澳门和中国台湾的数据不被视作国际数据。

资料来源：基金组织工作人员的计算基于 SWIFT 数据，报文代码 700。

广泛交易

41. 国际清算银行截至 2013 年初的数据表明，人民币占外汇市场交投总额的比重大幅增加，尽管是从较低的基数开始增加的。国际清算银行的三年一次的中央银行调查是全球外汇市场交投总额最为全面的数据来源，由几家央行编制，广泛覆盖了机构和交易。目前的特别提款权货币继续占交投总额的 80% 左右，其中美元和日元的比重自上次审查以来有所上升，而欧元和英镑的比重则有所下降（见表 1.10）。2013 年，人民币占交投总额的比重增至 1.1%（日均交投总额为 1200 亿美元），而 2010 年则为0.4%（340 亿美元）。① 人民币占现货交投总额略低，为 0.8%（340 亿美元）。除了特别提款权货币外，2013 年的人民币交投总额不及瑞士法郎、澳大利亚元、加拿大元和墨西哥比索。然而，如上所述，最新的国际清算银行的外汇市场交投总额数据（2013 年 4 月）现在看来已相对过时。

———————————

① 为了广泛交易评估之目的，货币广泛交易的市场应向基金组织成员开放，以将其用于兑换从基金组织交易中获得的货币和储备管理之目的。鉴于基金组织成员及其代理准入在岸外汇市场仍存在限制，该市场的人民币交投总额对广泛使用评估可能并不十分有用，虽然离岸汇率和在岸汇率不断趋同。如第五节所更详细讨论的，这也提出了一个需要在审查期间解决的操作性问题。

附表 1.10　全球外汇市场交易量的货币构成[1,2]（占全球总量的百分比）

	即期				总交易			
	2010 年		2013 年		2010 年		2013 年	
	十亿美元	%	十亿美元	%	十亿美元	%	十亿美元	%
美元	1188	39.9	美元 1691	41.3	美元 3368	42.4	美元 4652	43.5
欧元	691	23.2	欧元 754	18.4	欧元 1550	19.5	欧元 1786	16.7
日元	300	10.1	日元 612	15.0	日元 754	9.5	日元 1231	11.5
英镑	213	7.1	英镑 227	5.5	英镑 511	6.4	英镑 631	5.9
澳大利亚元	111	3.7	澳大利亚元 196	4.8	澳大利亚元 301	3.8	澳大利亚元 462	4.3
瑞士法郎	92	3.1	加拿大元 93	2.3	瑞士法郎 250	3.2	瑞士法郎 275	2.6
加拿大元	78	2.6	瑞士法郎 84	2.1	加拿大元 210	2.6	加拿大元 244	2.3
新西兰元	22	0.7	墨西哥比索 57	1.4	港元 94	1.2	墨西哥比索 135	1.3
韩元	21	0.7	新西兰元 39	0.9	瑞典克朗 87	1.1	人民币 120	1.1
瑞典克朗	19	0.6	俄罗斯卢布 37	0.9	新西兰元 63	0.8	新西兰元 105	1.0
第 19 位人民币	8	0.3	第 11 位人民币 34	0.8	第 17 位人民币 34	0.4		
其他货币	238	8.0	268	6.5	715	9.0	1048	9.8

　　1. 4 月名义日平均交易量。总交易量含即期交易、直接远期交易、外汇掉期、货币掉期、期权和其他产品。

　　2. 由于交易涉及两种货币，对于所有货币，名义交易量是总交易量的两倍。

　　资料来源：国际清算银行三年期中央银行调查。

　　42. 更多最新的信息虽然不太全面，但表明人民币占外汇交投总额的比重持续上升：

　　● 区域和国家调查。工作人员从一些区域和国家来源获得数据。根据最新可用的数据，人民币日均交易额净的总额可能相当于 2500 亿美元（见附表 1.11）。[1][2]

---

　　① 国际清算银行三年期中央银行调查公布具体货币的外汇交投总额净额，经本地和跨境重复记录的调整，以及具体市场只经本地重复记录调整的外汇交投总额净额。附表 1.11 为外汇交投总额净额数字，在 2013 年 4 月的调查中，净额调整使人民币交投净额比总额减少 23%。中国（中国香港、中国澳门、中国台湾除外）的人民币交投总额数字所依据的调查涵盖的银行数量比国际清算银行的三年期中央银行调查涵盖的银行数量多。

　　② 由于区域调查在货币覆盖面上存在局限，无法获得其他货币的可比较更新数字。然而，2500 亿美元的人民币交投总额仍然低于 2013 年 4 月加拿大元、瑞士法郎和澳大利亚元的交投总额（在国际清算银行 2013 年 4 月的三年期中央银行调查中分别为 3040 亿美元、3490 亿美元和 5840 亿美元）。

• SWIFT 外汇交易。基于用来确认外汇交易的银行间信息的 SWIFT 数据显示，从 2013 年第一季度至 2015 年第一季度，人民币交投总额增加了 100%。虽然数据因覆盖面有限而应当谨慎对待，但增长率显示人民币交投总额快速增长。

附表 1.11　部分市场的外汇交易量　单位：十亿美元，%

地区中心[1,2]	总外汇交易量	人民币交易量	人民币交易占比	自 2013 年 4 月以来的增长
伦敦[3]	2667	34.7	0.7	42.8
纽约[4]	1095	n/a	n/a	n/a
新加坡	481	n/a	n/a	n/a
东京	363	1.8	0.2	167.8
香港[5]	n/a	92.2	n/a	86.3
澳大利亚	150	n/a	n/a	n/a
加拿大[6]	60	0.3	0.3	597.7
中国（在岸）[7]	n/a	61.7	n/a	36.9

1. 根据本地（非跨境）交易商之间的双重计算进行调整。由于每一笔外汇交易都涉及两种货币，所有货币的名义交易量的加总是总交易量的两倍。人民币交易量占比是基于 100% 计算的。

2. 除非另有说明，这里的交易量指的是 2014 年 10 月的数据，人民币名义交易量的增长是相比于 2013 年国际清算银行三年期中央银行调查的净量 - 总量数据。

3. 人民币的名义交易量是基于公布的人民币交易量占比数据而估算得出的。在 2014 年 10 月，人民币交易量在伦敦排名第 13 位。

4. 人民币在纽约的交易量太少，不做单独列示。

5. 来自中国香港金融管理局 2015 年 4 月的一个数据调查，使用的方法与国际清算银行三年期中央银行调查一样。

6. 人民币的名义交易量是基于公布的人民币交易量占比数据而估算得出的。

7. 中国的交易量来自人民银行的调查，其包括 2015 年 4 月所有银行的汇报数据。人民币名义交易量的增长是相比于 2013 年 4 月央行样本中的数字。

资料来源：地区外汇委员会；国家来源；基金组织工作人员的计算。

43. 按地区分类的外汇市场信息显示，人民币交易在亚洲最为普遍，在欧洲的比重较小，但不断增长，在北美的交易则很少。人民币是亚洲交易最多的货币之一。人民币在伦敦的交易比重相对较低，约为1%，但增长迅速，且已经达到相当大的绝对量级（约为每日350亿美元）。人民币在北美的交易非常之少。

44. 来自EBS平台的关于每小时外汇操作的数据仅包括人民币数据，提供了更多关于每日交易情况的细节。它确认，交易在亚洲市场开盘的几个小时期间最具有流动性，这也包括了前半个欧洲交易日。随后，在欧洲交易的最后几个小时里的交易较为温和，在接近欧洲市场收盘和亚洲市场开盘之间的交易水平很低。工作人员正在探讨能否获得多种货币的数据，以进行比较。

45. 工作人员的计算表明，可自由使用的货币在吸收与基金组织借款相关的潜在的外汇兑换的能力方面要高于人民币。基金组织成员潜在的货币兑换规模可用2010年以来的平均五大借款额（50亿特别提款权）或者灵活信贷额度承诺反映的最大潜在借款额（500亿特别提款权）等指标进行估计。[①] 对这些借款假设的货币构成是基于债权成员在金融交易计划中的比重。[②]这项工作的结果表明，此种借款所产生的交易所等同于的外汇市场人民币交投总额比重略大于可自由使用货币和其他一些不可自由使用的货币的比重（见附表1.12）。[③]然而，并没有明确的基准可用于判断哪个点会影响市场定价，考虑到任何兑换可能会分为较小的几宗交易，以尽量降低对价格的影响。总体而言，值得注意的是，即使是相当大的与基金组织有关的交易仍然不到一日人民币交投总额价值的10%。

---

① 选择这些保守的衡量标准是为了确保可自由使用的货币可用于大多数（如果不是全部）实际和潜在的基金组织交易。潜在能力需求当然可能更高，特别是如果一些交易是在压力市场条件下在短期内进行的。

② 这假设平衡的金融交易计划成员头寸和中国提供人民币。由于模拟具有前瞻性，金融交易计划比重是基于第14次审查后的份额比重。运用当前金融交易计划和新借款安排份额的其他模拟未得出重大差异。

③ 这些计算包括中国（不含港澳台）的外汇交投总额，假设如果人民币被视为可自由使用货币，基金组织成员将能全面准入中国（不含港澳台）市场。

附表 1.12　基金组织购买操作的相对规模[1]

单位：百万美元，%

	具有说明性意义的购买		占预期即期外汇交易量的百分比[3]	
	平均大额购买[1]	灵活信贷额度[2]	平均大额购买[1]	灵活信贷额度[2]
美元	3342	33421	0.19	1.86
欧元	1861	18611	0.25	2.52
日元	542	5415	0.08	0.78
英镑	499	3541	0.21	1.50
澳大利亚元	115	1155	0.07	0.70
瑞士法郎	101	1014	0.11	1.07
加拿大元	194	1937	0.23	2.34
人民币	536	5356	0.79	7.88
备忘项目				
总购买	7045.12	70451.16		

1. 基于 2010－2015 年最大的五次购买的平均值。

2. 墨西哥的灵活信贷额度进行了数量调整。

3. 基于 2013 年 4 月国际清算银行统计的交易量，2013 年第一季度至 2015 年第一季度 SWIFT 交易量的增长，以及 2013 年国际清算银行即期市场交易量占总交易量的比例。

总结

46. 上文的初步数据和分析表明，对货币的国际使用和交易范围相对较广。迄今为止美元占据主导，但欧元也在国际交易中占相当大比重。具有国际收支需求的所有成员可能会有很高的概率直接用这些货币中的一种来满足国际收支需求或者在市场上容易地兑换成另一种干预货币。在美元和欧元这两种主导货币之后，情况则较为参差不齐，日元和英镑在多数指标上均落在后面。

47. 国际上各种工具对人民币的使用正迅速变得日益普遍。自 2010 年审查以来，人民币的交易大幅增加，但是一开始的基数较小。与此同时，其他货币在其相对重要性方面未经历显著变化，这突出强调了，自上次审查以来，人民币的崛起是最显著的发展。这个观点也得到其他背景信息的支持，诸如人民币互换额度在全球范围的增加和从离岸结算中心向中国进行人民币支付的快速增长。鉴于大多数支持人民币国际化的政策改革出现在 2010 年以后，且当局打算实施进一步措施，其全面影响可能尚未显现。这些趋势表明，人民币国际使用和交易的日益增长是可持续的趋势。进一步改革以放开在岸市场也将产生影响。工作人员将继续研究人民币广泛使用和交易的程度，包括解决剩余的数据缺口问题，并深化分析，为执董会未来评估人民币是否可自由使用提供更多参考。

五、操作性问题

48. 根据目前的标准将人民币纳入特别提款权篮子将产生重要的业务影响：

- 作为不可自由使用的货币的发行国，中国目前有义务在普通资金账户融资操作背景下向基金组织提供以份额为基础的资源或者借入资源时将其货币兑换成可自由使用的货币。相比之下，如果人民币被确定为可自由使用，中国可以向基金组织提供其自身可自由使用的货币（人民币），且只有义务与基金组织和其他成员协作，使其兑换成其他成员可自由使用的货币。

- 对其他成员与基金组织的交易也将产生相应影响。假设在人民币被确定为可自由使用后，中国更倾向于在借款出资中使用自己的货币，获得人民币的借入成员也需要获得人民币来结算未来的还款。具体而言，目前分配给中国的还款和新借款安排偿付以美元支付，可能会被要求以人民币支付。

49. 和特别提款权篮子中的所有货币一样，作为可自由使用的货币，预计人民币需要满足某些关键的操作性要求。具体而言，特别提款权目前的构成要求为定值确定合适的汇率，为篮子中每种货币确定合适的参考利率。基金组织成员、其代理和其他特别提款权持有人将需要充分获得以人民币计价工具的机会，以进行储备管理和风险对冲。这些要素将在下文中进行更详细地讨论，对于基金组织财务运作和政策的适当运行以及其他的特别提款权用户必不可少。

A. 特别提款权汇率定值和基金组织的操作

50. 为特别提款权定值之目的，两种汇率发挥着关键作用。以美元计价的特别提款权的价值每日计算，是根据市场汇率计算的特别提款权篮子货币以美元计价的价值之和，市场汇率目前取自同一来源和同一时间。①然后用货币兑美元的"代表性"汇率计算以所有其他成员货币计值的特别提款权价值。②对于人民币，这意味着：

● 根据目前的决定，伦敦（英国央行）和纽约（纽约联邦储备银行）的外汇市场和欧央行需要有合适的人民币/美元汇率，以确定以美元计价的每日特别提款权价值。根据与英国央行的初步讨论，预计伦敦外汇交易市场将提供这样的汇率。③ 需要进一步调查以确定纽约和欧央行具有合适的汇率。

● 需要基于市场的"代表性"人民币兑美元汇率，以确定以人民币计价的特别提款权价值。代表汇率目前是人民银行的在岸汇率，即汇率中间价，由人民银行每天上午 9 时 15 分确定。然而，该汇率不是市场汇率，并且可以围绕在岸市场汇率上下 2% 的区间浮动。④ 如果纳入特别提款权，基金组织需要与中国磋商，确定能用作代表性人民币汇率的市场汇率。根据工作人员初步评估，中国外汇交易中心已经计算的一个基准汇率适合这个目的。⑤ 为了避免使成员以在岸汇率与基金组织进行人民币交易不如用另一种可自由使用的货币进行交易，必须有准入在岸市场的机会，使成员能够按当时的在岸汇率进行买卖人民币。

51. 人民币离岸汇率（CNH）和在岸汇率（CNY）之偏差提出了潜在

---

① 为了附则 O－2（a）下的定值目的，特别提款权的价值计算是用英国央行确定的伦敦汇率市场午间买卖汇率的中间价。如果任何一种货币的汇率无法从伦敦外汇市场获得，定值会采用从纽约外汇市场的午间汇率，并由纽约联邦储备银行告知基金组织；如果纽约也没有该数据，则使用欧央行系统的欧元参考汇率，由欧央行告知基金组织。1980 年 12 月 19 日通过的第 6709－（80/189）号决定，2000 年 3 月 10 日通过的第 12157－（00/24）号决定对其进行了修正。

② 根据第五条第 3 款（e）（i）规定的将货币余额兑换成可自由使用货币的义务，基金组织成员将被指导用能够保障根据第十九条第 7 款（a）使用特别提款权的成员平等交换价值的利率进行兑换。汇率是用其他可自由使用的货币兑美元的代表性汇率得出的。

③ 按照定义，将是离岸汇率。

④ 市场于上午 9 时 30 分开盘。

⑤ 中国外汇交易中心每天计算四次在岸人民币/美元基准汇率。商业银行表示，下午 3 时的基准汇率更好，因为当时的市场最具流动性。这个时间（接近在岸人民币市场收盘）也最接近伦敦市场开盘，因此将最大限度地减少用于特别提款权定值所用汇率方面的差异。

的操作性问题。偏差的出现可能是由于仍然存在的资本管制和其他限制，但是随着越来越多的投资者准入在岸市场，两种汇率正在趋同。市场参与者一般认为目前的偏差水平足够小，不会产生实质性影响；然而，偏差有时候比较大（见附图1.4）。①如果特别提款权用户能够进入在岸市场和离岸市场进行现货交易，则这种偏差对特别提款权用户的任何影响可以降低。②两种汇率的偏差意味着，离岸汇率不能很好地对冲在岸汇率风险。然而，基金组织成员可以随时选择在在岸市场进行对冲，因为其成本与两年期或三年期的工具差不多（见下文）。

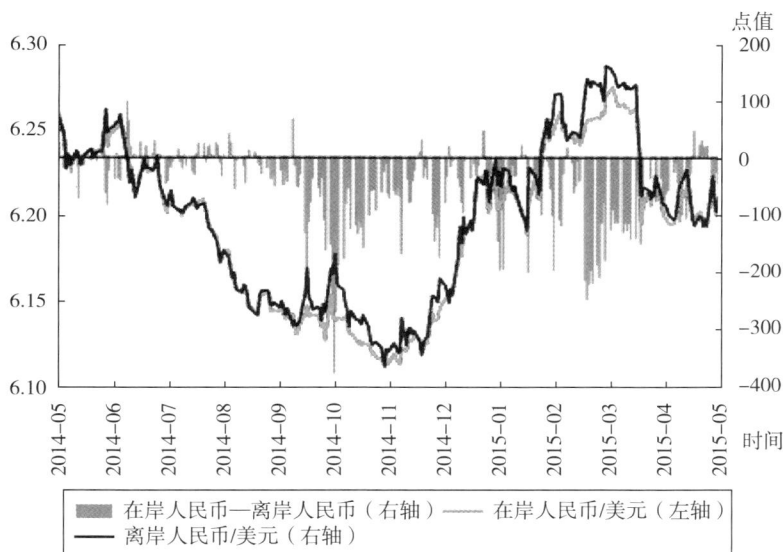

资料来源：Bloomberg；人民银行。

附图1.4　人民币在岸和离岸每日即期汇率

52. 未来资本项目的日益开放应有助于缩小在岸—离岸人民币汇率。具体而言，与其他自由化措施一起，通过与其他央行（特别是中国香港金

---

① 具体而言，当离岸交易接近人民银行汇率走廊的边界时，差价一般会扩大。

② 人民银行已经表示，它目前为希望在在岸市场操作但临时缺乏流动性的央行提供支持，并承诺未来如果出现流动性不足，从而不能用在岸人民币汇率有序地进行必要交易时，也会这么做。

融管理局）的互换额度向离岸市场提供流动性，以及计划允许离岸结算银行准入中国外汇交易中心的回购融资，能够使未来的在岸汇率和离岸汇率交易更紧密地联系起来。①

B. 特别提款权利率

53. 为特别提款权提供合适的利率工具是另一个关键的操作性需要。特别提款权利率为计算以下利息提供了基础：收取成员从基金组织的普通资金交易中贷款的利息和支付给成员在基金组织的有偿债权头寸（储备档头寸和借款安排下的债权）利息，以及支付给成员持有特别提款权的利息和对其分配的特别提款权收取利息。该利率也用于计算支付给减贫与增长信托的一些债权人的利息，也是基金组织在投资账户中所投资资金的基准利率。如果在篮子中加入一种货币，预计以该货币计价的工具将加入利率篮子，因此提供这样一个工具是重要考虑因素。②③

54. 执董会此前商定，特别提款权利率篮子中的金融工具应具有某些特征。④它们应：（1）可大致代表面向投资者的以某种货币计价的各种金融工具；（2）其利率能对相应货币市场的基本信贷状况作出反应；以及（3）具有类似于特别提款权自身官方地位的风险特征，即具有最优质的信贷风险，与主要金融工具的信贷风险具有可比性。工具还应当反映储备经理的实际储备选择（例如，关于金融工具的形式、其流动性及其期限），这意味着成员能获得这种工具。在前面的讨论中已经指出，预计被确定为可自由使用的货币可以有这样的工具。

55. 工作人员已经与中国开始就可能纳入特别提款权利率篮子的以人民币计价的利率工具进行讨论。评估各种货币市场利率表明，中国中央国债登记结算有限责任公司每日公布的 3 个月期主权收益率可能会被考虑纳

---

① 关于回购市场准入的全部细节尚未公布。

② 缺乏合适的利率工具是促使基金组织 1980 年将特别提款权篮子的 16 种货币移除 11 种，当时尚未在 5 种特别提款权利率篮子中的货币的重要动力。

③ 2000 年，工作人员明确表示倾向于增加可自由使用的标准，而不是其他标准，因为这被认为更可能保障存在合适的短期利率工具。见《特别提款权定值方法审查》，SM/00/180。

④ 例如，见《特别提款权定值方法审查》，SM/10/292。

入特别提款权利率篮子。①虽然对 3 个月剩余期限的政府证券的二级市场相对较小，但市场参与者表示，如果客户想要这种资产，就不难从市场买到这种资产。中国财政部承诺定期发行 3 个月期和 6 个月期国债提供了更多的确定性，从而推动市场发展，这可大大改善这方面的流动性，并使其更加符合特别提款权利率篮子的指导方针。这种发行可及时加入基准证券，主要交易商会对其供报价。中国最新宣布了措施以增加央行、其他特别提款权用户和代理机构准入在岸债券（包括政府证券）市场的机会。工作人员正在评估这些措施能否确保这些投资者能充分准入。

C.　对冲

56. 能够对冲其以特别提款权计价的头寸对许多基金组织成员来说很重要。借款成员和债权人成员可能希望将其以特别提款权计价的风险敞口进行对冲，而一些成员可能被其国内监管机构要求保持特别提款权在资产负债表上是中性的。目前的特别提款权构成可在市场上进行复制，使特别提款权头寸以合理的精确度进行对冲而不造成过多成本。借款者的对冲需求将取决于其借款的偿付时间安排（SBA 最长为 5 年，EFF 最长为 10 年）。这将意味着需要对冲工具，诸如期限较长的交叉货币互换，或者至少有短期对冲，可以合理成本进行结转，以减轻汇率和利率风险。

57. 同样，对冲能力对管理基金组织的投资账户和信托资产以及其他可能将特别提款权用于报告或财务目的的机构很重要。为了降低外汇风险敞口，基金组织的投资账户和减贫与增长信托资金在很大程度上为外部管理者所持有，其数额与特别提款权篮子中四种货币的比重相称。因此，将人民币纳入特别提款权篮子需要对这些资金进行再平衡（即出售目前的特别提款权篮子，换成人民币）。对冲特别提款权风险的能力是有效开展交易以管理这些资金的一个关键要求。同样，将人民币纳入特别提款权篮子会使世界银行受到影响，因为世界银行管理着以特别提款权计价的国际债务证券资金。

---

①　收益率曲线是根据 Hermite 模型估计的。构建收益率曲线的数据来源包括银行间债券市场和外汇交易债券市场的交易数据、银行间债券市场和债权柜台的双边买卖报价，以及市场参与者的收益率估计。

58. 在岸市场和离岸市场都从事利率和汇率的远期和掉期交易、回购、交叉货币互换和一些期权交易。在中国香港较长期限的离岸市场，流动性较为深入，10 年期的交易是可能的，对 5 年期的定价很严格；伦敦离岸市场较短期限的交易具有流动性。定价通常是基于离岸利率；但是离岸利率越来越接近在岸利率。在岸市场具有较短期限工具在很大程度上反映了以下事实，即迄今为止大多数允许准入衍生品市场的在岸市场为"实体经济"交易，要求的期限一般不会比 2 ~ 3 年长很多；但是，缺少在岸流动性和活动也反映了资本管制，进一步自由化或许能使其有所改善。[①]

59. 当局已经放宽对准入在岸市场的限制，这将有助于基金组织成员和其他特别提款权用户进行对冲和其他操作。人民银行于 2015 年 7 月 14 日宣布一揽子改革，其中（1）为申请准入在岸债券市场的中央银行、主权财富基金和国际金融机构制定了备案表；（2）将授权的投资扩大到各种利率工具，包括回购、证券出借和利率掉期；（3）取消对这些投资者的配额；以及（4）允许这些投资者为这些交易选择其在岸代理人。然而，其他国家的中央银行仍然需要将人民银行作为其外汇交易的代理，虽然中国表示，可以考虑降低对准入汇率对冲工具的限制，但现在限制仍存在。总体而言，工作人员正在评估这些措施能否确保央行和其他特别提款权用户充分准入在岸债券市场和相关的对冲工具。同其他与资本账户自由化相关的所有措施一样，需要谨慎确定采取进一步措施的时机和顺序。

六、特别提款权篮子的规模

60. 随着时间的推移，特别提款权篮子中的货币数量变化有限。最初的特别提款权篮子由 16 种货币组成。执董会于 1980 年将货币数量减少至 5 种，包括美元、德国马克、法国法郎、英镑和日元。在确定篮子规模时，执董会权衡了篮子货币组成的代表性和稳定性的目的。扩大篮子被认为更能代表全球交易，此外，较小的篮子被认为组成更为稳定（因为货币的排

---

① 中国的衍生品市场有更多的公司参与，而在离岸市场，参与者的范围则更为多样化，包括较高比例的金融机构，金融机构在较长期限的工具方面较为活跃。

序和篮子组成不太可能变化），更易复制（降低特别提款权用户的成本和复杂性）。同时，重要的是，定值篮子与基于这 5 种货币的利率篮子相一致被认为是提高特别提款权作为储备资产吸引力的重要元素。这些货币也是 1978 年被宣布是可自由使用的 5 种货币。由于欧元在 2000 年替代了马克和法郎，篮子规模（以及可自由使用的货币数量）也变成 4 种。

61. 在 2011 年的讨论中，执董会未解决关于特别提款权篮子中货币的确切数量问题。在 2000 年决定将特别提款权篮子货币数量定为 4 种后，关于篮子的规模在后来的审查中得到确认。执董会在 2011 年重新讨论了这个问题，并同意篮子中的货币数量不宜预先判断，但随着特别提款权的演变应保持在相对较小规模，以避免对用户增加不必要的成本和复杂性，而同时又能充分代表国际交易中货币的使用情况。

62. 如果执董会决定将人民币纳入篮子，则工作人员认为有支持扩大特别提款权的理由。在这种情况下，执董会原则上可以决定将人民币纳入目前的特别提款权货币，从而将篮子货币数量增加至 5 种，也可以将现有的一种特别提款权货币替换成人民币。在过去，执董会关于篮子规模的决定在很大程度上取决于"数据的自然间断"，与稳定性原则相一致。第四大出口国（日本）和第五大出口国（英国）的出口很接近，其相对排名经常随时间演变而切换。与此同时，第六大出口国（韩国）的差距很大（见附表 1.2）。因此，鉴于上文所讨论的稳定性原则，工作人员认为当前无须区分第四大和第五大出口国。过去与包括 5 种货币的篮子的经验也表明，对篮子增加一种货币带来的行政负担是有限的，也是可管理的。这为特别提款权篮子保持所有目前的 4 种货币并将人民币纳入篮子提供了理由，如果执董会判断人民币满足可自由使用的标准的话。将篮子货币数量增加至 5 种将要求执行董事会投票权 70% 的多数，因为这会改变目前关于篮子规模的特别提款权定值方法。

七、供审查的其他问题

63. 特别提款权审查也为重新审视和解决定值框架的其他方面问题提供了一个潜在机会。

173

A. 加权公式

64. 目前确定货币权重的方法可追溯到 1978 年。每种货币的权重是通过发行国的出口加上其他国家储备中对该货币的持有量后计算得出的（来自官方外汇储备货币构成调查），这两项都以特别提款权表示。出口旨在反映货币在全球贸易中的作用，而成员的储备则旨在捕捉货币在全球资金流动中的重要性。出口和储备在 2010 年的审查中分别占 67% 和 33% 左右，用最新数据计算则分别为 60% 和 40% 左右。每种货币的权重与上次审查时的权重相比大致维持不变，仅美元比重略有增加。根据最新的数据，美元、欧元、英镑、日元的权重分别约为 45%、36%、10% 和 9%，而 2010 年审查时的权重则分别约为 42%、37%、11% 和 9%。①

65. 特别提款权篮子中的货币权重也是为了反映每种货币在国际贸易和金融中的相对重要性，过去的审查发现现行方法存在显著缺点。首先，官方储备未能充分反映货币在全球金融中的重要性，特别是私人国际资金流动的大幅增加。其次，目前的公式对出口生成的权重较高，但资金流动规模更大，且快速增长（见附图 1.5）。最后，公式结合了出口流量和储备存量以生成内生权重，其中混合了不协调的元素。

66. 1980 年以后的审查对其他加权公式进行了讨论，但从未提出来供正式通过。例如，2005 年和 2010 年的审查都讨论了旨在赋予金融指标更多权重的其他加权公式。为了反映目前方法的问题，多数执董在 2010 年审查期间支持开展进一步工作以改善加权方法，包括评估贸易和金融因素的作用，并使用补充金融变量计算当前的权重。

67. 工作人员将在 2010 年审查的基础上制定建议供执董会审查。他们将寻求更好地使篮子的权重符合货币在国际交易中的相对重要性。该工作将依据为 2010 年审查所开展的广泛分析，其中借鉴了工作人员在过去审查中的工作。

_____

① 如果根据目前的加权方法将人民币纳入特别提款权篮子（该方法是基于外汇储备货币构成调查，没有人民币数据），关于如何计算人民币权重需要执董会的判断和指导。在可能的选择当中，有一个是用官方外汇资产调查，它在概念上不同于外汇储备货币构成调查（见第四节 B）。另一种选择是仅用出口来计算人民币的比重。初步估计表明比重约为 14% ~ 16%，这取决于人民币是作为第五种货币纳入篮子还是替代篮子中的一种货币。

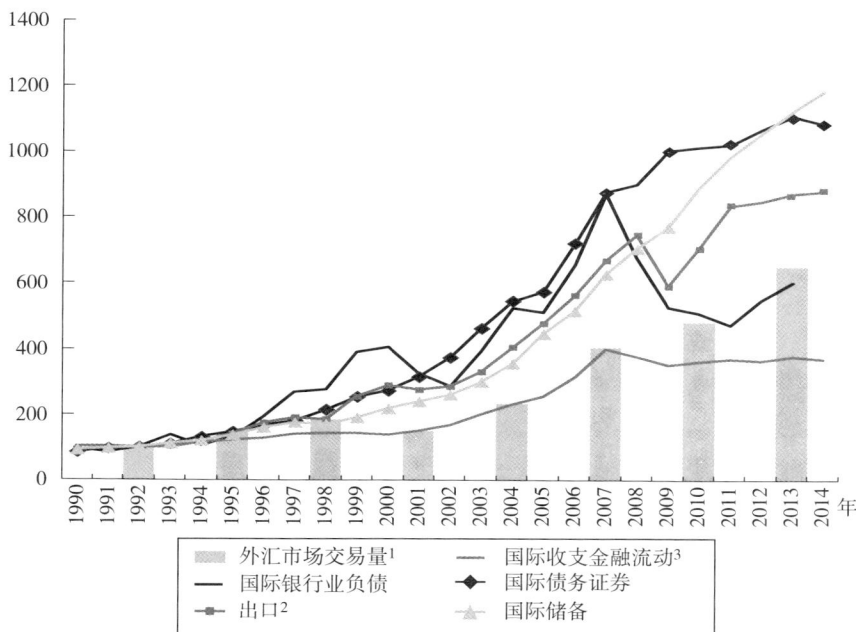

1. 每年 4 月的每日外汇市场交易量，以三年为周期。

2. 货物和服务出口以及收入信贷。

3. 包括国外的直接投资，证券投资（资产），金融衍生品（资产）和其他投资（资产）。

资料来源：国际金融统计，国际清算银行。

附图 1.5　世界贸易和金融指标（1992 年 = 100）

B. 特别提款权利率方法

68. 特别提款权利率每周设定，依据的是代表四种特别提款权货币的 3 个月期工具。这些是 1983 年以来的利率篮子参数。

69. 最近对特别提款权利率篮子作出了一些技术性变动。[①] 2014 年 10 月，基金组织为特别提款权确定了 5 个基点的利率封底，以确保其在利率接近于零的环境下符合《协定》，并解决与负担分摊机制运作有关的问题。

---

① 见《近期特别提款权利率的下降——影响及建议对附则 T - 1 的修订》，SM/114/278（2014 年 10 月 16 日）和《特别提款权利率篮子——建议对欧元代表性利率的修改和对附则 T - 1 的修订》，SM/14/330（2014 年 12 月 15 日）。

175

此外，截至 2015 年 1 月 1 日，代表欧元的利率发生变化，3 个月期欧元回购利率被替换成 3 个月期欧元区中央政府债券的利率，由欧央行计算，涵盖评级在 AA 级及以上的债券。

70. 可以重新审视 2010 年审查中所确定的一些不足，但这似乎不是本次审查的一个优先事项。2010 年的特别提款权审查突出强调，特别提款权利率重置频率不同于利率篮子工具的期限可能使市场很难复制特别提款权的利率，因为特别提款权的报酬类似于不包括资本收益和损失的存款利率。与一些储备管理者的初步讨论也表明，每日而不是每周重设特别提款权的利率将有助于进行对冲，而 3 个月以上期限的工具的利率可能更好地反映储备管理者通常投资的资产。鉴于目前审查的重点是评估人民币纳入篮子的问题和可能的其他加权公式问题，根据执董们的指导，工作人员将认为可能需要在以后的日子再回到与利率篮子有关的问题。

C. 将目前的篮子延长到 12 月以后

71. 目前的特别提款权篮子将于 2015 年 12 月 31 日到期。继 2010 年审查之后，目前的篮子于 2011 年 1 月 1 日生效，为期五年。根据"2000 年决定"，在生成一个新的篮子或者延长现有篮子之前需要执行董事会的决定（这需要执行董事会以总投票权 70% 的多数通过决定）。

72. 特别提款权用户和成员已经表明，1 月 1 日不是开始新篮子的理想日期。大部分市场于 1 月 1 日休市，并且新年前后的交易很少。这就使每五年对新的篮子权重进行调整所必须的证券投资再平衡操作变得复杂。

73. 篮子中纳入新货币的可能性也对特别提款权用户造成了很高的不确定性。此外，特别提款权用户已强调，如果特别提款权篮子中纳入新的货币，则需要更长的时间来适应新的货币构成。不少人已经表示，在这种情况下，6 ~ 9 个月的前置时间是比较合适的。

74. 鉴于这些问题，工作人员建议将目前的篮子延长至 2016 年 9 月 30 日。延长篮子期限不得以任何方式预先判定审查的结果或者人民币是否会纳入篮子。相反，这能够解决特别提款权用户此前所表达的对新年第一个交易日引入新篮子的关切。早期关于货币篮子期限的指导也有助于降低特别提款权用户的不确定性，并促进持续平稳的与特别提款权有关的操作，同时允许有足够的时间来对合同协议进行必要的修改，包括减贫与增长信托和基金组织投资的资源。如果执董们同意延长的提议，则在非正式的失效批准执董会会议之后将分发单独的决定。

八、总结和供讨论的问题

75. 本附录介绍了特别提款权货币篮子定值方法五年期审查的初步考虑。它以 2010 年审查的结论和 2011 年执董会对货币选择标准的讨论为出发点。鉴于相对最近的执董会审查，工作人员不建议在本阶段重新审视货币选择标准。近期的发展表明，目前的选择标准仍普遍支持特别提款权篮子的稳定性及其对国际交易中货币使用的代表性。由于中国继续符合出口标准，在目前的框架下，审查的重点是确定人民币是否是可自由使用的货币。本附录侧重于研究有助于执董会作出决定的考虑因素。

76. 自上次特别提款权定值审查以来，人民币的国际使用一直在增加，尽管是从一个较低的基数开始的。自 2010 年审查以来，尽管国际货币使用通常有惯性，但在中国当局采取的一系列政策措施的支持下，人民币取得了长足进展。在一系列指标方面，人民币正在表现出很高程度的国际使用，特别是在亚洲，在欧洲的使用也越来越多。初步数据显示，人民币在不可自由使用的货币中通常排名最高。与此同时，人民币通常排在四种可自由使用的货币之后，其中贸易融资是个明显的例外。人民币在某些指标的地位也会受到为解决涉及中国香港、中国澳门和中国台湾的数据调整的影响。人民币现在是亚洲交易最多的货币之一，在欧洲的使用比重也在上升，但是从较低水平开始增加，而在北美的交易则仍然很少。更加细致的分析表明，人民币外汇市场的深度尽管低于目前可自由使用的 4 种货币，但是其已经达到的数量级可能已经足以进行大规模交易。

77. 仍然需要做大量工作，以帮助执董会确定是否将人民币纳入特别提款权篮子。在数据分析领域，有待解决的问题包括说明为评估之目的如何对一些指标进行改进，对一些指标的不同数据来源进行比较，以及确认最终数据。

78. 在业务方面，如果人民币被纳入特别提款权篮子，需要解决一些问题。特别提款权定值的合适汇率和为基金组织操作的合适的人民币/特别提款权汇率似乎存在，而离岸和在岸汇率的差异所带来的潜在业务困难可以通过增加投资者准入在岸市场而逐渐加以缓解。如果人民币汇率被用于基金组织操作，则需要成员能够准入在岸市场，且可能需要这种准入来确保外汇市场具有足够深度。3 个月期主权收益率可能是纳入特别提款权篮子的一个合适利率，但需要进一步分析以确定它是合适的。同样，对冲工具正日益增多。人民银行最近宣布了一揽子这方面的改革措施，工作人员正在评估其是否能确保成员和特别提款权用户能充分准入在岸市场。中国正在与工作人员就这方面的未决问题紧密合作。

79. 执董会的判断将在其最终评估中发挥重要作用。国际贸易和金融体系中对人民币的使用快速变化，这一性质为评估带来挑战。需要运用判断，包括对各种指标重要性的判断及其接近可自由使用概念的判断。

80. 执董们不妨对以下问题发表意见：

- 执董们是否同意，目前的特别提款权定值标准仍然有效？
- 执董们是否同意本次审查的重点，即评估人民币的可自由使用性，以考虑是否将人民币纳入特别提款权篮子？
- 建议的新指标能否有益地补充先前批准的指标？
- 执董们是否同意，本次审查应讨论改变加权公式的建议？
- 执董们是否支持将目前的定值篮子延长至 2016 年 9 月 30 日？

附录二

特别提款权定值方法审查[*]

概　要

本附录为五年一次的特别提款权定值方法审查提供依据。本次审查内容包括特别提款权货币篮子的构成、规模和权重以及用于决定特别提款权利率的金融工具。

本附录的分析依据执董会 2015 年 7 月初步考虑本次审查时进行的非正式讨论。考虑到执董们的意见，保留了纳入特别提款权的两个货币选择标准。由于中国继续符合出口标准，本附录的一个关键焦点是评估人民币是否符合第二个标准，即能否被认定为可自由使用货币。

本附录阐述了 2010 年审查特别提款权以来人民币不断扩大的国际使用和交易。各种指标显示，人民币在国际交易中的使用虽然起点较低，但已经显著增加。本附录还发现，人民币在外汇市场交易的活跃程度已大大提高，具有足够的市场深度，能够支持基金组织成员可能实施的操作规模，而不会对汇率造成显著影响。

中国已采取一系列广泛的措施，进一步促进基金组织和成员的人民币操作，相关措施涉及基金组织工作人员 2015 年 7 月确定的所有领域。这些措施包括，允许基金组织成员和代表它们的代理机构进入在岸固定收益市场和外汇市场。在岸市场和离岸市场最近出现的波动突出显示出一些操作

---

* IMF Policy Paper，"Review of the Method of Valuation of the SDR"，November 13，2015.《特别提款权定值方法审查》是基金组织工作人员关于 2015 年 SDR 审查的最终报告，对 SDR 货币篮子的构成、货币数量、权重以及 SDR 利率篮子进行了审查，认定人民币满足"可自由使用"标准，建议人民币加入 SDR。该报告于 2015 年 11 月 30 日正式提交基金组织执董会讨论。

上的挑战，但成员能够利用其中最为有利的市场，从而减轻了成员由此受到的影响。

工作人员建议执董会认定人民币为可自由使用货币并将其纳入特别提款权篮子。尽管法律框架规定了一种货币若要被认定为可自由使用必须符合的标准，但评估具体货币时对这些标准的运用最终需要政策判断。工作人员认为，根据基金组织《协定》中的可自由使用货币定义的含义，人民币可以被视为广泛使用和广泛交易。人民币市场也足够发达，能够提供市场决定的汇率、基准利率和对冲工具，满足基金组织、成员和特别提款权的其他使用方的操作需要。工作人员认识到仍存在一些操作性挑战，但认为它们能得以解决。

工作人员建议将特别提款权篮子扩大到五种货币。保留现有的四种货币（英镑、欧元、日元和美元），增加人民币，这将维持篮子结构的稳定，同时使篮子能在更大程度上代表全球贸易和金融体系中使用的货币。采用五种货币篮子所增加的复杂性预计将是有限的，基金组织、成员和特别提款权的其他使用方能够应对。

在评估出口选择标准和货币加权方面，工作人员建议，将适用于货币联盟的基于货币的方法扩展到所有货币。这一建议认识到，鉴于特别提款权的目的（与"可自由使用货币"概念的目的并不相同），用于货币选择的经济变量（除可自由使用标准外）和货币加权应反映货币而非成员的特征。

工作人员还建议，调整决定特别提款权篮子货币权重的公式。建议的加权公式将解决长期以来一直确认存在的现有公式的缺陷，对贸易和金融指标赋予相等的权重，金融指标包含更广泛的金融变量。

工作人员建议，将中国国债 3 个月期基准收益率作为特别提款权利率篮子的人民币计价利率工具。对于构成特别提款权篮子的其他货币，用于决定特别提款权利率的工具将继续以 3 个月期政府证券收益率为基础。

工作人员建议，新的特别提款权篮子及人民币作为可自由使用货币的决定从 2016 年 10 月 1 日起生效。2015 年 8 月，执董会已经批准将现有特别提款权篮子的有效期延至 2016 年 9 月 30 日。将可自由使用决定的生效日定为未来的一个日期，有助于给基金组织、成员和特别提款权的其他使用方留出足够时间，对这些变化进行调整。

最后，工作人员建议，与过去的做法相一致，特别提款权篮子确定后将保持五年。相应地，在执董会早些时候将现有特别提款权篮子延期至 2016 年 9 月后，对特别提款权定值方法的下一次审查将在 2021 年 9 月 30 日之前进行，除非这期间的发展变化表明有必要更早进行审查。

目　　录

一、导言

1. 本附录为特别提款权货币篮子定值方法五年期审查提供依据。[①]本附录讨论了特别提款权篮子的货币组成和加权方法。根据以往的做法，本附录还探讨了用于确定特别提款权利率的金融工具（特别提款权利率篮子）。执董会一般在比生效日期提前一段时间就特别提款权定值方法作出决定，以便提前通知有关各方并完成可能需要的任何磋商。当前的特别提款权货币篮子的有效期截至 2016 年 9 月 30 日。[②]

2. 执董会于 2010 年进行了上一次特别提款权定值审查，并于 2011 年重新探讨了货币选择标准。[③]2010 年审查得出的结论是，特别提款权篮子将继续由四种货币（英镑、欧元、日元、美元）组成。中国当时达到了出口标准，但由于人民币被判定为不能自由使用，即没有达到选择货币的第二个标准，未能进入特别提款权篮子。2011 年，虽然有一些执董愿意考虑不同的货币选择标准，但执董们强调，不应降低进入特别提款权篮子的标准，他们当中的大多数都赞成维持现行标准。执董们普遍同意在评估可自由使用货币时所考虑的指标，同时强调，不应机械地运用这些指标，在确定可自由使用性时必须在很大程度上依靠判断。执董们认为，篮子中的货币应保持较少的数目，以避免给特别提款权使用方增加不必要的成本和复杂性，同时商定，不事先决定确切的货币数目。

3. 本附录所阐述的工作人员的评估和提议以执董们于 2015 年 7 月在初步审议本次审查时进行的非正式讨论为指导。[④]执董们当时提供的指导是，现行特别提款权货币选择标准仍是适当的，不需要考虑改动。由于中

---

① 特别提款权货币篮子五年期审查是依据 2000 年 10 月 11 日通过的第 12281 -（00/98）G/S 号决定（下文称为"2000 年决定"）进行的。

② See IMF Executive Board Approves Extension of Current SDR Currency Basket Until September 30, 2016, 新闻稿第 15/384（9/19/2015）号。

③ See IMF Executive Board Completes the 2010 Review of SDR Valuation, 公共信息通告第 10/149 号；IMF Executive Board Discusses Criteria for Broadening the SDR Currency Basket, 公共信息通告第 11/137 号。

④ See Review of the Method of Valuation of the SDR—Initial Considerations, FO/DIS/15/116（7/16/2015）。下文将该文件称为"7 月文件"。

国仍然符合纳入特别提款权篮子的出口标准，执董们认为应侧重审查是否可把人民币确定为可自由使用货币，从而根据现行的特别提款权定值框架将其纳入特别提款权篮子。执董们认为，为了进行可自由使用评估，在考虑执董会于2011年核准的指标之外，还应考虑工作人员提出的补充指标。执董们还请工作人员制定关于改变加权公式的提议，以解决方法问题和更好地体现金融交易的相对重要性。

4. 2015年8月，执董们批准延长现行特别提款权篮子的有效期，使其在2015年12月31日至2016年9月30日保持有效。这次延期是为了确保特别提款权财务操作的继续顺利开展，这既是因为有特别提款权使用方此前表示担心，如果在2016年初实行新的货币篮子，将使其暴露于更大风险和面临更高成本，也是考虑到在篮子中纳入新货币的可能性引起了高于寻常的不确定性。①

5. 本附录结构如下。第二节讨论了货币选择标准，并为有关的指标和分析提供了最新数据，用于进行可自由使用性评估。第三节讨论了人民币是否符合为帮助基金组织的业务顺利进行所必需的要求。第四节阐明工作人员的以下评估意见：考虑到前几节的分析，可否确定人民币为可自由使用货币，因此将其纳入特别提款权篮子。第五节讨论了到底是应该使人民币在特别提款权篮子中取代某个现有货币，还是应该扩大篮子，使其包括五种货币。第六节讨论了对加权公式的修改，第七节探讨了特别提款权利率篮子的组成，第八节讨论了与采用一个新货币篮子有关的问题。第九节列明了提议作出的决定和适用的多数票通过要求。

二、货币选择标准所依据的指标

6. 本节提供了最新资料，说明纳入特别提款权篮子货币的标准。工作人员参照执董们于2015年7月举行的非正式讨论，提议保持出口标准和可自由使用货币标准，将其作为在进行特别提款权篮子定值的时候所使用的两个货币选择标准（见附专栏2.1）。

---

① See SDR Currency Basket—Proposed Extension of the Valuation of the SDR, SM/15/209 (8/4/2015)。

A. 出口标准

7. 最大出口国的排名自上次审查以来大致保持不变。附表 2.1 和附图 2.1的数据反映出，在评估出口标准时对所有国家改为采用货币法（见下文第 8 段），并确认欧元区和美国仍然是最大的出口国。[①]中国仍然是第三大出口国，因此符合纳入特别提款权篮子的出口标准。日本和英国分别排名第四位和第五位，两者之间差距不大。下一个最大的出口国在出口份额方面则与前一个差距较大。

附专栏 2.1　特别提款权篮子的货币选择标准[1]

特别提款权定值框架实行两个特别提款权货币选择标准：特别提款权篮子由四种货币组成：（a）这些货币是基金组织成员（或包括基金组织成员的货币联盟）发行的货币，在比定值决定生效日期提前 12 个月截止的五年期间内，这些成员的货物和服务出口值是最大的；（b）这些货币须经基金组织确定，是符合第三十条（f）款的可自由使用货币。

在为特别提款权篮子选择货币时，出口历来发挥着重要作用。这个有关规模的标准是为了反映国家在全球商业中的相对重要性，确保它们有足够的能力提供储备资产，并限制篮子中的货币数目。根据"2000 年决定"，如果要用某种货币取代篮子中的另一货币，必要条件之一是，某个其货币没有被纳入特别提款权篮子的成员或货币联盟的出口价值在有关期间内超过某个其货币被纳入篮子的成员或货币联盟，而且超过幅度至少为 1%。

可自由使用标准是为了保证，纳入特别提款权篮子的是最可代表世界贸易和金融体系中的使用情况的货币。这个标准于 2000 年被增列为选择货币的第二条标准，以考虑到多种多样衡量金融市场广度和深度的指标。虽然自 1985 年以来采用了金融变量来大致确认货币加权的方向，但这些变量不是特别提款权定值方法所采用的正式标准。

"可自由使用货币"一词的定义是《协定》规定的。第三十条（f）款

[①]　工作人员提议修改"2000 年决定"，以表明该标准不仅适用于货物和服务的出口，而且根据长期惯例，适用于收入抵算。

把可自由使用货币定义为"经基金组织确定，（1）事实上在国际交易的支付中广泛使用和（2）在各主要外汇市场广泛交易的货币"。一种货币必须具备这个定义中的两个元素，即"广泛使用"和"广泛交易"，才能被确定为可自由使用。广泛使用元素的目的是保证有关货币可以直接用于满足某个基金组织成员的国际收支需要，而广泛交易元素则是为了保证该货币可以间接使用，即可以在市场上兑换成另一种货币，用于满足某个成员的国际收支需要，同时可以合理地保证，这样做不会产生重大的不利汇率影响。可自由使用货币不一定必须在所有外汇市场广泛交易，但必须在一个以上的主要外汇市场中交易。

执董会一直依靠量化指标作为一项参数，用于评估某种货币是否可以自由使用。执董们在2011年的讨论中强调，不应机械地运用各项指标，在确定可自由使用性时，最终需要在很大程度上依靠根据《协定》为可自由使用货币所下定义作出的判断。执董们广泛同意，在评估广泛使用程度时，重要因素包括货币在所持官方储备、国际银行负债和国际债务证券当中所占份额，而在评估广泛交易程度时，重要因素则包括在外汇市场上的交易量（即交易额）。[2]执董们在2015年的非正式讨论中普遍认为，工作人员提出的补充指标是适当的。这些指标包括货币在官方所持外币资产、国际债务证券发行量以及跨境支付和贸易融资中所占份额。

为了评估某个成员的货币的广泛使用程度，所考虑的国际交易是基金组织成员之间的交易。鉴于可自由使用概念的目的是保证，一个成员如在某项基金组织安排下购买另一成员的货币，将能够直接或间接将该货币用于满足自己的国际收支需要，因此，第三十条（f）款下的国际交易的含义被解释为"成员之间的交易"。正如"7月文件"所述，这些交易不包括同一成员境内的交易或该成员居民之间的交易，但包括一个货币联盟不同成员之间的交易。然而人们意识到，在一个成员境内进行的某些支付有可能是国际交易引起的。

---

1 "7月文件"详细讨论了特别提款权定值的法律框架。

2 See Criteria for Broadening the SDR Currency Basket, SM/11/265 (9/23/11)；Acting Chair's Summing Up—Criteria for Broadening the SDR Currency Basket, BUFF/11/140 (11/4/11)．

附表 **2.1** 货物和服务出口

（五年平均数；占全球总额中的百分比）[1]

2005 - 2009 年			2010 - 2014 年		
	十亿 SDR	%		十亿 SDR	%
欧元区	2146	19.9	欧元区	2662	18.3
美国	1539	14.3	美国	1985	13.6
中国（不含港澳）	833	7.7	中国（不含港澳）	1533	10.5
英国	778	7.2	日本	731	5.0
日本	616	5.7	英国	707	4.8
加拿大	341	3.2	韩国	465	3.2
韩国	296	2.8	新加坡	401	2.7
新加坡	269	2.5	加拿大	395	2.7
瑞士	269	2.5	俄罗斯	388	2.7
俄罗斯	268	2.5	瑞士	388	2.7
备忘项					
中国[2]	874	8.1	中国[2]	1，618	11.1

1. 含贷方收入。欧元区内部出口不计入。

2. 含中国内地、中国香港、中国澳门。三地之间的货物出口不计入。2013 年及之前中国内地与中国香港服务出口不计入。2010 - 2014 年中国内地与中国香港之间的贷方收入无法剔除，因为 2009 年之后的相关数据无法按地域进行细分。由于缺乏数据，中国澳门与其他地区之间的服务出口和贷方收入不计入。

资料来源：基金组织《世界经济展望》；基金组织《贸易流向统计》；中国香港政府统计处；基金组织工作人员的计算。

8. 为了根据选择货币的出口标准进行评估和确定货币权重，工作人员提议，把 2000 年以来适用于货币联盟的货币法推广适用于所有货币（见附专栏 2.2）。①在启用欧元之后，工作人员提议为特别提款权定值采用货币

———————

① 为进行这一变动，需要修改"2000 年决定"。根据可自由使用标准进行的评估继续采用成员法（见附专栏 2.1 和附专栏 2.2）。

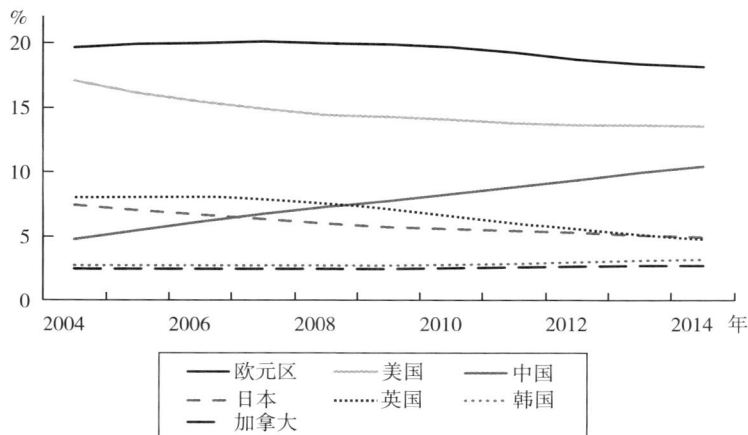

1. 见附表 2.1 注释。

资料来源：基金组织《世界经济展望》；基金组织《贸易流向统计》；中国香港政府统计
处；基金组织工作人员的计算。

附图 2.1 货物和服务出口

（五年平均数；占全球总额的百分比）[1]

法，即用于选择货币和确定权重的经济变量应反映货币的特点，而不是成
员的特点。①按照这个方法，对执董会决定进行了修订，以明确规定对于货币
联盟所定义的出口不包括货币联盟内部的贸易，在加权公式中用来衡量储备
组成的所持货币指成员们所持有的不属于货币联盟一部分的货币。但是，当
时没有明确讨论一个国家使用一种以上货币的情况，而且对于不涉及货币联
盟的情况，该决定的措辞继续指的是基金组织成员。工作人员考虑到把某种
货币作为储备资产的需求主要反映出发行该货币的地区的经济状况，认为对
于一个国家在其境内使用一种以上货币的情况，也有理由适用对货币联盟采
用的方法所依据的基于货币的原则。对于中国而言，这意味着所评估的出口
将是发行人民币的中国内地的出口，不包括发行其自己货币的中国香港、中
国澳门和中国台湾的出口。正如表1的备忘项所述，这一变化对出口排名没
有影响，因此对人民币根据出口标准所具备的资格也没有影响。下文第六节

---

① See Review of the Method of Valuation of the SDR, SM/00/180（7/24/2000）.

讨论了这一变化在确定权重方面的影响。

附专栏 2.2　特别提款权定值框架：货币法和成员法

虽然第三十条（f）款所载可自由使用货币的法律定义规定采用成员法，但出现了对特别提款权定值框架的其他元素是采用货币法还是成员法的问题。正如专栏 1 所述，可自由使用标准的评估针对基金组织成员进行，这符合可自由使用概念的目的，第三十条（f）款下的"国际交易"意味着"成员之间的交易"（另见"7 月文件"的专栏 1）。但是，对于特别提款权定值框架中的其他元素（即出口选择标准和用于确定权重的指标），有必要决定是采用成员法还是货币法，因为该框架没有规定一个明确的方法。有关决定应该以使用这些指标的目的为指导。根据货币法，出口标准和货币加权指标的评估将针对以所涉货币为法定货币的地区来进行。

在 2000 年之前，特别提款权定值框架采用的是成员法。对于货币选择标准（货物和服务出口）和货币加权所使用的指标（货物和服务出口以及官方储备）都是以成员为基础进行评估。

2000 年定值决定进行了两个主要变动。第一，扩大了货币选择标准的范围，新列入了一项要求，即被选中纳入特别提款权篮子的货币须经执董会确定为符合第三十条（f）款的"可自由使用货币"。第二，工作人员在启用欧元的背景下提议，对用于选择货币和确定权重的出口和储备指标不再采用成员法，而改为采用货币法。正如在当时的讨论中所述，这一方法更好地体现了特别提款权作为其一篮子组成货币产生的储备资产所起的作用，因为把篮子中每种货币作为储备资产的需求主要反映出发行这些货币的地区的经济状况。人们根据这些考虑因素商定，在根据出口标准进行评估和确定货币权重时，一个货币联盟的货物和服务出口将不包括联盟成员之间的贸易。同样，"2000 年决定"明确规定，在确定货币权重时，仅采用货币当局在货币联盟之外所持货币。2000 年工作人员文件对这些问题的讨论侧重于处理货币联盟问题，没有明确讨论某个成员（例如中国）使用一种以上货币的情况。"2000 年决定"继续明确规定，对不属于货币联盟的成员采用成员法。[1]

工作人员在此背景下提议，在选择特别提款权货币和确定货币权重时全面采用货币法（可自由使用性评估除外）。这个方法符合在 2000 年阐明的理论依据和总方针，根据该依据和方针，选择货币和确定权重时所采用的经济变量应反映货币的特点而不是成员的特点，对发行一种以上货币的成员所采用的方法应该与对货币联盟所采用的方法相同。因此，提议修订特别提款权定值方法，在今后对选择货币的出口标准和用于确定货币权重的变量采用货币法。

1　根据该决定，以前的工作人员通常采用成员法列报中国的数据。但是，为 2000 年定值审查编写的工作人员文件还列报了中国内地的数据（其中不包括中国香港、中国澳门和中国台湾），并指出，这样的列报方法符合 2000 年采用的货币法。

B. 可自由使用标准

9. 本节就可自由使用性评估提供了说明。可自由使用标准有两个元素：有关货币（1）事实上在国际交易的支付中广泛使用；（2）并在主要外汇市场上广泛交易（见附专栏 2.1）。为评估这两个元素采用了量化指标。然而，为了确定可自由使用货币，最终需要执董会根据这些标准进行政策判断。以下介绍的各项指标包括执董会于 2011 年批准的指标以及"7月文件"提出的一些补充指标和数据来源。后者有助于扩大货币覆盖面，除了存量之外还反映流量，提供更及时的外汇交易额数据，并反映更多方面的国际货币使用情况。最后，关于广泛交易货币的一节分析了外汇交易的高频数据，以评估各种货币的市场流动性和弹性。

10. 正如"7月文件"所述，虽然各项指标是有用的替代参数，可为评估一种货币在国际交易支付中的使用情况及其在各主要外汇市场上的交易情况提供信息，但它们都有一些需要考虑在内的缺陷。理想的情况是，在评估使用广泛性时，可以参照国际收支和国际投资头寸的货币组成，而在评估广泛交易情况时，可以计算出一个成员在各个外汇市场兑换通过一项基金组织交易所收到的货币的成本，并了解市场价格对这种兑换作出的反应。本节提出的指标是替代参数，而出于若干原因，在对其进行判读时应该保持谨慎：在各项指标下所采用的方法并非总是符合第三十条（f）款对国际交易的定义；这些指标只是部分反映了国际货币使用情况的有关方面；执董会于 2011 年所批准的用于评估使用广泛性的金融指标都是未结清存量指标，在对货币使用趋势的变化作出反应时比较迟钝。①

11. 根据第三十条（f）款，国际交易指成员之间的交易，以符合可自由使用的概念（见附专栏 2.1）。只有成员之间的交易才可作为国际交易，其中不包括一个成员的居民之间的交易，即使该成员发行不同的货币。这个方法最好地表明，基金组织成员可否把某种货币直接用于满足自己的国际收支需要。与此同时，人们认识到，为一个成员的居民之间的某些交易进行的支付具有国际性质。"7 月文件"讨论了可能导致通过中国香港、中国澳门和中国台湾或在这些地区内部进行用人民币计价的交易，而不是在世界其他地区与中国之间进行这些交易的各种因素，并讨论了这可能对关于人民币国际使用情况的评估所产生的影响。"7 月文件"还确认，其他国际金融中心的其他货币也出现类似问题。工作人员在"7 月文件"之后进行的工作得出结论认为，由于数据限制，这些与国际交易有关的国内交易所占比例无法衡量。关于在评估人民币是否可自由使用货币时所采用的指标，该文件既提供了可以得到的关于整个成员的数据，又（在备忘项中）把中国香港、中国澳门和中国台湾作为国际实体对待。根据其中后一个方法提供的数据代表人民币国际使用额的绝对上限。

广泛使用指标

12. 用各种广泛使用指标衡量，特别提款权货币篮子中现有的四种货币仍然在国际交易中占有很大比例。与上次审查时一样，美元仍然远远领先于其他货币，用所有指标衡量，欧元也占有很大份额。指标显示，其他两种可自由使用货币，即日元和英镑的国际使用程度虽然较低，但仍然比重很大，与上次审查时的水平相当。

---

① 这些指标可能包括那些在根据第三十条（f）款界定广泛使用的货币时，不被视为国际性的交易，而且反而排除了一些根据该规定被视为国际性的交易。例如，关于国际债务证券的指标不包括私人非居民持有的国内债务（官方部门持有的债务基本上反映在关于储备的指标当中）。该指标尤其没有把私人非居民持有的大约 2 万亿美元的美国国债包括在内。

13. 多种多样的指标显示，人民币的国际使用程度尽管起点较低，但自从上次特别提款权定值审查以来不断上升。最新的指标所显示的情况与"7月文件"发布时相比大致没有变化，但当时发现的一些数据缺口已被弥补。①

● 官方外汇持有者已开始积累一些人民币资产。官方储备反映出储备经理在持有货币作为储备资产，以将其用于干预目的方面的偏好。由于人民币不在基金组织的官方外汇储备货币构成（COFER）调查（见附表2.2和附图2.2）中分开指明的七种货币之列，工作人员对成员的官方外币资产进行了一次调查，其中既包括储备资产，也包括没有列入储备的其他外币资产。对于这两次调查都覆盖的货币，其调查结果与COFER调查的数据非常接近。关于人民币，130个调查问卷答复者中有38个报告说持有该货币，2014年持有的人民币资产相当于510亿特别提款权，超过前一年的290亿特别提款权，占官方外币资产总额的1.1%（见附表2.3）。②

附表 2. 2　官方储备

（在可划分币种外汇储备中所占百分比）

2010 年第二季度			2015 年第二季度		
	十亿 SDR	%		十亿 SDR	%
美元	2026	62. 5	美元	3022	63. 8
欧元	850	26. 2	欧元	972	20. 5
英镑	135	4. 2	英镑	222	4. 7
日元	103	3. 2	日元	182	3. 8
瑞士法郎	4	0. 1	加拿大元	91	1. 9
澳大利亚元[1]		n. a.	澳大利亚元	90	1. 9

---

① 自从"7月文件"发布以来，得到了以下数据：官方外汇储备货币构成（COFER）、国际债务证券（未偿数额和发行额）、SWIFT跨境支付和贸易融资数据、截至2015年第二季度结束的国际银行负债额；2015年4月各区域委员会的外汇交易额。国际清算银行提供了补充数据，工作人员采用了这些数据来计算用人民币计价的国际银行负债和国际债务证券，同时把中国香港、中国澳门和中国台湾的数据作为中国国内数据。

② 这次调查与COFER调查一样，是在严格保密的情况下进行的，除非披露保密信息，否则无法排除中国香港金融管理局或中国澳门金融管理局可能报告的任何所持人民币资产。

续表

2010 年第二季度			2015 年第二季度		
	十亿 SDR	%		十亿 SDR	%
加拿大元		n. a.	瑞士法郎	14	0.3
其他	122	3.8	其他	147	3.1
未配置的	2 454	43.1	未配置的	3 408	41.8

1. 2012 年 6 月之前，澳大利亚元和加拿大元在官方外汇储备货币构成调查中没有单列。

资料来源：基金组织官方外汇储备货币构成调查。

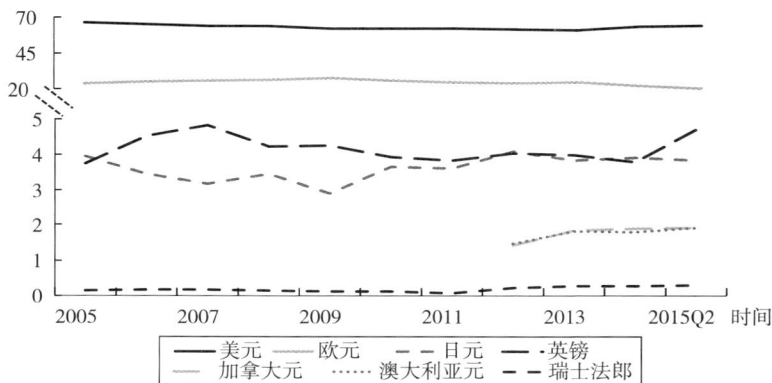

1. 美元（USD）、欧元（EUR）、日元（JPY）、英镑（GBP）、加拿大元（CAD）、澳大利亚元（AUD）、瑞士法郎（CHF）。

资料来源：基金组织官方外汇储备货币构成调查。

附图 2.2　官方储备（在可划分币种外汇储备中所占百分比）[1]

附表 2.3　官方外币资产

（在全球总额中所占百分比）

	2013 年				2014 年		
	十亿 SDR	%	报告国家数据		十亿 SDR	%	报告国家数据
美元	2701	61.3	127	美元	2961	63.7	127
欧元	1041	23.7	109	欧元	978	21.0	108
英镑	187	4.2	108	英镑	190	4.1	109
日元	147	3.3	87	日元	160	3.4	88

	2013 年				2014 年		
	十亿 SDR	%	报告国家数量		十亿 SDR	%	报告国家数量
澳大利亚元	98	2.2	79	澳大利亚元	98	2.1	78
加拿大元	87	2.0	84	加拿大元	92	2.0	85
人民币	29	0.7	27	人民币	51	1.1	38
新西兰元	11	0.2	27	瑞士法郎	11	0.2	69
瑞士法郎	10	0.2	73	新西兰元	11	0.2	29
挪威克朗	9	0.2	45	瑞典克朗	9	0.2	40
其他	66	1.9		其他	73	1.9	

资料来源：基金组织工作人员对成员的调查。

- 用人民币计价的国际银行负债达到很大的数额。国际银行负债可以作为替代参数，显示银行及其客户使用国际货币的情况，但它仅反映未清偿的存量，因此可能反应迟钝，在货币的使用量迅速增加的情况下可能引起问题。国际清算银行的国际银行负债数据仅将当前的四种可自由使用货币和瑞士法郎分开列报。这些货币在国际银行负债总额中占绝大多数，但用其他货币计价的这类负债正在增长，当前占总额的 8% 以上（见附表 2.4 和附图 2.3）。基金组织工作人员根据国际清算银行提供的更多数据进行的计算以及新加坡和中国台湾省发表的数据显示，用人民币计价的国际银行负债大约为 4790 亿美元，占总额的 1.8%。如将中国香港、中国澳门和中国台湾的数据视为国际数据，用人民币计价的国际银行负债的上限大约为 11390 亿美元。

附表 2.4　国际银行负债

（占全球总额的百分比）[1]

	2010 年第二季度			2015 年第二季度	
	十亿美元	%		十亿美元	%
美元	13064	48.7	美元	14050	52.8
欧元	8909	33.2	欧元	7573	28.5
英镑	1719	6.4	英镑	1538	5.8

2010 年第二季度			2015 年第二季度		
	十亿美元	%		十亿美元	%
日元	970	3.6	日元	687	2.6
瑞士法郎	436	1.6	人民币	479	1.8
			瑞士法郎	474	1.8
其他	1721	6.4	其他	1814	6.8
			备忘项		
			人民币[2]	1139	

1. 中国香港、中国澳门和中国台湾的数据被视作国内数据。

2. 如果将中国香港、中国澳门和中国台湾的数据视作国际数据，相应的人民币数额。

资料来源：国际清算银行《贸易流向统计》；基金组织工作人员根据国际清算银行数据所做计算；Haver Analytics；来自各国的数据。

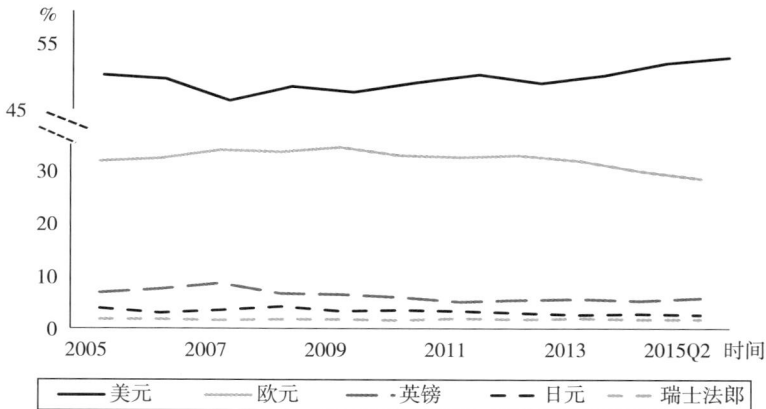

资料来源：国际清算银行《按地点编制的银行业统计》。

附图 2.3　国际银行负债（占全球总额的百分比）

● 用人民币计价的国际债务证券的数额尽管起点很低，但正在增加。国际债务证券是一个替代参数，显示国际债务市场中的货币使用情况，优点是其货币组成比国际银行负债更为广泛，而且除了未清偿存量之外，还可以得到关于发行额的统计数字。然而，国际债务证券与国际银行负债一样，并不反映可自由使用概念所设想的所有方面的国际货币使用情况。[①]
各特别提款权货币仍占证券的未清偿存量和新发行量的 90% 以上。用人民
币计价的国际债务证券的未清偿余额于 2015 年上半年占总额的 0.4%，发
行额从 2010 年微不足道的数额上升至总额的 1%（见附表 2.5、附表 2.6
和附图 2.4）。如将中国香港、中国澳门和中国台湾的数据视为国际数据，
用人民币计价的国际债务证券的上限大约为 1180 亿美元，用这个指标衡量
的发行额则为 330 亿美元。

附表 2.5　国际债务证券未清偿余额

（占全球总额的百分比）[1]

2010 年第二季度			2015 年第二季度		
	十亿美元	%		十亿美元	%
欧元	9038	46.4	美元	9177	42.6
美元	6359	32.7	欧元	8395	39.0
英镑	2002	10.3	英镑	2144	9.9
日元	700	3.6	日元	412	1.9
瑞士法郎	359	1.8	瑞士法郎	299	1.4
加拿大元	287	1.5	澳大利亚元	270	1.3
澳大利亚元	248	1.3	加拿大元	183	0.8
瑞典克朗	68	0.4	瑞典克朗	107	0.5
港元	67	0.3	人民币	76	0.4
挪威克朗	51	0.3	挪威克朗	65	0.3
人民币（第 21 位）	8	0.0			
其他	272	1.4	其他	422	2.0
备忘项					
人民币[2]	12		人民币[2]	118	

1. 中国香港、中国澳门和中国台湾的数据被视作国内数据。

2. 如果将中国香港、中国澳门和中国台湾的数据视作国际数据，相应的人民币数额。

资料来源：国际清算银行《季度评论》；基金组织工作人员根据国际清算银行数据所做计算。

[①]　国际债务证券不反映由于非居民投资于本地发行的证券所引起的跨境投资，而这种投资由于跨境发行与投资之间的联系在近几十年来的削弱，已变得日益重要，对于各种储备货币来说尤其如此，因为本地用这些货币发行的债务通常在非居民所持债务中占很大份额。See Branimir Gruić and Philip Wooldridge, "Enhancements to the BIS Debt Securities Statistics," BIS Quarterly Review, December 2012, pp. 63–76.

附表 2.6　国际债务证券发行额

（占全球总额的百分比）[1]

2010 年 1 - 6 月			2015 年 1 - 6 月		
	十亿美元	%		十亿美元	%
欧元	1427	48.5	美元	1331	45.3
美元	973	33.1	欧元	1039	35.4
英镑	259	8.8	英镑	324	11.0
日元	57	1.9	日元	54	1.8
瑞士法郎	56	1.9	澳大利亚元	42	1.4
澳大利亚元	54	1.8	人民币	28	1.0
加拿大元	28	1.0	瑞士法郎	19	0.6
瑞典克朗	15	0.5	瑞典克朗	18	0.6
港元	15	0.5	港元	16	0.6
挪威克朗	12	0.4	加拿大元	11	0.4
人民币（第22位）	0.7	0.0			
其他	45	1.5	其他	52	1.8
备忘项					
人民币[2]	0.7		人民币[2]	33	

1. 中国香港、中国澳门和中国台湾的数据被视作国内数据。

2. 如果将中国香港、中国澳门和中国台湾的数据视作国际数据，相应的人民币数额。

资料来源：国际清算银行《季度评论》；以及基金组织工作人员根据国际清算银行数据所做计算。

● 人民币在跨境支付和贸易融资中的使用量正迅速增加。SWIFT 数据虽然覆盖不全面，但作为替代参数，可很接近地显示在跨境交易中把货币用于支付的情况，因此与可自由使用概念下的国际交易定义非常一致。各特别提款权货币占跨境支付的 86%。人民币在过去四个季度（2014 年第三季度至 2015 年第二季度；见附表 2.7 和附图 2.5）中所占份额增加至 1.1%，相比之下，在 2010 - 2011 年的份额为 0.1%。在关于贸易融资信

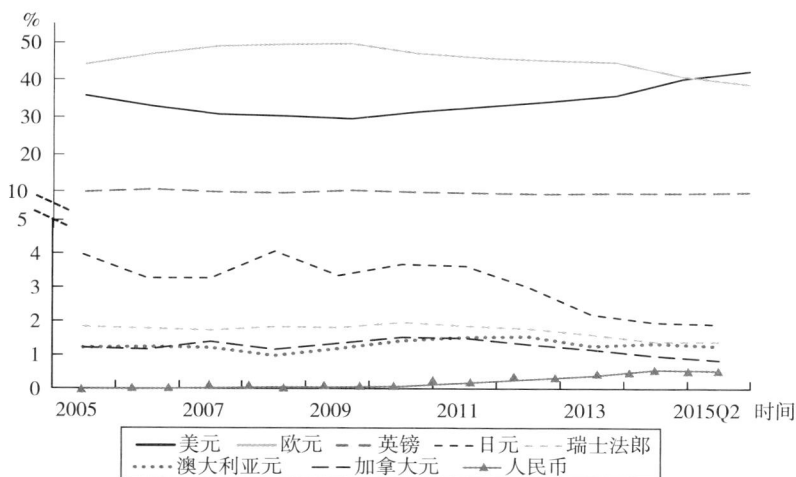

1. 见附表 2.5 注释。

资料来源：国际清算银行《季度评论》。

附图 **2.4** 国际债务证券未清偿余额（占全球总额的百分比）[1]

用证的 SWIFT 数据中，美元的比重极大，为 86%。① 在截至 2015 年第二季度末的一年时间中，用人民币计价的信用证所占份额为 3.4%，相比之下，2010–2011 年的份额为 1.1%（见附表 2.8 和附图 2.6）。如把中国香港、中国澳门和中国台湾的数据视为国际数据，用人民币计价的支付和贸易融资的上限分别占 SWIFT 全球总额的 1.3%，占贸易融资额的 8%。

附表 **2.7** 跨境支付

（占全球总额的百分比）[1]

2010 年第四季度至 2011 年第三季度		2014 年第三季度至 2015 年第二季度	
欧元	43.8	美元	42.7
美元	34.1	欧元	35.4
加拿大元	4.4	英镑	4.1

① 正如"7 月文件"指出的那样，使用信用证来显示贸易融资的货币组成时有一些局限。这种局限在亚洲国家之间更为常见，而且各项指标不包括公司之间的贸易信贷，但这种信贷在贸易融资中占很大比例，在先进经济体之间较为普遍。尽管如此，为了评估这个市场区域的动态，SWIFT 发表的各项指标被视为一个关键的数据来源（See Committee on the Global Financial System，2014，"Trade finance：developments and issues"，CGFS Papers No. 50）。

2010 年第四季度至 2011 年第三季度		2014 年第三季度至 2015 年第二季度	
英镑	3.7	日元	3.4
日元	3.5	瑞士法郎	2.5
瑞士法郎	2.0	加拿大元	2.3
澳大利亚元	2.0	澳大利亚元	1.8
瑞典克朗	0.8	人民币	1.1
港元	0.7	港元	1.0
人民币	0.1	瑞典克朗	0.6
其他	4.9	其他	5.0
备忘项			
人民币[2]	0.1	人民币[2]	1.3

1. 对于人民币而言，中国香港、中国澳门和中国台湾的数据被视作国内数据。

2. 如果将中国香港、中国澳门和中国台湾的数据视作国际数据，相应的人民币比例。

资料来源：基金组织工作人员根据 SWIFT 交易价值（报文 MT103 和 MT202，不包括 MT202 COV）计算。

附表 2.8　贸易融资（信用证）

（占全球总额的百分比）[1]

2010 年第四季度至 2011 年第三季度		2014 年第三季度至 2015 年第二季度	
美元	81.9	美元	86.0
欧元	8.9	欧元	7.2
阿联酋迪拉姆	4.4	人民币	3.4
日元	2.4	日元	2.0
人民币	1.1	瑞士法郎	0.2
英镑	0.2	阿联酋迪拉姆	0.2
瑞士法郎	0.2	英镑	0.2
韩元	0.2	印度卢比	0.1
其他	0.7	其他	0.7
备忘项			
人民币[2]	3.3	人民币[2]	8.0

1. 对于人民币而言，中国香港、中国澳门和中国台湾的数据被视作国内数据。

2. 如果将中国香港、中国澳门和中国台湾的数据视作国际数据，相应的人民币比例。

资料来源：基金组织工作人员根据 SWIFT 交易价值（报文 MT103 和 MT202，不包括 MT202 COV）所做计算。

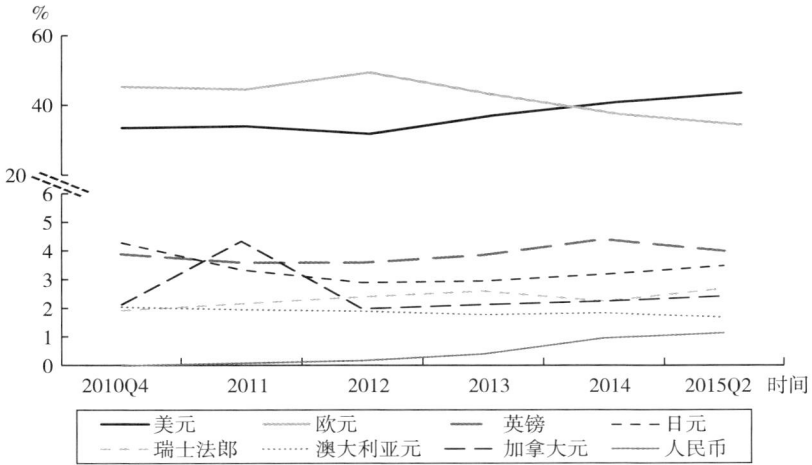

1. 见附表 2.7 的注释。

资料来源：基金组织工作人员根据 SWIFT 交易价值（报文 MT103 和 MT202，不包括 MT 202 COV）计算。

附图 2.5 国际支付（占全球总额的百分比）[1]

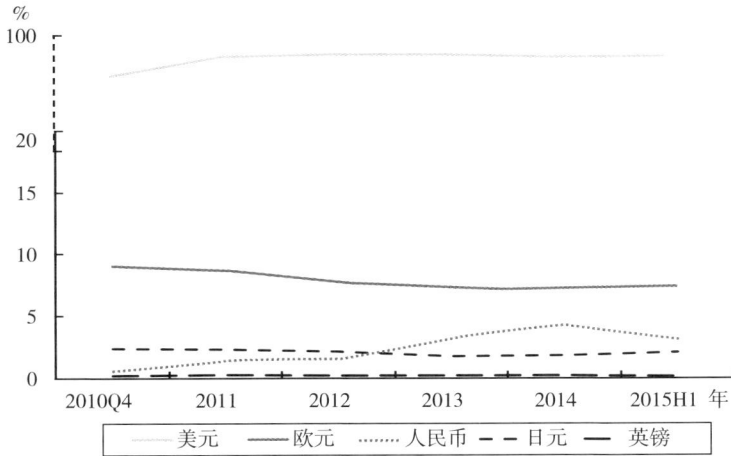

1. 见附表 2.8 的注释。

资料来源：基金组织工作人员根据 SWIFT 交易价值（报文 MT700）计算。

附图 2.6 贸易融资（信用证）（占全球总额的百分比）[1]

广泛交易指标

14. 2013 年 4 月的国际清算银行三年期中央银行调查显示，当前的几种特别提款权货币仍然占全球外汇市场中的大部分交易额。这些货币继续占总交易额的大约 80%，美元和日元所占比重自 2010 年的上次调查以来有所上升，欧元和英镑所占比重则有所下降（见附表 2.9）。

15. 最新的地区和国家调查确认，人民币在全球外汇交易额中所占比重已经从上次审查时的低起点迅速上升。2013 年的国际清算银行调查显示，人民币在交易量中所占份额自 2010 年以来大幅度增加（见附表 2.9），已达总交易额的 1.1%（日均交易额为 1200 亿美元）和现货交易额的 0.8%（340 亿美元），但是，考虑到人民币外汇活动的发展速度，这条信息现在已经相当过时。然而，有可能使用可以得到的截至 2015 年 4 月末的地区和国家调查数据来了解更新的情况，尽管这些数据的覆盖面较窄。数据显示，人民币在六个地区交易中心的日均交易额按总额净额计算为 2500 亿美元，这六个交易中心在 2013 年的国际清算银行调查中占全球人民币市场的 90%（见附表 2.10）。①②虽然无法得到所有货币的可充分比较数据，但这个数字将使人民币的全球交易额仅次于四种可自由使用货币以及澳大利亚元、加拿大元和瑞士法郎。③人民币在各主要人民币交易中心的现货市场交易额按总额净额计算，大约为 800 亿美元，其中 500 亿美元是离岸交易。以确认外汇交易的银行间电文为依据的 SWIFT 数据显示，从 2013 年

---

① 考虑到最新的地区调查数据，按总额净额计算的人民币全球交易额数字可能略微高于"7 月文件"中工作人员估计数，即 2500 亿美元。在 2013 年 4 月的国际清算银行三年期中央银行调查中，人民币在其余报告国家中的交易额大约为 160 亿美元。

② 采用国际清算银行三年期中央银行调查的方法，对具体市场的外汇交易额数字进行了调整，以避免重复计算全球市场中的两个调查答复者分开报告的交易（按总额净额计算）。各项地区调查与国际清算银行的调查尽管大致可比，但在方法上也有一些差异。还对国际清算银行的总体全球外汇交易额数字进行了调整，以避免重复计算不同市场所在地的调查答复者之间的跨境交易（按总额净额计算），但无法对地区调查数据进行这样的调整，原因是没有对市场之间的交易进行匹配。因此，附表 2.10 列报的数额与附表 2.9 中的数额之间没有直接可比性。在 2013 年 4 月的国际清算银行调查中，通过净额－净额调整，使人民币的交易额比总额净额数字减少 23%，这与净额－净额调整对其他主要货币交易额的影响大致相似。

③ 根据国际清算银行调查，加拿大元、瑞士法郎和澳大利亚元在 2013 年 4 月按总额净额计算的交易额分别为 3004 亿美元、3490 亿美元和 5840 亿美元。

第一季度至 2015 年第二季度，人民币总交易额的增加了 110%。[①]

附表 2.9　全球外汇市场交易额的货币组成

（占全球总额的百分比）[1,2]

即期						总计					
2010 年			2013 年			2010 年			2013 年		
	十亿美元	%		十亿美元	%		十亿美元	%		十亿美元	%
美元	1188	39.9	美元	1691	41.3	美元	3370	42.4	美元	4652	43.5
欧元	691	23.2	欧元	754	18.4	欧元	1551	19.5	欧元	1786	16.7
日元	300	10.1	日元	612	15.0	日元	754	9.5	日元	1231	11.5
英镑	213	7.1	英镑	227	5.5	英镑	511	6.4	英镑	631	5.9
澳大利亚元	111	3.7	澳大利亚元	196	4.8	澳大利亚元	301	3.8	澳大利亚元	462	4.3
瑞士法郎	92	3.1	加拿大元	93	2.3	瑞士法郎	250	3.2	瑞士法郎	275	2.6
加拿大元	78	2.6	瑞士法郎	84	2.1	加拿大元	210	2.6	加拿大元	244	2.3
新西兰元	22	0.7	墨西哥比索	57	1.4	港元	94	1.2	墨西哥比索	135	1.3
韩元	21	0.7	新西兰元	39	0.9	瑞典克朗	87	1.1	俄罗斯卢布	120	1.1
瑞典克朗	19	0.6	俄罗斯卢布	37	0.9	新西兰元	63	0.8	新西兰元	105	1.0
人民币（第 19 位）	8	0.3	人民币（第 11 位）	34	0.8	人民币（第 17 位）	34	0.4			
其他货币	238	8.0		268	6.5		716	9.0	1048	9.8	

　　1. 4 月的名义日均数额。总计数包括即期交易、直接远期、外汇掉期、货币掉期、期权和其他产品。

　　2. 由于每项交易涉及两种货币，名义总额根据定义等于所有货币总交易额的两倍。

　　资料来源：国际清算银行三年期中央银行调查。

---

　　① 这个每月数据是以 SWIFT 的 FIN 电文服务网络中确认外汇交易的电文（300 型电文）为依据。由于数据覆盖面问题，在不同货币之间进行全面比较的空间受到限制。

203

附表 2.10　各地区交易中心的人民币日均交易额，2015 年 4 月

单位：十亿美元

地区中心[1,2]	总交易额（总计）	人民币交易额（总计）	人民币交易额（总计，百分比）	自 2013 年 4 月以来的增幅	人民币交易额（即期）
伦敦[3]	2481	44.7	0.9	83.9	14.5
纽约[4]	881	n/a	n/a	n/a	n/a
中国香港[5]	385	93.0	12.1	88.0	18.9
新加坡[6]	381	51.0	6.7	207.0	17.4
东京	363	2.2	0.3	218.0	0.9
澳大利亚	136	n/a	n/a	n/a	n/a
中国（在岸）[7]	77	61.7	40.0	36.9	29.4
加拿大[8]	75	0.2	0.2	424.0	n/a

1. 根据本地（非跨境）交易商之间的双重计算进行调整（净额－总额基础）。由于每一笔外汇交易都涉及两种货币，所有货币名义交易额的加总是每个交易中心总外汇交易额的两倍。交易额比例以 100% 的一部分表示。

2. 除非另有说明，人民币名义交易额的增幅是相对于国际清算银行 2013 年三年期中央银行调查的净额－总额数据。

3. 人民币名义交易额数据是根据公布的人民币交易额占比数据而估算得出的。人民币交易额在伦敦排第 10 位。即期交易额仅基于人民币/美元这一对货币。英格兰银行针对活跃在人民币市场上的英国居民机构开展的一项单独调查显示，2015 年第二季度人民币日均交易额为 540 亿美元，人民币即期交易额为 200 亿美元（基于同期的美元/英镑平均即期汇率）。

4. 人民币在纽约的交易量不够大，不与其他货币分开列示。

5. 基于 2015 年中期对 58 家金融机构开展的一项专门调查。对调查结果进行外推，近似得到国际清算银行 2013 年 4 月三年期中央银行调查所覆盖的所有 60 家机构的头寸。

6. 人民币的交易额是基于一项单独的月度调查，相对于外汇总交易额半年期调查具有更大的样本规模。人民币交易额的增幅是基于未经调整的数据（总额－总额基础），是相对于 2013 年 7 月数据的变化。人民币即期交易额是基于未经调整的数据（总额－总额基础）。

7. 中国的交易额是指人民银行针对在中国报告数据的所有银行开展的调查中的数据。人民币交易额增幅是基于人民银行样本 2013 年数据。2015 年 7 月人民币交易总额为 729 亿美元，占 880 亿美元总体交易额的 41.3%。

8. 人民币名义交易额数据是根据公布的人民币交易额占比数据而估算得出的。

资料来源：地区外汇委员会；国家资料来源；以及基金组织工作人员的计算。

16. 按地区分列的外汇市场活动信息显示，人民币交易在亚洲最为普

遍，在欧洲所占比重很小但正在上升，在北美的交易仍然很少。正如"7月文件"所解释的那样，由于广泛采用电子交易，外汇交易地点与实际客户所在地之间的联系已经削弱，在某个特定市场下单的交易可以在其他地方为客户执行。因此，最好的办法是按全球三大时区（亚洲、欧洲和美洲）的汇总交易来分析各交易中心的外汇交易额数据，这些数据可以显示这些时区的总体流动性。人民币是亚洲交易最多的货币之一，工作人员估计，中国香港、新加坡和中国内地大约占全球人民币交易额的四分之三。[①]人民币交易也正在伦敦迅速增加，虽然仍占全部市场的不到1%，但是按绝对数字计算，现在的日均交易额超过400亿美元。北美的人民币交易仍然很少。EBS交易平台上的每小时外汇交易数据确认了这一交易情况，在亚洲市场营业时间，离岸人民币（CNH）交易量很大，这段时间也与欧洲交易日的头几个小时相重叠（见附图2.7）。离岸人民币的每小时交易额与EBS平台上瑞郎对美元的交易情况相似。各种特别提款权货币的交易额通常在非高峰时间继续保持较高的水平，但即使是这些货币，其交易额也在北美交易时间即将结束时急剧下降，直至亚洲市场开盘。

17. 有一个交易平台提供的详细交易数据显示，离岸人民币/美元的市场流动性与其他主要货币对子的市场流动性相似。为了从另一个视角分析市场流动性，工作人员使用上文所述EBS交易平台上的外汇交易高频数据和附加二所载这类数据，对一个货币对子样本进行了分析。[②]工作人员编制了若干指标来反映执行交易的成本（出价－要价的价差和实际交易成本），并衡量市场对订单流量的弹性（订单流量的价格影响和订单流量的价格收益反转情况）。平均而言，离岸人民币/美元货币对子交易的执行成本很低，接近美元/日元和美元/欧元货币对子的执行成本，尽管交易之间的执

---

① 工作人员的估计以附表2.10中的人民币交易额数字为依据，而对于无法得到最新人民币交易额数据的市场，工作人员采用了2013年国际清算银行三年期中央银行调查中按总额净额计算的按国家分列的人民币交易额数字。

② 根据2013年的国际清算银行三年期中央银行调查，EBS和路透社交易配对平台占全球现货市场的大约15%。由于网络的外在因素，特定货币对子的交易一般集中于特定的交易平台。在所分析的货币中，澳大利亚元、英镑和加拿大元在EBS平台上的交易份额相对而言低于国际清算银行的三年期中央银行调查数据。

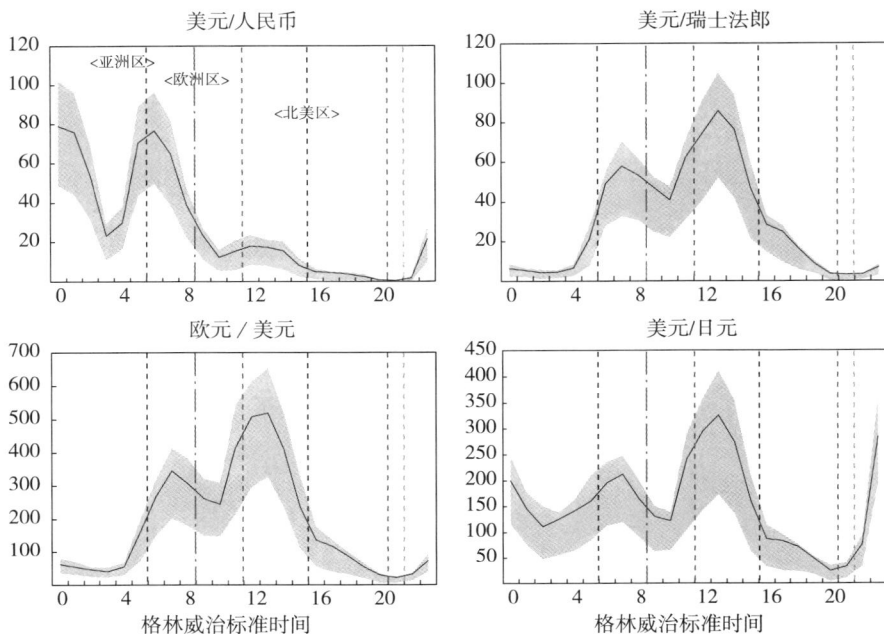

美元/人民币

美元/瑞士法郎

欧元／美元

美元/日元

格林威治标准时间

格林威治标准时间

1. 阴影区域表示第 25 个和第 75 个四分位距。竖线表示交易区。指数的计算方法是使四种货币的日均交易量等于 100。

资料来源：EBS；基金组织工作人员的计算。

附图 2.7　日交易量（指数）[1]

行成本变化较多，时区之间的差异也比较大，而且在这个样本中比若干其他货币的情况好。同样，人们发现，离岸人民币/美元的市场弹性在所分析的货币对子当中是最强的之一。尽管汇率受各种因素的影响，但分析发现，离岸人民币/美元货币对子的价格影响和收益反转情况对净买入/卖出压力的敏感度低于其他主要货币的敏感度。考虑到对各种货币的数据覆盖面有所不同，而且 EBS 平台仅能代表全球外汇市场的一部分，在判读这些结果时应该谨慎。

三、操作性问题

18. 正如"7 月文件"所述，在确定一种货币是可自由使用货币并将其纳入特别提款权篮子时，会引起一些重要的操作性问题。这些问题包括：（1）必须保证基金组织成员及其代理人和其他特别提款权使用方（下文将这些群体统称为"特别提款权使用方"）可以不受妨碍地使用人民币利率和汇率工具进行投资和对冲；（2）必须确定可以用于特别提款权定值和基金组织业务的由市场决定的汇率；（3）必须确定一个适当的人民币金融工具，将其纳入特别提款权利率篮子。本节介绍了工作人员对在满足这些要求方面所取得进展的最新评估，侧重于自"7月文件"以来的各项进展。

A．最近为改善市场准入和提高数据透明度所进行的改革

19．中国采取了广泛的措施来进一步帮助特别提款权使用方开展人民币业务，这些措施涵盖了工作人员在 2015 年 7 月指出的所有领域。7 月以来所宣布的改革措施包括改善特别提款权使用方的市场准入、更多地由市场决定在岸利率和提高数据透明度（见附专栏 2.3）。

20．正如上文所述，特别提款权使用方需要得到在岸外汇市场和人民币金融工具的充分准入，以便进行储备管理，包括能够对冲风险。以下措施显示在这方面取得了重要进展：

● 2015 年 7 月，中国放开了在岸固定收益市场对官方机构储备经理的准入。不再对外国中央银行、国际金融机构、主权财富基金和它们的代理人实行固定收益市场投资配额，它们还可以不受限制地使用固定收益衍生工具，并能够选择自己的结算代理人（见附专栏 2.3）。此外，现在可以通过电子手段进行交易和确认，而且有关账户、托管、交易和结算服务的程序已经简化和标准化。这些措施加在一起，使特别提款权使用方可以基本上不受妨碍地进入在岸固定收益市场，并应使它们能够不受限制地开展自己的储备管理业务。

附专栏 2.3　中国最近实行的放松资本管制和国内金融市场改革

中国最近几个月来实行了若干政策改革。以下列举的行动符合中国更广泛的政策改革议程，其目的既是为了支持人民币的国际化，也是为了加强宏观金融稳定，方法是逐渐采取步骤发展运行中的市场，改为由

市场决定价格和利率以及建立健全的政策框架。[1]

增加了清算银行按照在岸汇率为离岸实体进行交易的配额。从 2015 年 8 月 18 日开始，离岸实体可以采用在岸汇率进行服务贸易和直接投资交易（以前仅限于货物贸易）。对这些交易所收款项的外汇兑换实行的 90 天期限已经取消。

扩大了公司的跨境现金池安排。2015 年 9 月 5 日，人民银行放宽了参加这些安排的资格标准并降低了参加门槛（二者以年销售额和业务持续时间为基础），使更多的公司能够选择精简集团内部的现金转移和流动性安排。这项措施使关联母公司和子公司之间的集团金库业务能够进一步一体化，从而使双向跨境流动更加便利。

中国推出了准备金平均考核法，以促进流动性管理。从 2015 年 9 月 15 日开始，对法定准备金的考核以 10 天期间的平均比率为基础。此外，银行的每日准备金比率不得低于法定比率 1% 以上。由于平均计算期间较短，这项措施不大可能立即对流动性产生影响，但该期间今后可能会被延长。

9 月 23 日，人民银行批准外国金融机构通过中国银行间债券市场在岸发行人民币证券。以前仅允许非金融公司通过银行间债券市场筹借在岸资金。前两个获准在岸发行的非居民金融机构是汇丰银行设在中国香港的分支机构和中国银行（香港）有限公司，发行上限分别为 10 亿元人民币和 100 亿元人民币元。

2015 年 10 月启动了跨境银行间支付系统（CIPS）。这个新的工具为清算和结算跨境人民币支付提供了一个精简的平台，最终还将准许离岸参与者使用。

人民银行已使国内存款利率充分自由化。在以前所采取措施的基础上，人民银行于 2015 年 10 月 23 日宣布利率充分自由化。2015 年 8 月取消了一年以上定期存款的利率上限。6 月，各大银行获准在遵守年度目标余额配额的情况下，"按市场利率"向家庭和非金融公司发行可转让定期存单，期限从 1 个月到 5 年不等，既可采用固定利率，也可采用浮动利率。在以前（2013 年以来），只能向金融机构发行可转让定期存单。贷款利率已经充分自由化。

充分落实了允许储备经理及其代理人进入国内固定收益市场和外汇市场的措施。

● 7 月 14 日，中国宣布，在人民银行登记的外国中央银行（以及主权财富基金和国际金融机构）可以自行选择在中国银行间债券市场（CIBM）的投资规模以及回购、债券出借、债券远期交易、利率掉期和远期利率合约的投资规模。有关准则允许这些海外官方机构选择人民银行或是某个在人民银行登记的结算代理人为自己进行交易和结算。

● 9 月 30 日，官方部门储备经理及其代理人获准通过三个渠道中的任何一个参与在岸外汇市场，这些渠道包括：委托人行作为代理人、使用银行间外汇市场成员作为代理人、作为外国成员直接参加银行间外汇市场。这些机构可以执行外汇交易和对冲所有期限的外汇风险，没有关于持有某项标的人民币资产或表明需要使用所涉金融工具的事先规定。

1　See People's Republic of China: Staff Report for the 2015 Article IV Consultation, SM/15/178（7/8/2015）．

● 9 月下旬，对上述批机构放开了在岸外汇市场的准入。这些投资者现在可以根据已知汇率，直接与在岸商业交易对手谈判和进行现货外汇交易和衍生金融工具外汇交易。这些机构还获得允许对冲所有期限的外汇风险，没有任何关于持有某种人民币标的资产或显示需要使用有关金融工具的规定。这些措施与固定收益市场改革一样，一旦得到实际执行，应使特别提款权使用方能够不受妨碍地进行与基金组织有关的交易或其他储备管理操作。

21. 中国还采取了进一步措施，更多地由市场来决定在岸利率。2015 年 10 月，人民银行宣布存款利率充分自由化（见附专栏 2.3）。此外，中国财政部于 9 月宣布，开始根据公布的日程安排在每星期拍卖 3 个月期债券，第一次拍卖于 10 月初进行。

22. 此外，中国在加强数据的公布方面取得了显著进展。特别提款权货币的发行者通常达到很高的数据透明度标准，尽管这并不是将货币纳入特别提款权篮子的正式标准。中国最近在这方面采取了若干措施，包括：

（1）宣布接受基金组织的数据公布特殊标准；（2）首次公开发表每季度实际 GDP 水平；（3）加入 COFER 调查，首次报告中国储备中一个有代表性的部分的货币组成，并保证逐渐增加报告的部分所占比重；① （4）首次向国际清算银行上报国际银行负债数据，并确认将争取在 2015 年 12 月末之前加入国际清算银行的按地点编制的国际银行统计计划和基金组织的协调的证券投资调查。

B. 汇率问题

23. 用特别提款权为基金组织成员货币定值的过程分为两个步骤：②

ⅰ. 首先是根据特别提款权篮子中各种货币等同美元的固定数额来确定每天的美元特别提款权价值，为此采用的是同一来源、同一时间的汇率。③

ⅱ. 随后计算所有其他成员的货币的特别提款权价值，为此采用的是这些货币对美元的"代表性"汇率和用上文所述方法计算的美元特别提款权价值。④

随后采用得出的成员货币的特别提款权价值（即特别提款权汇率）来确定成员们在基金组织中的财务地位，并确定在基金组织业务和交易中收取或被要求提供的货币数额。⑤如果确定人民币为可自由使用货币，其代表性汇率将决定借款成员可以在基金组织借款中得到的人民币数额和可能要求它们在进行回购时获得的人民币数额。采用这些汇率时所依据的是基金组织交易中的"等值"原则，即无论提供何种货币，也无论提供这些货币的是哪些成员，成员们都应该得到同样的特别提款权价值。

---

① 已同意在 2～3 年时间内逐步增加到全部公布。

② 更详细的说明见本附录附件Ⅲ（略）。

③ 《附则及条例》的附则第 O－2（a）条，见附件Ⅲ（略）。在大多数工作日，为此目的采用的是伦敦午间市场汇率。

④ 欧元的代表性汇率是欧央行发表的下午 2 时 15 分汇率，日元的代表性汇率是日本央行在东京市场收盘后确定的当天最大一笔银行间交易所使用的汇率。英镑的代表性汇率是每日特别提款权计算所采用的伦敦午间汇率。

⑤ 对欧元和日元而言，伦敦午间汇率和代表性汇率会出现差异，原因是采集这些汇率的时间不同。因此，在基金组织业务和交易使用的这两种货币的特别提款权汇率与每日特别提款权定值所内嵌的它们的汇率之间存在一些差异。在过去 5 年，欧元和日元的这些差异分别平均为 0.1% 和 0.2%。英镑没有这种差异，因为伦敦午间汇率就是其代表性汇率。

24. 工作人员确认，为了确定特别提款权的美元价值，可以得到某个基于市场的人民币离岸汇率。与英格兰银行的讨论显示，有可能在伦敦午间提供基于市场的人民币对美元离岸汇率，方法与已经为当前的特别提款权篮子货币所采用的方法相似。此外，纽约联邦储备银行和欧央行作为英格兰银行以外的后备提供者，已确认在必要时也能够提供人民币离岸汇率。

25. 工作人员还与中国磋商，确定了一个基于市场的在岸汇率，可以用来取代当前的人民币代表性汇率。当前的人民币对美元的代表性汇率是在岸固定汇率，即中国外汇交易系统（CFETS）每天在上午 9 时 15 分宣布的汇率中间价。正如"7 月文件"所指出的那样，这个汇率不是以实际市场交易为基础。CFETS 每天五次根据实际市场交易来计算在岸人民币/美元的基准汇率，并作为一项提高透明度的重要措施，从 2015 年 8 月 24 日起对外公布这些汇率。①今后建议采用 CFETS 每天公布的下午 4 时（北京时间）人民币对美元参考汇率作为代表性汇率，因为这个汇率的采集时间是市场流动性非常强的时间，因此，该汇率一般能够代表在交易日实际发生的交易。这个时间也比较接近为确定特别提款权的美元价值而采集汇率的伦敦中午时间，因此一般会限制这些汇率之间因时间引起的差异。中国同意，这是代表性汇率的适当选择。第九节包括了一项关于新的代表性汇率的决定。②

26. 7 月以来的各项进展突出表明，仍然存在离岸人民币（CNH）和在岸人民币（CNY）汇率之间出现重大差异的风险。③在最近出现市场动荡之前，离岸和在岸汇率一直在逐渐趋同，以致市场参与者们认为，尚存的差异微不足道。然而，在人民银行于 8 月 11 日宣布用新方法确定人民币汇

① 中国外汇交易系统目前在上午 10 时、11 时、下午 2 时、3 时和 4 时公布在岸人民币/美元参考汇率。8 月 24 日之前，只有该系统的成员能够看到这些参考汇率。
② 执董会由于通过这项决定，将满足《协定》第十九条第 7（c）款以及基金组织《附则及条例》附则第 O-2（c）条的规定，即基金组织应就如何确定一个成员的货币的汇率征求该成员的意见。
③ 离岸人民币和在岸人民币汇率之间的差异反映出仍然残留的资本项目限制。中国已表示打算逐渐进一步放开资本项目管制。

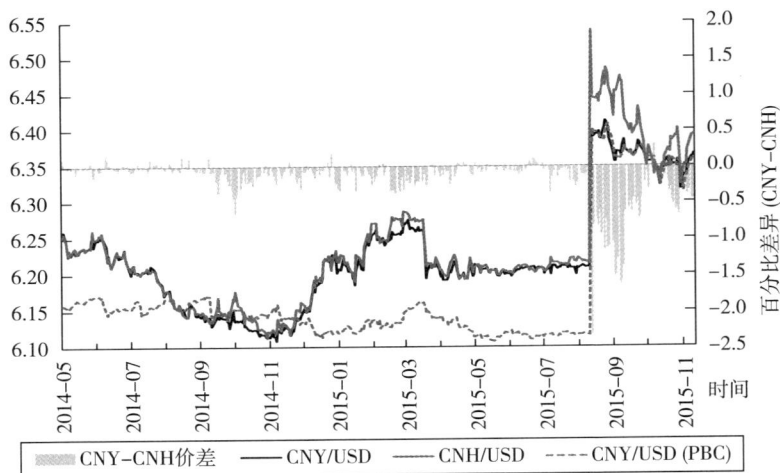

1. 报告时间：北京时间下午 4 时 30 分。

资料来源：Bloomberg。

附图 2.8　人民币现货在岸（CNY）和离岸（CNH）
汇率（每 1 美元兑换的人民币）[1]

率中间价之后，由于股票市场发生大幅度动荡，而且市场对经济增长非常担心，离岸与在岸汇率之间的差异急剧扩大（见附图 2.8 和附专栏 2.4）。大幅度汇率差持续了大约六个星期（平均为大约 0.9%，相比之下，在作出上述宣布之前，2015 年的汇率差为 0.1%），随后短暂地缩小，恢复到早先的水平，然后再度出现幅度较大的波动。

27. 如果在岸与离岸人民币的汇率今后再度出现大幅度差异，会给特别提款权使用方的操作带来更大困难，但若干因素减轻了这一影响。例如，基金组织借款人如果是按大大高于现行离岸汇率的在岸汇率收到人民币，与获得其他篮子货币的成员相比，可能会处于不利的地位。汇率差的大幅度波动还会使特别提款权使用方更加难以充分对冲其特别提款权风险敞口。然而，由于最近出台改革措施允许特别提款权使用方不受妨碍地进入在岸和离岸市场，这些困难会大大减弱。这些使用方因此应能够在条件最有利的市场进行交易，虽然这会意味着需要在在岸和离岸市场都建立银行关系，开立账户，这在一定程度上增加了操作的复杂性以及交易和行政成本。中国作为一个发行可自由使用货币的成员，将有义务与基金组织和其他成员合作，在与基金组织有关的交易中把人民币兑换成其他可自由使用货币。①在出现市场压力的时候，这项义务尤为重要。更为普遍地讲，当前促使在岸和离岸市场更加一体化的改革措施应能在今后减少汇率差急剧扩大的风险，尽管最近的事态发展也着重表明，必须保持沟通良好、渐进的改革轨迹，并避免在政策上走回头路。

附专栏2.4 中国的汇率管理：波动和干预

中国的法定汇率制度是有管理的浮动汇率制。人民银行致力于把在岸人民币/美元现货汇率保持在不超过中国外汇交易系统（CFETS）确定的每日参考汇率的±2%的波幅内。[1] CFETS在确定这一汇率时，部分依据是做市商提供的一组报价。2015年8月之前，实行的程序给予CFETS很大的裁量权，常常导致汇率中间价与前一天的汇率收盘价之间有一定差异。因此，虽然无法得到人民银行的外汇市场干预数据，但市场报告显示，干预很常见，在岸人民币/美元汇率显示的波动程度一般很低。

当前的各种可自由使用货币实行浮动汇率制，同时偶尔进行干预。本次国际金融危机以来，日元是唯一发生重大官方外汇干预的特别提款权货币。2010年9月至2011年11月，日本进行了四次干预，以阻止日元升值，并在2011年东北地方地震之后加强干预。每次干预最多持续几天。这些干预看来没有对日元的波动性产生重大持续影响。

然而，即使是这些货币，在一段时期内出现不确定性和偏离基本要素的情况也不罕见。英镑于1992年脱离欧洲汇率机制，在一段时期内出现高度波动，英镑汇率达到新的水平。20世纪80年代的《卢浮宫协定》和《广场协定》是进行协调的市场干预，以消除被视为重大的汇率失调的重要例子。这些期间的波动和政策干预没有对有关货币作为储备资产的使用情况产生长期影响。

---

① 关于在购买交易中进行合作的义务，见第五条，第3（e）（二）款。

2015 年 8 月 11 日，人民银行宣布采用一个新的机制来确定每日参考汇率。新机制要求做市商的报价反映前一天的在岸人民币汇率收盘价、市场供求情况以及其他主要货币的走势。然而，计算每日参考汇率的机制本身没有被公布。此外，人民银行在市场接近收盘时为指导在岸汇率而进行干预的程度将对参考汇率和市场汇率都产生影响。2015 年 8 月下旬，中国作出一项规定，要求各银行将其远期外汇出售的 20% 存入其在人民银行开立的无息账户，一年不取。这项措施会导致短期交易的成本高于较长期交易，自从其出台以来，远期市场的流动性大幅度下降。

1　这个波幅于 2005 年 7 月 21 日开始实行，当时的幅度为 ±0.3%。波幅随后经过三次扩大：2008 年 5 月 17 日扩大至 ±0.5%，2012 年 4 月 14 日扩大至 ±1%，2014 年 3 月 17 日扩大至 ±2%。至于其他一些在岸人民币双边汇率，包括对欧元、日元和英镑的汇率，人民币的交易在当前每日人民币中间汇率的 ±3% 的幅度内波动。

28. 鉴于上文所述以及同特别提款权使用方进行的讨论，工作人员认为操作上的困难是可以应付的。在与工作人员的讨论中，特别提款权使用方一般欢迎中国最近为改善在岸外汇市场和人民币金融工具的准入而采取的措施。此外，那些已经积极参与在岸市场的特别提款权使用方指出，所宣布的使有关账户、托管、交易和结算服务的程序简化和标准化的措施很重要。一些特别提款权使用方表示，在岸与离岸市场之间的差异有可能引起困难，但普遍认为这些困难是可以应对的。关于在岸市场中的对冲，一些特别提款权使用方指出，最近针对一系列外汇衍生工具出台的一年无息准备金规定降低了在岸衍生工具市场的流动性（见附专栏 2.4）。[①]当前没有积极参与在岸市场或在岸业务非常有限的特别提款权使用方表示，为了扩大其在岸市场活动的范围，事先需要很长的准备时间。

---

①　中国强调，根据计划，这项外汇准备金规定是暂时性的。此外，该准备金规定不适用于官方储备经理。

C. 特别提款权篮子的参考利率

29. 纳入特别提款权利率篮子的金融工具应符合某些长期以来所要求的特点。①执董会在以前的审查中尤其商定，这些金融工具应该：（1）广泛代表某一具体货币的投资者能够实际运用的一系列金融工具，而且其利率应能对相应货币市场中基本信用状况的变化作出反应；（2）具有与特别提款权本身的官方地位所类似的风险特点，也就是说，具备最优质的信用风险特性，该特性与市场中可以得到的政府票据的特性相似，如果没有适当的官方票据，则与最优质金融工具的金融风险相似。这些金融工具还应体现储备经理作出的实际储备资产选择，例如与金融工具的形式、流动性和期限有关的选择。按照这一指导，当前特别提款权利率篮子中的所有金融工具都是以 3 个月期政府债券的收益率为基础的（见第七节）。

30. 工作人员评价了一系列人民币利率工具，以确定其是否适于被纳入特别提款权利率篮子。这些工具包括：上海银行间同业拆放利率（SHI-BOR）；商业银行定期存单（CD）利率；银行间回购利率；人民银行债券、三大国有开发银行发行的政策银行债券和财政部发行的国债的收益率。工作人员发现，SHIBOR、回购利率和 CD 利率都不反映主权信用风险，而且其中后两个利率并非总是密切地跟随基本的货币市场状况发生变化。人民银行债券自 2013 年以来便不再发行，因此无法成为可行的候选工具，而政策银行债券虽然被广泛视为具有间接的主权担保，但是其收益率通常超过期限相似的国债。

31. 工作人员认为，国债的 3 个月期基准收益率是最适合纳入特别提款权利率篮子的利率。这个利率可以每天从中央国债登记结算有限责任公司（CCDC）公布的国债收益曲线中观察到。这个主权收益率的风险特点与特别提款权篮子中的其他工具最为直接可比。直到最近，由于市场一般是买入和持有性质，财政部并不经常首次发行 3 个月期债券，而且短期债券的交易量低于较长期债券。然而，市场参与者们表示，感兴趣的投资者已经可以购得这些资产，而由于最近开始定期拍卖 3 个月期债券，这个期

---

① See Review of the Method of Valuation of the SDR, SM/10/292（10/26/10）.

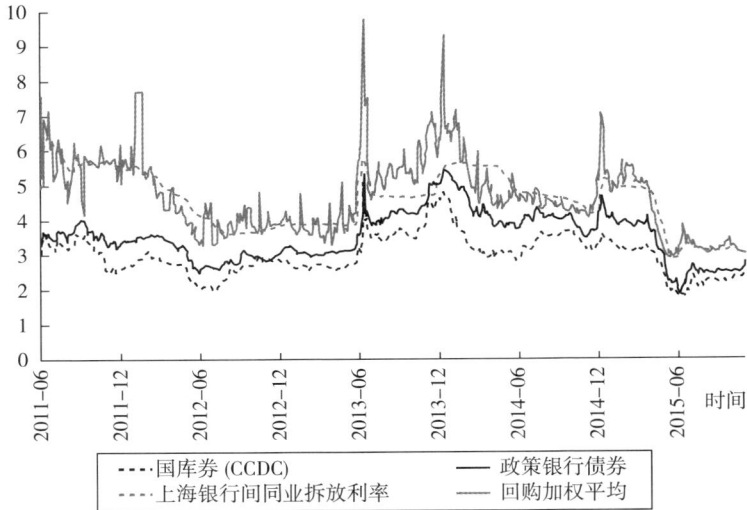

资料来源：CEIC；CCDC。

附图 2.9　中国的在岸利率（百分比；3 个月期利率）

限的债券的市场流动性将逐渐增加（附专栏 2.5 讨论了将有助于加强国债市场的更多措施）。此外，近年来 CCDC 3 个月期基准国债收益率的各种变化显示，这种收益率对在岸市场中基本信用状况的变化所作反应大致上是灵敏的（见附图 2.9）。在这个背景下，工作人员提议将其用作特别提款权利率篮子中有关人民币的利率。中国同意这一评估意见。一旦每周定期发行 3 个月期国债运行良好，可在适当时候考虑用这些证券的直接市场报价取代基准收益率。

附专栏 2.5　3 个月期利率的代表性人民币金融工具

现有的国债 3 个月期基准收益率看来是可能采用的特别提款权篮子金融工具的适合利率。CCDC 公布所有有关期限的政府债券的每日收益率。用于估计这些收益率的数据来自一系列期限的金融工具的二级市场交易，并来自市场参与者的报价和估计数。这些收益率、所采用的收益曲线方法和交易量看来是稳定的，被市场用来进行定价交易。收益曲线代表中央银行可以便利地进行投资的主权资产。虽然市场倾向于买入和持有，而且不易得到交易数据，但商业银行中介机构报告说，在客户提出要求时，适当期限范围内的资产并不难购买。

通过更加经常地发行国债，将确保利率的稳定性。近年来，财政部仅在每年的最后一个季度发行 3 个月期国债。市场参与者们指出，几乎每天都在发行新的较长期中央政府债券，并实行有竞争力的定价。通过每周发行 3 个月期（和 6 个月期）国债，将有助于增加这些期限的债券的市场流动性，校准二级市场中的定价，并支持储备经理及其代理人根据需要调整头寸规模的能力。

更多的日历数据也将有所帮助。已经在公开发表每年发行重要期限的债券和每季度发行所有期限的国债的日历。虽然仅在每次拍卖时提前五个工作日宣布出售的债券和国债数量，但除了情况特殊外，否则数量相对稳定，因此，市场大致了解出售数量。如果提供更多日历数据，大致说明每季度将出售的债券总量及其各种期限，将有所帮助。

通过进一步加强短期流动性管理和货币政策框架，将有助于改善短期货币市场的运作。这些措施可以包括：加强最近出台的准备金平均考核法框架；在管理流动性方面从依靠法定准备金比率改为依靠公开市场操作；提供更清晰的指导，说明短期批发货币市场目标利率和可以用来评估备用融资机制的条件。这些元素一旦到位，3 个月期主权收益率将受公开市场操作、货币市场目标利率今后的预期走势和由此导致的资产组合调整的影响。最近取消贷款—存款比率上限和放开存款利率的措施是在这方面采取的值得欢迎的步骤。

其他流动性措施和交易措施也可有所帮助。过去，短期收益率曲线非常陡峭（隔夜期限与 14 天期限之间的利差可达到 150 个基点）尽管较为收紧的市场条件在最近使收益率曲线变得较为平缓，但市场对可靠获取流动性的机会感到非常不确定。如果采用较为清晰的短期货币政策利率，同时加强操作结构和流动性管理，将有助于为货币市场收益曲线提供一个支点，减少某些引起利率波动的原因，并促使交易量增加。通过落实准备金平均考核法和收窄利率通道，也将有助于改善货币市场的运作。此外，最近向各国央行及其代理人开放 CFETS 的措施应会使交易更加便利。

217

四、人民币评估

32. 本部分评估了根据现行特别提款权定值方法，人民币是否达到了加入特别提款权篮子的标准。鉴于中国符合出口标准，评估重点考察人民币是否能成为《协定》（见附专栏 2.1）所定义的可自由使用的货币。如果人民币作为一种可自由使用的货币加入特别提款权篮子，已有关键资金操作特征能在何种程度上推动基金组织、各成员和其他特别提款权使用国家继续进行通畅的金融运行，本部分对此也进行了评估。

33. 自由使用的货币是指基金组织确定该货币"事实上在国际交易支付中被广泛使用"并"在主要外汇市场上被广泛交易"。① 正如在"7 月文件"所讨论的那样，基金组织工作人员的审查以及执董会的最终决定都考虑了多个量化指标，以确定是否可认为某货币符合可自由使用货币的定义。诚然，我们不能僵化地使用这些指标，是否符合可自由使用的标准最终要求执董会判断。② 从根本上讲，这是一项需在法律框架范围内作出的政策判断，要符合基金组织财务操作背景下，判断可自由使用这一概念的目标和宗旨。③ 1978 年，人们曾认为有多种货币在不同程度上满足了可自由使用的标准，人们对如何权衡长期和短期可自由使用货币的种类持有不同观点，在首次确定可自由使用的货币之前，显然需进行上述政策判断。④ 本节其他内容列述了基金组织工作人员建议执董会决定将人民币作为可自由使用货币时所考虑的因素。

34. 近年来，国际交易中对人民币的使用在原来较低基准上有了大幅

---

① 《协定》第三十条（f）款。

② 见扩大特别提款权货币篮子的标准，SM/11/265，和《代理主席总结——扩大特别提款权货币篮子的标准》，BUFF/11/140。

③ 可自由使用这一概念旨在确保从基金组织购买的货币可直接用于满足成员的国际收支平衡需求，或通过与其他货币的市场兑换间接使用，但在后一种情况下要合理确保不产生严重的负面汇率影响。有些成员的本国货币无法自由使用，但当本国货币被选为即基金组织交易货币时，它们必须使本国货币符合要求，在这种情况下，可自由使用这一概念的目的是确保此类成员能从本国储备中直接提供可自由使用的货币，或在不受损失的情况下通过外汇市场获取该货币。见《可自由使用货币》，SM/77/273（11/18/77）和《扩大特别提款权货币篮子的标准》，SM/11/265。

④ 可自由使用货币，SM/77/273、"可自由使用货币"的法律概念，SM/77/267（11/9/1977）和 EBM/77/172（12/19/77）。

上升。尽管评估中所使用的所有指标都显示了这种情况，由于中国在全球贸易中所占的巨大份额和其他各种因素，人民币在跨境支付中使用最为频繁，但以人民币计价的国际金融指标也有所上升并且达到了较高水平。人民币的国际使用程度说明，目前基金组织成员越来越能够直接使用该货币满足国际收支平衡需求。其他背景信息也支持该观点，如全球人民币掉期额度上升，离岸清算中心和中国之间的人民币支付业务迅速上升。①

35. 另外，人民币在外汇市场上的交易要更活跃得多。2010 年主要区域外汇市场资料表明，人民币是亚洲市区内交易最频繁的货币之一，欧洲时区交易日第一部分中人民币交易同样有着合理深度，但北美时区的人民币交易依然非常薄弱。"7 月文件"曾提到，尽管基金组织资金操作中人民币潜在转换后占市场周转额的比例可能高于现行的四种可自由使用货币，但在每天交易额中仍然只占有限的部分。另外，对来自电子交易平台的关于外汇交易的高频数据进行了补充分析，虽然覆盖范围有限，但分析显示执行人民币交易的成本相对较低，而且三个主要时区中有两个时区之间存在大量市场流动性。综上所述，人民币市场的发展深度已经能够在不引起汇率巨大变化的情况下，承担基金组织成员在合理时限内进行的交易规模。

36. 在近期改革和中国经济影响力上升的推动下，人民币国际化稳步推进。国际贸易量大的大型经济体支持储备货币，这一趋势说明人民币需求应一直存在。尽管近期股市调整等关键事件可能影响近期人民币国际化的进程，但中国在全球和直接投资中日益重要，非本国居民认识到了用人民币开票和支付所带来的好处，市场基础设施也正在改善，这些因素为扩大人民币跨境使用提供了根本支撑。避免政策逆转，坚持通过渐进改革促进经济市场化的路子，对保持和进一步扩大人民币国际化进程有着重要意义。尽管会造成剧烈的市场波动，但各国当局近期都采取了行动，以实现之前的改革承诺。

37. 可自由使用货币还需要满足一些必要需求，以促进基金组织各项

---

① 离岸清算中心参与中国实时全额结算系统，并调节离岸和在岸银行之间人民币与其他外国货币的汇兑，见"7 月文件"附件Ⅳ（略）。

资金操作的平稳运行。尽管根据可自由使用货币的定义或特别提款权货币的选择标准，第三节讨论的操作问题并不是正式要求，但执董们过去曾表示希望哪种货币纳入特别提款权篮子，都要考虑这些问题。① 另外，这方面的不足之处可能说明某货币的使用或交易还不足以将其定为可自由使用货币，或说明希望以某具体货币交易的成员会面临巨大成本。具体而言，货币使用和交易活跃程度应足以产生基于市场的汇率、适用于特别提款权利率篮子的利率工具和外汇和利率对冲工具的深度流动市场。

38. 中国在解决"7月文件"所提出的各项资金操作问题方面已经取得了重大进展。中国针对工作人员确定的每个领域都采取了行动。在岸债券和外汇市场准入已完全向基金组织成员储备管理人、国家金融机构、主权财富基金以及它们的代理机构放开；相关账户、贸易和结算程序已经简化和标准化。因此，特别提款权使用国家已能充分进入在岸市场，在无严重阻碍的情况下开展基金组织相关和储备管理交易。每周发行的 3 个月期国债应继续提高在该期限内的流动性，并确保二级市场收益反映在岸货币市场情况，但是第三节列出的其他措施将帮助进一步改善货币市场的运行。中国采取了加大数据披露力度的措施，这将使储备管理者和其他投资人能根据更丰富的信息作出关于人民币敞口的决定。

39. 同时，近期的发展变化凸显出一些仍未解决的操作性挑战，但这些挑战对成员的影响在多种因素的作用下得到缓解。"7月文件"提到，资本项目受到某些限制并不妨碍可自由使用该货币，只要该货币"事实上在国际交易支付中被广泛使用"，并"在主要外汇市场上被广泛交易"。因此，人民币在岸和离岸汇率利差本质上不会妨碍评估。但是，像近期发生的利差凸增给人民币使用方带来了不确定性，如果持续下去可能导致人民币交易的复杂性和相关成本的升高。在岸市场和离岸市场的无障碍准入应使成员在最有利的条件下进行市场交易，从而降低它们的金融风险，但必须同时在两个单独的人民币市场进行金融操作，这可能意味着会产生一些额外的行政负担，对冲难度更大，成本更高。如果基金组织宣布人民币可

---

① 见 EBM/00/98 和 EBM/11/103 - 1。

自由使用，那么中国有义务与基金组织和其他成员协作实现人民币与其他可自用使用货币的兑换，这也应有助于确保即使在市场压力下也能执行基金组织相关操作。

40. 出于以上考虑，基金组织工作人员最后认为，执董会有充分理由决定将人民币作为可自由使用货币。分析显示，人民币在国际支付中的使用大幅增长，工作人员认为其使用规模已经达到了可自由使用货币定义中"事实上可广泛用于国际交易支付"的标准。在涵盖三个交易时区中两个的外汇市场上，人民币活力也大大增强，能够承受基金组织资金操作所设计的交易规模。工作人员判断，多时区交易水平是目前认定人民币可"在主要外汇市场上被广泛交易"的依据。尽管认识到仍存在一些操作上的挑战，工作人员认为这些挑战是可以应对的。出于以上考虑，工作人员提议执董会将人民币加入可自由使用货币清单，并纳入特别提款权篮子。

41. 决定人民币作为可自由使用货币的标准同样适用于其他货币。对人民币的审查是在特别提款权的一次审查中进行的，而不是对可自由使用货币的整体审查，因此在现阶段不必对其他货币进行综合审查（因为只有人民币达到了出口方面的标准）。"7月文件"提到，如果执董会要求进行更全面的审查，那么确定人民币是否为可自由使用货币的标准将也适用于其他货币。根据该标准，第二节所探讨的各项指标说明，还可能确定其他货币为可自由使用货币。

五、特别提款权篮子的规模

42. 本部分探讨了对特别提款权篮子内货币数量的考虑。1980年，特别提款权篮子从包括16种货币降为只包括5种货币，在这个过程中，执董会权衡了货币篮子代表性目标及其构成的稳定性。① 以前认为篮子内的货币种类越多就越能反映全球交易情况；而数量越少，其构成就越稳定（货币排名和货币篮子构成变动的可能性较低），也更容易被复制（降低特别提款权使用国家的使用成本和复杂性）。另外，那时认为货币篮子与利率

---

① 见《替代账户——特别提款权审查和利率篮子货币数量选择和变更时间》SM/80/60（3/13/80）。

篮子保持一致是提高特别提款权作为储备资产吸引力的重要因素。2011年，执董会重新考虑了这个问题，并认同随着特别提款权的演变，货币篮子中应保持相对较少的货币，以避免增加使用国家不必要的成本和使用复杂性，同时货币种类应能充分反映货币在国际交易中的使用情况。①

43. 如果执董会同意将人民币纳入特别提款权篮子的建议，那么工作人员提议扩大篮子中的货币种类。如果篮子中继续只保持四种货币，篮子构成将遭受稳定性风险，因为第四大和第五大出口国（分别为日本和英国）的出口份额相近，相对排名相互转换。同时，第六大出口国（韩国）与它们之间存在巨大差距。因此，考虑到上文所述的稳定性原则，工作人员没有发现此次区分第四大和第五大出口国的意义所在。

44. 篮子中包括五种货币比包括四种货币更具有代表性。第二节的各项指标表明，五种货币能在国际交易中占更大比例。以往五种货币篮子的操作经验也表明，将一种货币加入篮子的行政负担是有限且可以承担的。执董会在判断人民币是否符合可自由使用标准时，应考虑到这也是在保持现有四种货币的情况下将人民币作为第五种货币加入特别提款权篮子的原因之一。

六、加权公式

45. 执董会曾呼吁审查特别提款权篮子中货币权重的确定方法。执董们早已认识到了现行方法的缺陷，包括在考虑国际金融流动逐渐上升时金融变量权重相对较低、流动（出口）和存量（储备）内生加权，以及没有反映私营金融活动的变量公式。1985 年以来，工作人员在特别提款权审查文件中探讨了上述问题，包括可能的补充性金融指标（见附专栏 2.6）。2010 年审查结束时，执董们欢迎制订工作计划，考察贸易和金融指标在确定特别提款权篮子中货币权重中的作用和补充性金融指标的作用。② 在 7月的非正式讨论中，许多执董再次呼吁审查加权方法。

46. 在工作人员以往审查工作的基础上，本部分提出了一个新的加权

---

① 见基金组织执董会讨论扩大特别提款权货币篮子的标准，第 11/137 号公共信息公告。
② 《代理主席总结——特别提款权定值方法审查》，BUFF/10/159（11/17/10）。

公式供执董会审议。新备选公式旨在解决长期以来对现行公式的一些顾虑，同时保持简洁、透明和货币权重的大致稳定。具体而言，该提议将扩大金融变量所展的币种及其代表性，偏离现行公式所得出的内生权重。针对货币加权所使用的变量，工作人员还提议将 2000 年货币同盟通过的基于货币的方法扩展到所有货币，并相应修改"2000 年决定"中的货币加权公式。①

A. 背景

47. 特别提款权篮子中货币权重的现行决定方法是于 1978 年通过的。根据该公式，审查前五年内货币发行国的出口和其他国家储备所持有的各种货币数量，相加得出各项权重。② 出口意在反映该货币在世界交易系统中的重要性，国际储备体现其在国际金融系统中的重要性，并反映出特别提款权作为补充储备资产的作用。"2000 年决定"引入了欧元，并通过了针对货币同盟的基于货币的方法，根据该方法，货币选择所依据的经济变量和货币权重的确定旨在反映货币特点而非成员特点。在此基础上，欧元区内出口和储备持有净值用于货币选择和计算欧元在特别提款权篮子中的权重。

48. "7 月文件"指出早已发现的现行公式的缺陷：

● 贸易和金融变量的相对比重。公式以内生方式产生了一个较高但总体下降的出口比重，2010 年该比重相对于储备为三分之二/三分之一（见附表 2.11）。以往工作人员文件已经强调该分配与大规模国际资金流动及其日益重要的作用难以匹配（见附表 2.12）。③ 国际收支的两个构成部分难以直接对比，因为出口按总量衡量，而资金账户流动是按净值衡量。但是，在国际金融危机爆发前的二十年里，每年的资金流动大致相当于每年的出口额。进一步讲，外汇市场交投总额反映了国际收支双方的情况，显示出金融交易比贸易交易大几个量级（见附表 2.12）。另外，

---

① 见第 8 段和附专栏 2.2。

② 第 5718 –（78/46）G/S 号决定，于 1978 年 3 月 31 日通过。该公式首次用于 1980 年。

③ 见《特别提款权定值方法审查》SM/00/180，和《特别提款权定值方法审查》SM/05/391（10/28/2005）。

由于可能用其他货币开出货单，出口可能反映不出某货币在国际贸易交易中的使用情况。[①]

附专栏 2.6　备选加权公式：执董会讨论记录

自 1978 年针对现行公式首次展开讨论后，现行执董们已经讨论了备选加权公式，包括备选金融变量。[1] 当时有些执董表示担心储备作为公式中唯一的金融变量无法恰当反映各货币在国际金融交易和国际资产持有中的重要性，但也承认存在数据局限性。

1985 年、1990 年和 1995 年的《特别提款权定值方法审查》中使用了补充性金融变量，衡量贸易和金融变量的相对重要性。[2] 执董们注意到出口和储备水平相加低估了资金流动的相对重要性，并认同在考虑金融部门相对于对出口的权重时应评估补充性金融指标。同时，金融变量通常确定了只根据出口和储备得出的整体货币排名。因为这些变量仍不能完全覆盖所有货币，当时大家都认为在计算权重时不能直接使用这些变量。

在 2000 年的审查中，说明性加权情景中显然包括补充性金融变量。基于国际清算银行数据的外部债券、货币和外部银行负债的已发行股票用于构建纳入说明性公式的补充性金融变量。该公式含有贸易、储备和该新综合金融部门变量的固定权重。考虑了以下两种情况：

- 50% 出口 ＋ 25% 储备 ＋ 25% 补充性金融变量
- 33.3% 出口 ＋ 33.3% 储备 ＋ 33.3% 补充性金融变量

执董们欢迎就补充性金融变量展开讨论，但也提出了当前的数据缺陷，包括新成立的欧元区数据缺陷。

[①]　尽管过去曾考虑了贸易结算时货币计价这一用途，但由于数据局限并没有使用该方法（见《特别提款权定值方法审查》，SM/00/180 和《特别提款权定值方法审查》SM/10/292 附件 III（略））。数据局限仍妨碍考察在贸易中使用其他货币开货单的情况或出口结算。

工作人员扩大了 2005 年审查所列说明性公式中的补充性金融变量。除了 2000 年审查中使用的各项指标外，工作人员还使用了发行的场外衍生品量和外汇市场交投量指标。所使用的两个综合性金融变量分别是：各货币占 IBL 比重的简单均值、IDS 和场外衍生品（指标 A）和各货币占外汇市场交投量的比重（指标 B）。工作人员提出了以下情况：

	出口	储备	指标 A	指标 B
情景 1	50%	25%	25%	0%
情景 2	33.3%	33.3%	33.3%	0%
情景 3	50%	25%	0%	25%
情景 4	33.3%	33.3%	0%	33.3%

- 金融指标 A：50% 储备 + 25% 外汇交投量 + 25%（IBL + IDS）
- 金融指标 B：33.3%储备 + 33.3%外汇交投量 + 33.3%（IBL + IDS）

两个备选公式列出了上述指标，并赋予它们与出口相等的权重。审查结束时，执董们欢迎就货币权重的决定方法制订工作方案，考虑贸易和金融指标的相对作用和考虑补充性金融变量的范围。

1 EBM/78/46（3/31/78）。
2 所考虑的指标包括主要外汇市场的货币交投量、单个货币在国际资本市场上的作用以及货币在国际贸易结算中的相对重要性。

附表 2.11 以往特别提款权审查中出口和储备持有的权重

单位:%

审查年份	出口	储备持有量
1974	100[1]	—
1978	100[2]	—
1980	77.2	22.8
1985	79.5	20.5
1990	78.3	21.7
1995	76.7	23.3
1998	74.0	26.0

续表

审查年份	出口	储备持有量
2000[3]	70. 2	29. 8
2005	70. 2	29. 8
2010	66. 8	33. 2

备忘项:		
平均（1980 – 2010 年）	74. 1	25. 9

1. 美元的权重设为 33%，比其出口比重高 50% 左右。

2. 美元的权重设为其计算权重的两倍，以反映其在世界金融事务中的重要性。100% 与美元权重之差根据其余货币的出口比重，在这些货币之间按比例分配。

3. 对于 2000 年审查，相对权重是基于 1999 年末的储备数据和 1995 – 1999 年的平均出口数据。

资料来源：基金组织工作人员的计算。

- 金融变量范围。执董会注意到，尽管将储备用作金融变量能充分反映特别提款权作为储备资产的属性，但这种做法并没有考虑到过去十年迅速增长的私营部门资金流（见附表 2. 12）。[①]

- 概念性缺陷。根据现行公式，出口和储备的权重是通过每年总出口流动和年末储备存量相加内生得出的。尽管该公式能得出长期相对稳定的权重，但从概念上难以理顺。另外，由于现有数据不完全反映储备的货币覆盖面，因此储备权重被低估。

49. 为了解决这些缺陷，以往审查中探讨了备选加权方法，并探索了补充性金融变量的作用（见附专栏 2. 6）。补充性金融变量包括 IBL、IDS、场外衍生品和外汇市场交投量。在过去审查中，工作人员在这些指标的基础上构建了金融变量，并制定了备选公式。在备选公式中，金融变量与出口按照固定权重结合，以扩大金融变量的覆盖范围，并从贸易平衡转为金融变量平衡。在 2010 年审查中，工作人员重点关注两个备选金融指标，这两个指标由储备、外汇交投量、IBL 和 IDS 构成，固定权重为 50%。在此分析的基础上提出了下文的备选加权方法。

---

① 见《代理主席总结——特别提款权定值方法审查》，BUFF/05/195（12/2/2005）。

附表 2.12　　全球贸易名义价值和金融指标

（十亿特别提款权，长期平均）

	1990 – 1994 年	1995 – 1999 年	2000 – 2004 年	2005 – 2009 年	2010 – 2014 年
贸易指标					
出口[1]	1969	3655	6225	10760	14587
国际收支表的金融流量数据[2]	1664	3827	6281	10269	7949
金融存量					
国际银行负债（国际清算银行）	5457	7172	9431	16518	18044
国际债务证券（国际清算银行）	1349	2519	5117	9714	1226
国际储备（COFER） – 已配置的	n/a	882	1388	2492	3848
国际储备（COFER） – 已配置的加未配置的	700	1137	1867	4147	7076
估计的外汇市场年交易额[3]	n/a	144501	177796	337226	461097

1. 货物和服务出口，包括贷方收入。

2. 包括直接投资、证券投资、金融衍生品和其他投资的资产和负债。

3. 外汇市场跨境日交易额乘以 250（美国日历的工作日大致数目），得到年交易额。

资料来源：基金组织《国际金融统计》；国际清算银行；基金组织官方外汇储备货币构成（COFER）调查；以及基金组织工作人员的计算。

B. 建议采用的加权公式

50. 附表 2.13 列出了在现行公式下得出的货币权重并根据更新数据按照基于货币的方法进行了调整。在当前包括四种货币的篮子中，美元权重与 2010 年审查中相比将有大幅提高，说明它在储备中的比重上升，其内生权重自上一次审查以来有所提高。欧元和日元权重略低，英镑权重下降约 2.5 个百分点。如果如该文件所提议的那样将人民币纳入篮子，那么建议根据基于货币的方法决定其权重，而公式中使用的变量按照中国内地水平衡量，即将中国香港、中国澳门和中国台湾数据作为国际变量（见附专栏 2.2）。在此基础上，现行公式下中国的权重为 13.65%，其他四种货币的权重相应降低。①

附表 2.13　基于现行公式的货币权重¹　　　　单位:%

	2010 年 SDR	四种货币组成的篮子	五种货币组成的篮子	备忘项:五种货币组成的篮子
	审查的权重	基于配置的储备	基于配置的储备²	基于配置的和未配置的储备³
美元	41.9	45.05	38.90	44.66
欧元	37.4	37.06	32.00	30.67
英镑	11.3	8.84	7.63	6.90
日元	9.4	9.06	7.82	7.02
人民币			13.65	10.75
总计	100.0	100.01	100.00	100.00
出口和储备的				
相对比重	62.7	67.8	53.4	
出口储备	37.3	32.2	46.6	

1. 基于货物和服务出口及贷方收入,以及发行有关货币的国家或货币联盟之外的货币当局持有的官方储备。

2. 以储备形式持有人民币设为零,因为 COFER 调查未列出人民币。

3. 假设未配置的储备与配置的储备具有相同的货币构成。以储备形式持有人民币设为零,因为 COFER 调查未列出人民币。

资料来源:基金组织《国际金融统计》;基金组织工作人员根据表 A.3 数据所做计算。

51. 在以往的审查中,加权公式使用的是 COFER 调查所报告的已分配外汇储备,未反映未分配储备和人民币的持有情况。不包括未分配储备导致储备作用被低估。由于未参加 COFER 调查的国家的储备迅速积累,未分配储备在总储备中的比重上升到约 42% (中国最近决定加入 COFER 调查,并承诺逐渐提高汇报储备比重,此举有望扭转这一趋势)。因此在内

———————————

① 基于成员的方法将中国香港和中国澳门的出口包括在内,根据这一方法,得出区域内出口净值后,人民币权重将为 14.30% 。

生确定出口和储备权重的现行公式下，储备的隐含权重大大低于 COFER 调查国家覆盖范围更广的情况下的权重。附表 2.13 的最后一列说明了这一影响——在包含五种货币的篮子中，储备的隐含比重是 32.2%（在包括四种货币的篮子里是 37.3%），而在包含未分配储备的情况下附表 2.13 中是 46.6%。完善 COFER 调查的储备覆盖面还将影响现行公式下的货币权重。例如，简单假设未分配储备的货币分配大致反映出已分配储备的货币分配，那么人民币在篮子中的比重将从 13.65% 下降至 10.75%。

52. 工作人员根据 2010 年审查的分析，探索现行加权公式缺陷的解决之道。

● 赋予出口和金融变量同等权重将更好地反映国际资金流日益重要的作用（见附表 2.12）。这种做法保留了较高的出口权重，因此保持了现行公式的连续性，还将避免当前将存量和流动相加的做法，出口和金融变量权重由执董会选择，而不是根据两个变量的相对规模内生决定。

● 扩大储备以外的金融变量覆盖范围将更好地反映不同资金流动的状况，采用了用于可自由使用货币评估的指标。由于储备不能充分反映金融交易中货币使用的深度和广度，特别是私营部门交易，它们将与其他执董会批准的指标，如 IBL、IDS 和外汇交投量结合形成一种综合的金融指标。工作人员提议将该综合性金融指标平均分为正式部门衡量指标（储备）和使用执董会批准指标的私营部门衡量指标。

53. 该方法结果如附表 2.14 所示。2010 年审查的工作人员文件也讨论了这一方法。该方法确定出口和金融变量的权重各为 50%，用包括 2011 年执董会批准的可自由使用指标的综合性金融指标代替储备。具体而言，附表 2.14 列出了储备仍保持较大权重时的结果（如金融部门权重的 50%，因此也确保了与现行公式的连续性）。金融指标的剩余权重平均分为外汇交投量（用于衡量可自由使用货币的广泛交易这一特性）和私营部门国际金融活动货币使用指标（包括 IBL 和 IDS 之和）。[1]

---

① 附表 2.14 中的指标与 2010 年工作人员文件中的金融指标 A 对应 [1/2 储备、1/4 外汇交投量、1/4（IBL + IDS）]。

附表 2.14　备选加权公式——50％出口＋50％综合性金融指标[1]

	四种货币组成的篮子	五种货币组成的篮子（人民币数据不全）[2]	提议采用的方法：五种货币组成的篮子（对缺少的人民币数据进行估计）[3]
美元	46.46	43.09	42.72
欧元	35.38	30.94	30.75
英镑	8.96	7.78	7.74
日元	9.20	7.97	7.95
人民币		10.22	10.85
总计	100.00	100.00	100.01

1. 金融指标 A 设定的权重如下：国际储备占比的权重为 50％，外汇交易额占比的权重为 25％，国际金融活动（定义为国际银行负债和国际债务证券之和）占比的权重为 25％。

2. 以储备形式持有人民币和以人民币计价的国际银行负债设为零，因为通常的数据来源不包括人民币。

3. OFA 调查结果被用于填补人民币储备数据，以人民币计价的国际银行负债是工作人员根据来自各国的数据以及国际清算银行的数据估计的。详见第二部分。

资料来源：基金组织工作人员根据表 A.3 数据计算。

54. 该方法有两种变体。如前所述，目前 COFER 调查不涵盖人民币储备，国际清算银行数据库中没有人民币计价的 IBL。因此，如果只依据 COFER 调查和国际清算银行评估这些指标，那么五个指标中有两个指标的人民币比重为零。附表 2.14 中间一列描述了通过该方法得出的货币比重。但是，考虑到 OFA 调查中具备大致可比的储备中人民币估计，工作人员根据国际清算银行数据和各国提供的数据中也可能估算出大致可比的人民币计价 IBL 数据，因此工作人员提议使用这些估计数据作为现有数据源的补充。附表 2.14 的最后一列显示了该做法得到的结果。

55. 工作人员提议采取该方法的第二种变体（见附表 2.14 最后一列）。这样将解决以往审查中发现的加权公式的不足之处，提高金融变量权重以更好地反映资金流在国际交易中的作用（相对于出口而言），扩大金融变量范围以反映正式和私营金融指标，事先设定公式中的变量权重，而不是通过不协调的流动和存量相加得出。该方法还将保持公式中出口的较高权重

（50%）和金融指标中储备的较高权重（50%），以保持现行方法的延续性。① 另外，该提议将使用最佳可用数据估计，包括使用备用数据来源弥补人民币的数据缺口。② 公式将保持简单透明，并使货币权重的大致稳定。

56. 建议采用的公式基本不影响特别提款权的属性。对现行特别提款权篮子的回溯测试模拟表明，如果自上次审查以来就采取建议的公式，美元表示的特别提款权价值基本保持不变（见附图 2.10），其波动也基本不变。如果人民币也被纳入篮子，则将得到类似的结果，这可能是因为除人民币以外所有货币自 2013 年以来相对于美元大幅贬值，而人民币则温和升值。展望未来，随着更基于市场的汇率制度的建立，人民币纳入货币篮子将产生更大的影响。

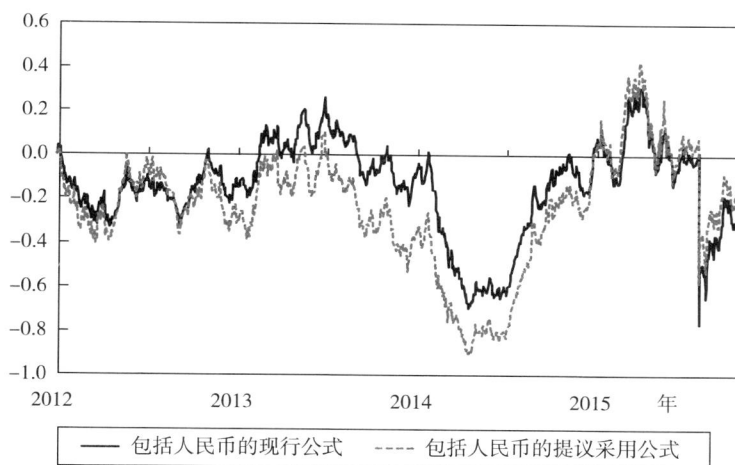

资料来源：Bloomberg；基金组织《国际金融统计》；基金组织工作人员的计算。

附图 2.10　备选特别提款权定值——与实际特别提款权的差异
（现行货币篮子，按水平）

---

① 在 2010 年审查中，工作人员文件列出的第二种金融指标只将金融部门权重的三分之一赋予储备（外汇交投量和 IBL 和 IDS 之和分别各占三分之一）；见附专栏 2.6。与工作人员提议相比，该关于相对货币权重的备选方法将产生适度影响：在包含五种货币的篮子中，美元权重将为 41.73%，欧元为 30.93%，英镑为 8.09%，日元为 8.33%，人民币为 10.92%。

② 见关于权重计算中数据缺口处理的附件I（略）。

57. 根据"2000 年决定",根据公式计算货币权重的结果进到最接近的百分点,或以方便为要。在 2010 年审查中,根据现行决定规定的灵活性,加权公式的结果进到十进位,而不是最接近的百分点整数,避免了像以往审查要求的那样进行调整,从而使权重之和为 100%。在本次审查中,工作人员提议将加权公式的计算结果保留小数点后两位,建议进行调整,将对篮子中各货币相对权重的影响降到最低,但要确保权重之和为 100%。① 这样一来,美元权重将略降(从 42.72% 降为 42.71%,见附表 2.15)。作为一个法律问题,且为与前例保持一致,工作人员所提议在建议方法下将美元权重调低 0.01 个百分点,构成了特别提款权定值方法的变化,并需 70% 的投票权表决通过。为了避免在以后审查中只因相对微小的取整调整就需 70% 的投票权表决通过,工作人员建议修改特别提款权定值决定中的取整制度,以批准上下调整,确保篮子中所有货币的权重之和为 100,同时将对货币权重的影响降到最低。

附表 2.15　建议方法下的货币权重

	未经调整	经过调整[1]
美元	42.72	42.71
欧元	30.75	30.75
英镑	7.74	7.74
日元	7.95	7.95
人民币	10.85	10.85
总计	100.01	100.00

1. 美元的权重下调了 0.01 个百分点,以使权重之和等于 100%。

资料来源:基金组织根据表 A.3 数据计算。

七、特别提款权利率篮子审查

58. 特别提款权利率在基金组织资金操作中发挥着关键作用。该利率是计算以下利息的依据:各成员对基金组织通用资源借款应付的利息、成

---

① 如果进到最接近的百分点,货币权重之和为 101%,如果取到最接近的小数点后一位,则总值为 99.8%。

员作为基金组织债权人其有偿债权人头寸应得到的利息以及成员持有的特别提款权应收到的利息和它们获得特别提款权分配应付的利息。它还是减贫和增长信托基金下多个借款协定的利率。最后，该利率也是基金组织投资账户中所投资资金的基准。

59. 自上次审查以来，特别提款权利率篮子发生了两个主要变化。2014 年 10 月确定特别提款权利率底线为五个基点，以确保在接近零利率的环境下符合《协定》，并解决与责任分担机制运行相关的各种问题。[①] 自设定以来，该下限制基本发挥了约束作用（见附图 2.11）。另外，2015 年 1 月 1 日，欧元代表利率变更为欧央行发布的 AA 级及以上的欧元区中央政

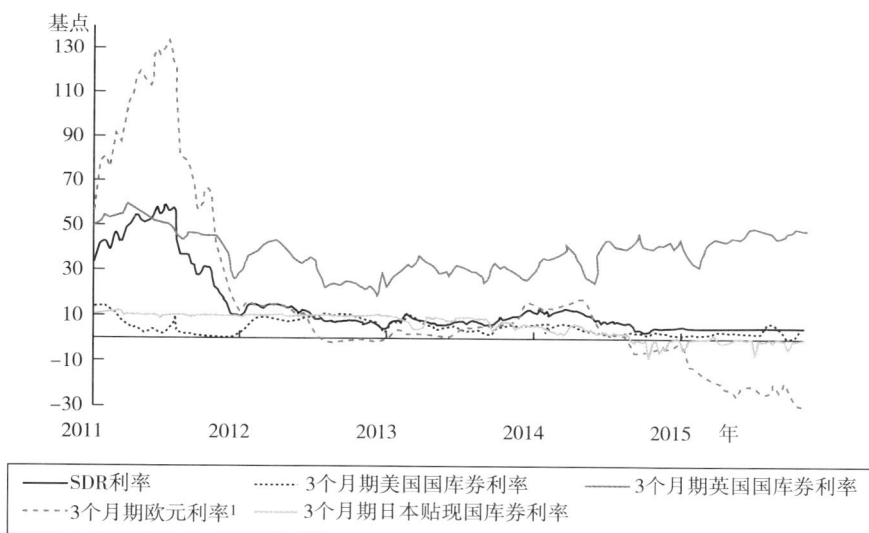

1. 直到 2014 年 12 月 31 日，欧元的基准利率是欧元回购利率。自 2015 年 1 月 1 日起，欧元基准利率是欧元区中央政府债券的估计 3 个月期利率，由欧央行计算，覆盖评级为 AA 级及以上的债券。

资料来源：基金组织财务部；美国财政部；英格兰银行；欧央行；日本银行。

附图 2.11　特别提款权利率及其组成部分

---

① 见《近期特别提款权利率下降——影响和对 T－1 规定的拟议修订》，SM/14/278（10/16/2014）。

府公债的 3 个月期即期利率。①

A. 现行特别提款权利率工具审查

60. 第三节提到，执董会曾认同特别提款权利率篮子种的金融工具应具备某些特定的特点。在前文提到的可能以人民币计价工具的相关问题方面，本部分重点考察现行特别提款权篮子货币工具是否依然具备这些特点。

61. 在包括四种货币的现行特别提款权篮子中，用作代表利率的基准利率如下：

- 美元——3 个月期美元国债市场利率；
- 欧元——欧央行发布的评级为 AA 级及以上的欧元区中央政府公债 3 个月期即期利率；
- 日元——3 个月期日本贴现国债市场利率；
- 英镑——3 个月期英国国债市场利率。

62. 本附录未提议改变代表利率篮子中现有四种特别提款权货币的工具。工作人员与现行特别提款权篮子货币的发行国当局展开磋商，探讨在计算特别提款权利率时应使用的恰当基准利率。工作人员同意各国的以下观点：

- 美国认为 3 个月期美国国债仍是特别提款权利率篮子的恰当工具。
- 欧央行认为评级为 AA 级及以上的中央政府公债 3 个月期即期利率仍是欧元作为特别提款权货币最恰当的利率。
- 英国认为鉴于执董会所采用的标准，3 个月期英国国债仍是最适合特别提款权篮子的工具。
- 日本确定 3 个月期日本贴现国债仍符合纳入特别提款权利率篮子的标准，而且是最恰当的工具。

---

① 见《基金组织执董会修订特别提款权利率篮子》，第 14/601 号新闻发布稿（12/23/2014）和《特别提款权利率篮子——提议变更欧元代表利率和修订 T－1 规定》，SM/14/330（12/15/2014）。欧央行根据建模算法估算出利率曲线，该算法将根据曲线计算得出的利率和按照实际贸易和承诺定额衡量得出的利率平方差降到最低。模型使用了前几天的参数作为优化过程的起始价值，在极少数情况下，利率发生剧烈变化之后，可调整起始价值确保更契合利率曲线。

B. 特别提款权利率篮子中可能以人民币计价的工具

63. 第三部分提到，如果人民币加入篮子，工作人员已经确定 CCDC 发布的 3 个月期中国国债基准利率是最恰当的人民币计价工具。是否具备恰当的利率工具时决定特别提款权篮子货币构成时需考虑的重要因素，因为自 1980 年以来，货币和利率篮子一直保持一致。① 根据第三部分的讨论，3 个月期主权债券利率符合对利率篮子工具的要求。中国认同该评估。

C. 人民币纳入特别提款权篮子可能产生的影响

64. 与特别提款权篮子目前所含货币的利率正常化产生的影响相比，预计将人民币纳入特别提款权篮子之后可能产生相对适度的影响。尽管关键节点的利率环境不会直接影响对特别提款权篮子货币的选择，衡量人民币纳入篮子后对特别提款权利率的影响可能有助于基金组织成员和其他特别提款权使用国家做好适应新篮子的准备。如果 3 个月期中国国债利率自 2011 年以来就纳入利率篮子，特别提款权利率将平均约提高 28 个基点（见附图 2.12）。同样，截至 2015 年 11 月 11 日的远期利率表明，2016 年 10 月 1 日按照工作人员提议的公式将人民币纳入篮子后，特别提款权利率将上升 27 个基点，五年期边际影响略有下降（见附图 2.13）。预计当前特别提款权货币发行国的利率正常化，特别是美国的利率正常化，将稳步推高未来五年的特别提款权利率，最终达到 2011 年的水平（见附图 2.13）。这些影响表明，与全球利率的发展变化相比，将人民币纳入篮子只会适度影响特别提款权利率。②

---

① 1980 年特别提款权定值篮子的货币从 16 种降为 5 种，不具备恰当的利率工具是另外是一种货币遭到取消的重要原因，在此之前，被取消的 11 种货币一直未被纳入包含另 5 种货币的特别提款权利率篮子。2000 年，可自由使用标准比其他货币选择方法更受青睐，这部分是因为人们认为这种方法更能确保存在恰当的利率工具。见《特别提款权定值方法审查》，SM/00/180。

② 模拟显示，工作人员提议的加权公式变化对特别提款权利率的影响可以忽略。截至 2015 年 11 月 11 日的远期利率表明，按照现行加权公式将人民币纳入篮子后会将 2016 年 10 月 1 日的特别提款权利率提高约 32 个基点。

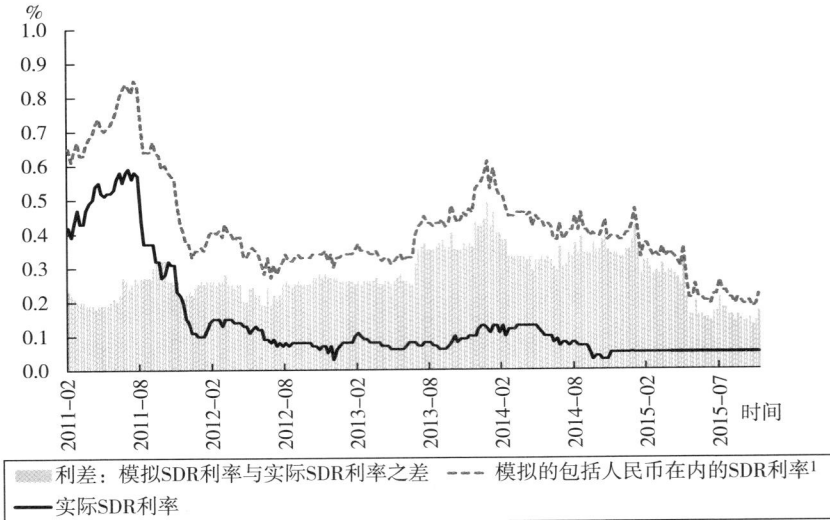

附图 2.12　特别提款权利率

1. 使用提议的加权公式。

资料来源：Bloomberg；基金组织工作人员的计算。

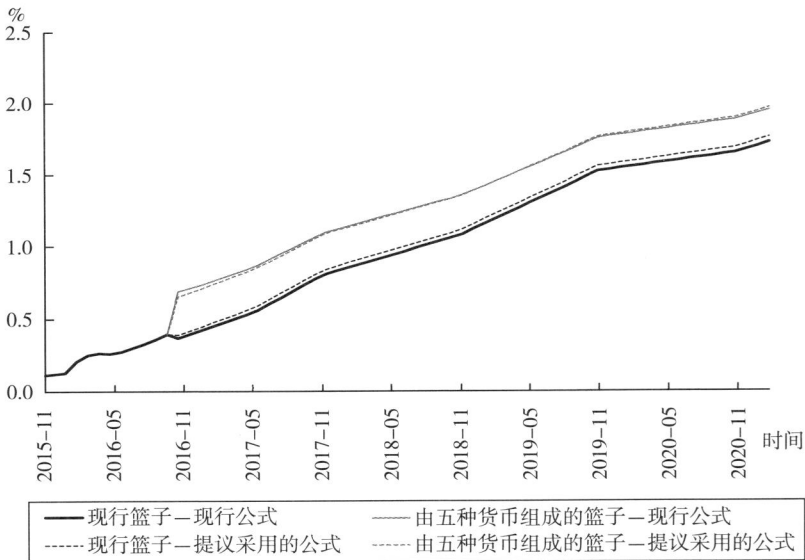

资料来源：Bloomberg；基金组织工作人员的计算。

附图 2.13　根据远期利率估计的特别提款权利率（截至 2015 年 11 月 11 日）

D. 未来的工作

65. "7月文件"提到，未来可能重新探讨与利率工具期限和特别提款权重设频率相关的问题。1983 年以来，特别提款权利率根据期限为 3 个月的工具情况每周设定一次。2010 年审查强调，重设频率与工具期限不同可能导致市场上难以再次出现同样的特别提款权利率，因为特别提款权的支付作用类似于不包括资本收益和损失的存款利率。与部分储备管理者展开初步探讨后也发现，每天重设代替每周重设有助于对冲，期限为 3 个月期以上的利率工具能更好地反映储备管理人通常投资的资产状况。当前沿用现行期限结构和重设频率似乎并没有引起任何紧迫问题，在 7 月举行的非正式讨论中，执董们同意以后重新讨论这个问题。

八、过渡问题

66. 如第三节所述，执董会将人民币认定为"可自由使用"货币，会立即对基金组织与成员之间的资金业务造成重大影响。若成员对基金组织资金的需求维持在当前水平，并假设人民币被认定为可自由使用货币后中国在基金组织份额购买中提供人民币，则基金组织未来交易中将有很大部分使用人民币[①]。具体而言，基金组织将要求借款国在份额购买中接受人民币；若回购中选择使用人民币，则还可能相似地要求其偿还人民币。中国将不再有义务将基金组织出售的人民币余额兑换为可自由使用货币，而是有义务与基金组织和其他成员合作，在有购买或回购成员请求将人民币余额与其他可自由使用货币进行兑换时，确保上述兑换能够实施。[②]

A. "可自由使用"决定的生效

67. 延迟"可自由使用"决定的生效日期，可使基金组织及成员获得充足的提前量，以对这些变动作出调整。更确切地说：

- 作为不可自由使用货币的发行国，中国目前有责任自行选择将人民

---

① 目前，中国在金融交易计划（FTP）成员份额、新借款安排（NAB）及 2012 年双边资金中的比例分别为 4.8%、8.6% 和 10.3%。若第 14 次份额检查生效，或其他债权成员也修改其汇兑安排以在贷款安排中提供人民币，则上述规模很可能有所增加。

② 第五条 3（e）（ii）和 7（j）（ii）。

币兑换为一种可自由使用的货币（目前为美元）。如果人民币被认定为"可自由使用"货币，且中国决定使用人民币与基金组织及其成员开展资金业务，则需要修订中国与基金组织之间的汇兑安排，以体现上述变化①。该安排的范围应包括所有普通资金账户（GRA）和特别提款权账户业务，且应向基金组织成员进行通报。其他成员也可能对其现有汇兑安排进行调整，并承诺将其货币兑换为人民币。中国对货币兑换流程进行调整，以及其他成员对各自现有货币兑换流程的可能调整，将在适当时机展开。

● 基金组织成员、其代理机构以及其他特别提款权使用者需开立人民币账户，同时建立新的银行业务关系及流程，以开展人民币交易。通常情况下，特别提款权用户在发行相应可自由使用货币的中央银行处开立账户，少数情况下也会使用商业银行②。中国应确保所有特别提款权用户可在人民银行或其他商业银行开立账户，且不面临过多的行政障碍或承担过高的费用。

● 随着人民币加入特别提款权，以及建议在特别提款权利率篮子中加入人民币计价工具，双边借款方及减贫与增长信托（PRGT）之间签订的若干借款协议可能需要调整，以反映上述变化。基金组织工作人员已就受影响的 PRGT 贷款协议制订出行动计划，如果人民币被加入特别提款权篮子，将与现有贷款方及时联系，讨论修订方案，确保其顺利实施。

● 基金组织投资账户的相当大部分，是根据特别提款权基准来管理的。特别是基金组织的固定收益子账户包含了以特别提款权基准计价的固定收益投资，基金组织定期进行平衡和对冲操作，来减少以特别提款权作为记账单位的普通资金账户的汇率风险③。基金组织管理的信托账户大体上采取了类似的投资策略。如果人民币被纳入特别提款权篮子，基金组织

①　根据规则 O−4，所有基金组织成员均须与基金组织协商建立货币兑换的流程安排，以便与基金组织开展业务和交易。

②　基金组织并不跟踪成员的账户信息，但过去经验显示，中小型借款成员通常拥有美元和（或）欧元账户，很少有日元、英镑账户。

③　2015 年 8 月 31 日，基金组织执董会批准了固定收益子账户的一个新的投资策略。投资策略的扩展将逐步实施，将由特别提款权基准作为指导，并提出其他要求，包括需对非特别提款权货币敞口开展对冲等。参见 2015 年 8 月 31 日第 15857 号决议，以及 2015 年 8 月 5 日《对投资账户中固定收益子账户投资策略的审查》（SM/15/210）。

的投资业务需要作出一些调整。其中，基金组织的外部托管银行需要开设人民币账户，并确保其本地代理行能够支持基金组织的投资活动。基金组织的外部管理机构也需有能力代替其在在岸市场开展业务。最后，基金组织及其外部管理机构可能需要建立新的银行业务联系和流程来开展人民币交易，以在与这些账户法规相一致前提下，根据固定收益基准指标和特别提款权货币篮子来调整投资组合。

68. 鉴于上述背景，工作人员建议将认定人民币为"可自由使用"货币的时间定为 2016 年 10 月 1 日。这与人民币加入特别提款权篮子的时间相一致。

B. 货币篮子中的货币量

69. 在引入新的货币篮子后，要对篮子中的货币量进行重新计算。这需与执董会决定的组成货币的百分比相一致，并基于 2016 年 10 月 1 日新货币篮子生效前 3 个月各组成货币的汇率进行计算，届时将生效 5 年。新旧货币篮子的交替，将保证 2016 年 10 月 1 日前最后一个交易日（即 2016 年 9 月 30 日），在货币篮子中新、旧货币量基础上，新货币量能够产生同样的美元交易价值。附表 2.16 给出示意：若根据 2015 年 7 月 1 日至 9 月 30 日的平均汇率，可计算出新货币篮子中货币量的情况。

附表 2.16　示意性货币量[1,2]

货币	货币权重	货币量
美元	42.71	0.599
欧元	30.75	0.387
英镑	7.74	0.0697
日元	7.95	13.6
人民币	10.85	0.962

1. 对于一组给定的权重，列出的货币量是示意性货币量，很可能因以下因素出现差异：（1）调整 SDR 篮子货币组成所使用的参考基期的平均和期末汇率；（2）货币量本身采用的四舍五入方法。

2. 基于 2015 年 7 月 1 日至 9 月 30 日的平均汇率。

资料来源：基金组织工作人员的计算。

九、建议执董会采纳的决定

70. 以下决定将请求采纳本附录中工作人员的建议。

决定 1——认定人民币为可自由使用货币。

71. 本决定认定人民币为可自由使用货币，自 2016 年 10 月 1 日生效。本决定可由多数票通过。1998 年 12 月 17 日通过的认定欧元、日元、英镑和美元为可自由使用货币的第 11857 –（98/13）号决定继续有效。

决定 2——特别提款权的定值方法和规则 Rule T – 1（c）的收益率和利率表。

关于特别提款权的定值方法

72. 本部分决定采纳新的特别提款权定值决定，以体现上文提到的特别提款权定值法，即（1）将特别提款权货币篮子从四种货币扩展至五种；（2）对权重公式进行修订，引入新的变量，并建立变量的固定相对权重；（3）出于特别提款权货币选择出口标准及货币权重变量的目的，将现有适用于货币联盟的以货币为基础的方法扩展至所有货币；（4）将未来特别提款权篮子定值期的例行起始时间变更为 10 月 1 日；（5）修订对货币权重进行四舍五入的条款，确保调整后的各货币权重之和为百分之百，且调整对相对权重的影响最小；（6）使决定的文本与长期使用的特别提款权股定值检查的做法相一致，使币种选择和计算权重所用的出口标准中，除涵盖商品和服务外，还包含收入贷记项；（7）在特别提款权决定中，纳入现行的《货币量计算指南》①。

73. 根据《协定》，特别提款权定值方法由占总投票权 70% 的多数票决定，条件是以下变动需要总投票权的 85% 多数：（1）定值原则变更，或

---

① 1985 年 12 月 23 日第 8160（85/186）G/S 号决定，修订版。指南涵盖了在特别提款权定值检查背景下开展特别提款权货币量的计算过程。其对特别提款权定值决定进行了补充，且受适用于特别提款权定值法修订的特定多数票制约。

（2）实际上对原则应用的根本性改变①。在获得多数票通过的决定授权后，执董会有权力决定任何一项修订建议（或所有修订建议）是否需要总投票权85%的多数票通过。关于多数票条款的适用问题，需要执董会根据建议的性质，在很大程度作出判断。

74. 在采纳特别提款权定值决定的过程中，执董会多年来都遵循了若干大的原则。这些原则的主要目标是增强特别提款权作为国际储备资产的吸引力②。这些原则包括：

- 根据主要货币确定的特别提款权的价值应保持稳定。
- 列入篮子中的货币应能代表国际交易中所使用的货币。
- 篮子中货币的相对权重应当反映其在世界贸易和金融体系中的相对重要性。
- 特别提款权篮子的组成应当稳定，因为它不宜审查一次便变更一次。
- 特别提款权定值方法应具有连续性，只有当货币在世界经济中的作用发生重大变化时才会对定值方法进行修正。

75. 如"7月文件"所述，尽管这些大原则并不等同于《协定》中的"定值原则"，但特别提款权定值方法的变更有可能使其偏离大原则，因而需要评估其是否改变了定值原则。如下所述，工作人员认为，修订建议与这些大原则一致，所需多数票的分析结论也与先例一致。具体而言：

- 篮子中的货币由四种增至五种，不会导致原则的变动，因为定值原则仍然基于标准篮子法，即特别提款权价值与篮子中货币的价值相同，篮

---

① 如"7月文件"所述，《协定》第十五条第2款为特定多数要求作了准备，但条款并未就何种变更类型适用于85%的多数票给出更多原则（参见7月报告的第11段）。自《协定》第二次修订以来，应适用哪种多数票的问题已被提及两次。参见《特别提款权定值——通过决定所需的多数》，SM/80/180（1980年7月18日）；以及《特别提款权定值方法审查——补充信息》，SM/00/180, Sup.（2000年9月28日）。迄今为止，所有修改特别提款权定值方法的决定都经过了基金组织投票权70%多数票的同意。

② 参见《扩大特别提款权货币篮子的标准》，SM/11/265，第6页。关于特别提款权定值的早期讨论包括《特别提款权临时定值》，SM/74/59（1974年3月8日）、执董会在1976年的特别提款权定值检查期间的讨论（EBM/76/90，1976年6月21日；EBM/76/92，1976年6月25日；以及EBM/76/93, 1976年6月25日），以及《特别提款权定值检查》，SM/77/222（1977年9月2日）。

241

子中货币的组成由国际贸易和金融指标决定。币种的选择依然遵照"特别提款权中的货币需能代表国际交易中所使用货币"的原则。且货币篮子组成的稳定性预计不受影响①。

• 在币种权重方面,在现有方法下,各币种的权重是由特别提款权定值决定中使用的统计标准来确定的。这些标准旨在确保币种权重能反映出该货币在全球贸易和金融体系中的相对重要性。修订建议将继续体现这些指导原则。修订建议将引入更多的金融变量,通过对出口和金融指标赋予同等的重要性来确保金融变量发挥足够作用,以达到提高篮子中货币代表性的目的。

• 所提出的关于特别提款权篮子货币量及权重公式的修订建议也不会导致"实际上对原则应用的根本性改变"。工作人员认为,在货币篮子中新增加一种货币,并不是对原则应用的根本性改变。此外,在新公式下,其余货币的相对比重大体维持不变。如附图 2.10 中的回溯测试模拟显示,这些变动不会对特别提款权的属性造成影响。

• 出于币种选择和计算权重的目的(除"可自由使用"的评估外),把原本仅适用于货币联盟的基于货币的方法应用于全部币种,不会改变定值原则,也不会造成"实际上对原则应用的根本性改变"。基于货币的方法旨在更好地反映基于一篮子货币的特别提款权作为储备资产的作用,并使对拥有超过一种货币的成员的处理方式与货币联盟的处理方式相一致。

• 将特别提款权新货币篮子的生效日从 1 月 1 日调整至 10 月 1 日,维持特别提款权篮子定值五年一次常规检查(以及收集数据和各种指标)不变,同时认识到在需要时可能进行更早调整,这与指导特别提款权五年一次常规定值检查的货币篮子一致性和稳定性原则相一致。很难证明这种维持五年一次常规检查的修订建议会对定值原则的应用"带来根本性的改变"。

• 关于修订目前货币权重四舍五入安排的建议,以及对出口标准方法

---

① 本次审查与 1980 年(货币篮子构成从 16 种货币下降至 5 种货币)及 2000 年(货币篮子构成从 5 种货币下降至 4 种货币)的方法一致。当时,执董会并不认为其对特别提款权的定值原则在实际上构成根本性变动(参见《特别提款权定值——通过决定所需的多数》,SM/80/180(1980 年 7 月 18 日);以及《特别提款权定值方法审查——补充信息》,SM/00/180,Sup.)。

的澄清（使本决定与长期存在的处理收入贷记项的做法相一致），二者本质上都是技术问题，仅很少地影响到篮子货币的选择和权重计算中使用的变量，因此不会导致原则的变动或对给其应用"带来根本性的改变"。

规则 Rule T－1（c）的收益率和利率表

76. 本部分决定建议，将中央国债登记结算有限责任公司发布的 3 个月期中国国债基准收益率纳入规则 Rule T－1（c）中的代表利率表。所建议的改动会造成现有特别提款权利率的变动，根据《协定》第二十条第 3 款规定，这需要获得总投票权 70% 的多数票通过。此外，与其他涉及《基金组织附则及条例》修订相类似，上述建议需提交基金组织理事会下次常务会议审议（附则第 16 款）。

决定 3——新的人民币代表汇率

77. 为与基金组织开展业务和交易，决定 3 建议，人民币代表汇率使用中国外汇交易中心发布的北京时间下午 4 时人民币与美元基准汇率。这一决定可由多数票通过，且其通过也意味着执董会完成了关于人民币新代表汇率的咨询工作。人民币代表汇率的决定将即刻生效。

建议执董会采纳的决定

以下决定提请执董会批准。决定 1 和决定 3 可各自由多数票通过。决定 2 需要总投票权 70% 的多数票通过，且仅在决定 1 被采纳时提请执董会批准。

决定 1

经征询人民银行意见，基金组织根据第三十条（f）作出决定，自 2016 年 10 月 1 日生效时起，直到进一步通知为止，人民币为可自由使用货币。

决定 2

A. 特别提款权定值方法

1. 特别提款权的价值，应该在基金组织成员/包含基金组织成员在内的货币联盟（以下简称货币联盟）发行的五种货币基础上确定。在截至

243

2014 年 12 月 31 日的五年中，或在之后修订时的最近五个日历年中，其商品、服务出口以及收入贷记项（以下简称"出口"）的规模最大；其间，本决定第 1 段、第 2 段所要求的数据需容易获得；且这些货币被基金组织根据《协定》第三十条（f）款认定为可自由使用货币。在货币联盟的情况下，出口值应在减去其与货币联盟其他成员间贸易量的基础上确定。若成员拥有超过一种货币，出口值应基于该成员货币为法定货币的经济区，对每一种货币进行计算。

2. 对于根据第 1 段选定的特别提款权货币篮子的货币，每一种货币的权重百分比等于以下几项之和：

（1）发行该货币的基金组织成员/货币联盟占全部篮子货币（与第 1 段一致）发行国/货币联盟总出口比重的 50%；

（2）在非发行国货币当局持有的全部篮子货币（与第 1 段一致）的总余额中，该货币所占比重的 25%（若是货币联盟，则按照组成货币联盟的成员以外的成员货币当局计算）。计算时间是 2014 年 12 月 31 日结束的五年期的每年年末，及在这之后所规定的五年期（与第 1 段一致）的每年年末；

（3）该货币占全部篮子货币（与第 1 段一致）的外汇市场交投总额中比重的 12.5%。计算时间是 2014 年 12 月 31 日结束的五年期期间，及在这之后的所规定的每个五年期（与第 1 段一致）期间；

（4）全部篮子货币（与第 1 段一致）的国际银行负债和以之计价的国际债务证券总值中，该货币比重的 12.5%。计算时间是 2014 年 12 月 31 日结束的五年期的每年年末，以及在这之后所规定的五年期（与第 1 段一致）的每年年末。如果是货币联盟，国际银行负债和国际债务证券应将货币联盟算为一个整体进行计算。如果是一国拥有超过一种货币，上述指标应根据该货币是法定货币的经济区域为基础进行计算。

3. 与上述第 1 段、第 2 段设定的原则相一致，自 2016 年 10 月 1 日生效时起，一单位特别提款权的价值应由指定数量的下列五种货币的价值决定。货币量的计算应在 2016 年 9 月 30 日进行，根据该日期前三个月的平均汇率，确保五种货币中每一种在特别提款权中的权重与下列权重相对应：

货币	权重（百分比）
美元	42.71
欧元	30.75
人民币	10.85
日元	7.95
英镑	7.74

4. 列表中的决定特别提款权币值的货币，以及其货币量，应在 2022 年 10 月 1 日及随后的每个五年的第一天进行修订，除非基金组织决定在以下情况下进行修订：

（a）决定特别提款权价值的货币，应根据上述第 1 段来确定。条件是在确定这些货币时，篮子中货币不会被某一其他货币替代，除非发行该货币的基金组织成员/货币联盟的出口值在该时期超出篮子货币发行成员/货币联盟 1 个百分点。

（b）在（a）中提及的五种篮子货币的货币量，应在生效日前的最后一个工作日确定，并根据这之前 3 个月的平均汇率，确保这些货币在特别提款权价值中的比例与这些货币的权重百分比相一致。每种货币的权重百分比根据（c）予以确定。

（c）权重百分比的设定应与第 2 段相一致。百分比应四舍五入至最接近的百分位，或使用其他方便的方式。在上述公式计算后，需要进行调整，以使所有四舍五入后的货币权重相加等于百分之百，且确保这一调整对相对权重的影响最小。

5. 在上述第 3 段、第 4 段所确定的货币量时，应保证：在确定货币量时刻前五年的最后一个工作日，特别提款权按篮子货币计算的价值，在修订前后实际上保持不变，且应与如下原则相一致：

（a）计算后的新货币篮子的货币量将用两位有效数字表示，条件是使用 7 月至 9 月平均汇率计算得出的每种货币的百分比，与根据上述第 3 和第 4（c）项确定的百分比权重，二者应具有最小均差，且对于任何货币均不得超过半个百分点。

（b）如果采用上文（a）所述原则无法妥善解决，则仍应采用相同的原则进行计算，但每种货币的货币量以三位有效数字表示。如果三位有效数字也无法妥善解决，则仍应采用相同的原则进行计算，但每种货币的货币量以四位有效数字来表示。

（c）如果按两位、三位或四位有效数字计算所得到的解决办法不唯一，则应采用均差最小的方案。

B. 对规则 Rule T-1（c）进行修订

自 2016 年 10 月 1 日生效时起，《基金组织附则及条例》中的规则 Rule T-1（c）应进行如下修订：

在"欧元欧央行公布的、评级在 AA 级及以上的 3 个月期欧元区中央政府债券现券利率"之后，加入：

"中国人民币中央国债登记结算有限责任公司每日发布的 3 个月期中国国债基准收益率。"

决定 3

经征询人民银行意见，基金组织决定，中国人民币代表汇率是中国外汇交易中心发布的北京时间下午 4 时人民币与美元参考汇率。

参 考 文 献

周小川．中国金融改革的方向与内在逻辑［J］．中国金融，2015（9）．

周小川．系统性的体制转变——改革开放进程中的研究与探索［M］．北京：中国金融出版社，2009．

葛华勇．国际货币基金组织导读［M］．北京：中国金融出版社，2002．

朱隽．巩固和加强人民币的国际储备货币地位［N］．上海证券报，2017 – 04 – 13．

本·斯泰尔．布雷顿森林货币战：美元如何统治世界［M］．北京：机械工业出版社，2004．

林建海，刘菲．人民币加入 SDR 是一个新起点［J］．中国中小企业，2016（1）．

克里斯蒂娜·拉加德．关于人民币正式纳入 SDR 的讲话．IMF 官网，2016．

涂永红．人民币加入 SDR 及其对中国经济的影响［J］．清华金融评论，2016（1）．

克莱尔·琼斯．欧洲央行外汇储备增添人民币资产［N］．英国《金融时报》，2017 – 06 – 14．

刘明康．中国银行业改革开放 30 年［M］．北京：中国金融出版社，2009．

刘鸿儒等．变革——中国金融体制发展六十年［M］．北京：中国金融出版社，2009．

吴晓灵等．中国金融改革开放大事记［M］．北京：中国金融出版社，2008．

中国人民银行．人民币国际化报告［M］．北京：中国金融出版社，

2014 – 2016.

成思危. 人民币国际化之路［M］. 北京：中信出版社，2014.

中国人民银行行长周小川和法国财长萨班、国际货币基金组织总裁拉加德共同出席记者会［EB/OL］.［2016 – 04 – 11］. http：//www. pbc. gov. cn/goutongjiaoliu/113456/113469/3042379/index. html.

周小川行长在 G20 国际金融架构高级别研讨会上的欢迎辞［EB/OL］.［2016 – 04 – 11］. http：//www. pbc. gov. cn/goutongjiaoliu/113456/113469/3042317/index. html.

周小川行长出席中国发展高层论坛 2015 年年会［EB/OL］.［2015 – 03 – 23］. http：//www. pbc. gov. cn/goutongjiaoliu/113456/113469/2811206/ index. html.

国际货币体系改革与人民币正式加入 SDR——人民币加入 SDR 系列文章之一［EB/OL］.［2016 – 09 – 21］. http：//news. xinhuanet. com/fortune/2016 – 09/c＿129292378. htm.

SDR 的诞生与发展——人民币加入 SDR 系列文章之二［EB/OL］.［2016 – 09 – 22］. http：//news. xinhuanet. com/fortune/2016 – 09/22/c＿129294395. htm.

人民币走向 SDR 篮子货币——人民币加入 SDR 系列文章之三［EB/OL］.［2016 – 09 – 23］. http：//news. xinhuanet. com/fortune/2016 – 09/23/c＿129296544. htm.

人民币加入 SDR 过程中的中国金融改革和开放——人民币加入 SDR 系列文章之四［EB/OL］.［2016 – 09 – 26］. http：//news. xinhuanet. com/fortune/2016 – 09/26/c＿129300228. htm.

人民币加入 SDR 的影响和意义——人民币加入 SDR 系列文章之五［EB/OL］.［2016 – 09 – 27］. http：//news. xinhuanet. com/fortune/2016 – 09/27/c＿129302256. htm.

二十国集团完善国际金融架构的中国方案［EB/OL］.［2016 – 08 – 17］. http：//news. xinhuanet. com/fortune/2016 – 08/17/c＿129237111. htm.

中国人民银行举行人民币加入特别提款权（SDR）有关情况吹风会

［EB/OL］．［2015 - 12 - 01］．http：//www. pbc. gov. cn/goutongjiaoliu/
113456/113469/2984160/index. html.

王力为，霍侃. SDR 再闯关［J］. 财新周刊，2016（8）.

温晓桦，姚余栋. 用数字货币 e - SDR 缓解全球流动性不足
［EB/OL］．［2016 - 12 - 21］．https：//www. leiphone. com/news/201612/
WevzkXUmSpBLW73a. html.

胡晓炼. 人民币已被一些欧美国家列入储备货币［EB/OL］．［2012 -
06 - 29］．http：//www. chinanews. com/fortune/2012/06 - 29/3996892. sht-
ml.

万荃. 人民币国际化：一个市场化的过程［N］. 金融时报，2012 -
11 - 24.

International Monetary Fund，Articles of Agreement.

Review of the method of the valuation of the SDR - initial considerations；
IMF Policy Paper，July 16，2015.

Review of the method of the valuation of the SDR；*IMF Policy Paper*，No-
vember 13，2015.

SDR Currency Basket Proposed Extension of the Valuation of the SDR；*IMF
Policy Paper*；August 04，2015.

Criteria for Broadening the SDR Currency Basket；*IMF Policy Paper*，Sep-
tember 23，2011.

Review of the method of the valuation of the SDR；*IMF Policy Paper*，Octo-
ber 26，2010.

Review of the method of the valuation of the SDR；*IMF Policy Paper*，Octo-
ber 28，2005.

Review of the method of the valuation of the SDR；*IMF Policy Paper*，July
21，2000.

Staff Note for the G20：The role of the SDR - Initial Considerations，*IMF
Policy Paper*，July 22，2016.

Stocktaking the Fund's engagement with regional financing arrangements，

IMF policy paper, April 11, 2013.

The International Monetary Fund, 1945 – 1965: Twenty Years of International Monetary Cooperation Volume 1 (Washington: International Monetary Fund).

The International Monetary Fund 1966 – 1971: The System under Stress Volume I.

James. M. Boughton (2001). Silent Revolution: The International Monetary Fund 1979 – 1989.

Maurice Obstfeld. The International Monetary System: Living with Asymmetry. 2011.

The Second Amendment of the Fund's Articles of Agreements. Joseph Gold. International Monetary Fund. Washington D. C. , 1978.

Mason, Edward S. ; Asher, Robert E. (1973). The World Bank Since Bretton Woods. Washington, D. C. : The Brookings Institution.

Philip Judge (2001). "Lessons from the London Gold Pool."

Prasad E. (2016), China's efforts to expand the international use of the Renminbi, *Report prepared for the U. S. – China Economic and Security Review Commission.*

Graham Bird, (2010). SDR Aid Link: It's Now or Never, Development Policy Review 28 (1).

Montek Singh Ahluwalia, (1997). SDR Allocations and the Present Articles of Agreement, The Future of the SDR in Light of Changes in the International Financial System, International Monetary Fund.

John Williamson, (2009). Understanding the Special Drawing Rights, Policy Brief 09 – 11, Peterson Institute for International Economics.

Foreign Relations of the United States, 1969 – 1976, Volume III, Foreign Economic Policy, International Monetary Policy 1969 – 1972, Document 231: Telegram from the Embassy in France to the Department of State: Highlights of G – 10 Deputies Meeting.

Statement by the honorable Zhou Xiaochuan, Governor of the IMF for China to the Thirty – First Meeting of the International Monetary and Financial Committee, April 18, 2015.

Communiqué G20 Leaders Summit – Cannes, 3 – 4 Novermber, 2011.

G20 Agenda towards a More Stable and Resilient International Financial Architecture, September 2016.

Michel Camdessus & Anoop Singh (2016), Reforming the international monetary system – A sequenced agenda, Emerging Market Forum, October 9 – 11, 2016.

后 记

2017年10月1日是纳入人民币的SDR新货币篮子正式生效一周年的日子。借此机会，我们对人民币加入SDR的历程进行了系统梳理，希望有助于读者对人民币加入SDR的过程形成清晰全面的认识。

2015年初，基金组织开始对SDR进行五年一次的例行审查。面对这一难得的机遇，党中央、国务院高瞻远瞩、审时度势，及时作出了总体工作部署，周小川行长、易纲副行长高度重视、具体指导。人民银行货币政策司、货币政策二司、金融市场司、调查统计司、支付结算司、会计财务司、条法司、上海总部、营业管理部和国家外汇管理局综合司、国际收支司、资本项目管理司、中央外汇业务中心等司局与人民银行国际司协同配合，相关部委紧密协作，为人民币加入SDR提供了重要支持。人民银行国际司身处SDR审查工作一线的朱隽、张正鑫、郭凯、艾明、齐璠、马辉、蔡晓莉和陈娜等克服了任务重、时间紧等诸多困难，发扬了开拓进取、任劳任怨的精神，确保了SDR审查工作的顺利完成；货政司李波等深度参与了SDR审查的相关工作；国际司其他工作人员主动分担了司内各项工作，为SDR审查工作的开展提供了坚实后盾。中国驻基金组织执董办金中夏等与基金组织密切沟通，也做了大量工作。人民币最终得以成功加入SDR货币篮子，正是各方心血和努力的结晶。

此外，人民币成功加入SDR也离不开基金组织总裁拉加德、时任副总裁朱民等管理层发挥的重要领导作用，以及基金组织战略、政策与审查部主任蒂瓦里牵头的SDR审查跨部门工作组所有工作人员的辛勤工作，在这里，我们也向他们表示感谢。

本书编写组的成员包括多位直接参与人民币加入SDR全过程的国际司工作人员，还包括胡小璠、滕锐、丁康、李小平和白雪飞。尽管日常工作繁忙，但编写组成员仍挤出业余时间笔耕不辍。为了将这一历史进程更立体地呈现给读者，书中许多资料均是首次对外披露。由于时间仓促以及编者水平有限，本书也难免有一些疏漏之处，敬请读者不吝批评指正。

本书编写组
2017 年 9 月